設例解説

遺産分割の実務
―裁判官の視点による事例研究―

著　松本　哲泓（弁護士・元大阪高等裁判所部総括判事）

新日本法規

は　し　が　き

　本書は、遺産分割について、設例の検討を通じ、実践的に学ぶこと
を目的として著した。

　大阪家庭裁判所においては、100名近い家事調停委員が活動してい
るが、勉強熱心の方が多い。いくつかの私的な勉強会があり、筆者は、
その内の約20人が参加する勉強会を担当してきた。また、調停協会が
実施するグループ研修という約10人が半年間に５、６回ゼミ形式で行
う研修の講師を依頼されたことが数回あったが、その研修終了後に、
参加した調停委員からその継続を求められ、その結果、複数の勉強会
を月に２、３回程度行うこととなって、約10年が経過した。その勉強
会の参加者は、調停委員であるが、弁護士、会計士、司法書士、社労
士、元書記官、元家庭裁判所調査官等多彩で、各回の勉強会は充実し
ており、愉快なものであった。各回の勉強会においては、解説のレジ
メを作成してきたが、その遺産分割に関するものが相当の分量になっ
たことから、これを整理し、上記の目的で整理したものが本書である。

　家庭裁判所に持ち込まれる遺産分割事件は、原則的に調停を経由す
るから、本書が解説する事柄は多種多様であり、内容は、事件処理の
悩みを解決する目的の極めて実践的なものである。ただ、その全部を
挙げることは、紙数の関係で断念せざるを得なかった点は残念である
が、基本的な部分は網羅しているといえる。

　本書において設例と解説を整理するに当たっては、設例は、解説と
の関係を考慮して、新たに構成したもので、具体的な事件とは関係が
ない。また、解説は、この10年の間の法律の改正、裁判例を踏まえて、
書き改めた。令和３年の民法・不動産登記法の改正を反映している。
解説だけを読んでも理解できるように構成し、また、Ｑ＆Ａとしても
役立つように工夫した。有益なものとなったと思う。

　令和６年９月

　　　　　　　　　　　　　　　　　　　　　　　松 本 哲 泓

著 者 略 歴

松 本 哲 泓（まつもと　てつおう）

弁護士・元大阪高等裁判所部総括判事

〔略　歴〕

1973年　司法修習生

1975年　判事補

1985年　判事

2006年　富山地方・家庭裁判所長

2007年　和歌山地方・家庭裁判所長

2008年　大阪高等裁判所部総括判事

2011年　定年退官

2012年　関西大学法科大学院教授

2014年　弁護士登録

2017年　定年退職

2017年　瑞宝重光章受章

〔主な著書〕

『代言人事典』（ユニウス、2016年）

『婚姻費用・養育費の算定－裁判官の視点にみる算定の実務－』（新日本法規出版、2018年）

『離婚に伴う財産分与－裁判官の視点にみる分与の実務－』（新日本法規出版、2019年）

『〔改訂版〕婚姻費用・養育費の算定－裁判官の視点にみる算定の実務－』（新日本法規出版、2020年）

『即解330問　婚姻費用・養育費の算定実務』（新日本法規出版、2021年）

『面会交流－裁判官の視点にみるその在り方－』（新日本法規出版、2022年）

『事例解説　離婚と財産分与－裁判実務における判断基準と考慮要素－』（青林書院、2024年）

〔家事事件に関する主な論文〕

「婚姻費用分担事件の審理－手続と裁判例の検討」家庭裁判月報62巻11号１頁（2010年）

「子の引渡し・監護者指定に関する最近の裁判例の傾向について」家庭裁判月報63巻９号１頁（2011年）

「婚姻費用・養育費を増減する審判の主文について」家庭裁判月報63巻11号151頁（2011年）

「財産分与審判の主文について」家庭裁判月報64巻８号105頁（2012年）

「抗告審決定の主文について」家庭裁判月報65巻５号125頁（2013年）

「家事裁判例紹介・相続財産法人による特別縁故者の申立人たる地位の承継」民商法雑誌151巻３号105頁（2014年）

「家事裁判例紹介・遺産分割手続からの排除決定を取り消した事例」民商法雑誌153巻３号139頁（2017年）

「家事裁判例紹介・遺産分割の方法について、代償分割を不相当とした事例」民商法雑誌154巻６号140頁（2019年）

「家事裁判例紹介・婚姻費用減額の算定方法と減額にともなう清算方法」民商法雑誌156巻３号128頁（2020年）

「家事裁判例紹介・父母以外の第三者の子との面会交流審判申立ての許否」民商法雑誌158巻１号101頁（2022年）

略　語　表

＜法令等の表記＞

　根拠となる法令等の略記例及び略語は次のとおりである。〔　〕は本文中の略語を示す。

　　　民法第1028条第1項第1号＝民1028①一

遺言準拠法	遺言の方式の準拠法に関する法律	破産	破産法
会社	会社法	不登	不動産登記法
家事	家事事件手続法	弁護士	弁護士法
家事規	家事事件手続規則	法適用	法の適用に関する通則法
区分所有	建物の区分所有等に関する法律	民	民法
		民執	民事執行法
検察	検察庁法	民訴	民事訴訟法
健保	健康保険法	民訴規	民事訴訟規則
戸籍	戸籍法	郵貯	郵便貯金法
人訴	人事訴訟法	〔民訴条約〕	民事訴訟手続に関する条約
相税	相続税法	〔送達条約〕	民事又は商事に関する裁判上及び裁判外の文書の外国における送達及び告知に関する条約
退職手当	国家公務員退職手当法		
耐用年数令	減価償却資産の耐用年数等に関する省令		
投信	投資信託及び投資法人に関する法律	評基通	財産評価基本通達

＜判例の表記＞

　根拠となる判例の略記例及び出典の略称は次のとおりである。

　　　最高裁判所平成25年8月4日判決、判例時報2197号10頁
　　　＝最判平25・8・4判時2197・10

判時	判例時報	家月	家庭裁判月報
判タ	判例タイムズ	家判	家庭の法と裁判

下民	下級裁判所民事裁判例集	曹時	法曹時報
金判	金融・商事判例	民集	最高裁判所民事判例集
金法	金融法務事情	民商	民商法雑誌
高民	高等裁判所民事判例集	民録	大審院民事判決録
裁判集民	最高裁判所裁判集民事	労判	労働判例
税資	税務訴訟資料		

＜参考文献の表記＞

参考文献の略称は次のとおりである。

（書　籍）

雨宮＝石田・遺産実務	雨宮則夫＝石田敏明編『遺産相続訴訟の実務』（新日本法規出版、2001）
井上・理論と審理	井上繁規『遺産分割の理論と審理〔三訂版〕』（新日本法規出版、2021）
上原ほか・遺産分割	上原裕之＝高山浩平＝長秀之『リーガル・プログレッシブ・シリーズ10　遺産分割〔改訂版〕』（青林書院、2014）
梶村＝徳田・家事法	梶村太市＝徳田和幸『家事事件手続法〔第3版〕』（有斐閣、2016）
家族法大系Ⅵ	家族法大系刊行委員会『中川善之助教授還暦記念　家族法大系Ⅵ－相続（1）』（有斐閣、1960）
家族法大系Ⅶ	家族法大系刊行委員会『中川善之助教授還暦記念　家族法大系Ⅶ－相続（2）』（有斐閣、1960）
片岡＝管野・遺産分割実務	片岡武＝管野眞一『家庭裁判所における遺産分割・遺留分の実務〔第4版〕』（日本加除出版、2021）
金子・一問一答	金子修『一問一答　家事事件手続法』（商事法務、2012）
金子・逐条解説	金子修『逐条解説　家事事件手続法〔第2版〕』（商事法務、2022）
現代家族法大系1巻	現代家族法大系編集委員会『中川善之助先生追悼　現代家族法大系1－総論、家事審判、戸籍』（有斐閣、1980）
現代家族法大系4巻	現代家族法大系編集委員会『中川善之助先生追悼　現代家族法大系4－相続Ⅰ』（有斐閣、1980）

現代裁判法大系11巻	梶村太市＝雨宮則夫編『現代裁判法大系11　遺産分割』（新日本法規出版、1998）
現代裁判法大系12巻	梶村太市＝雨宮則夫『現代裁判法大系12　相続・遺言』（新日本法規出版、1999）
潮見・詳解相続法	潮見佳男『詳解相続法〔第２版〕』（弘文堂、2022）
新家族法実務大系３巻	野田愛子＝梶村太市編『新家族法実務大系３巻』（新日本法規出版、2008）
新注釈民法（19）	潮見佳男編『新注釈民法（19）相続（１）〔第２版〕』（有斐閣、2023）
新版注釈民法（１）	谷口知平＝石田喜久男編『新版注釈民法（１）総則（１）』（有斐閣、1988）
新版注釈民法（７）	川島武宜＝川井健編『新版注釈民法（７）物権（２）』（有斐閣、2007）
新版注釈民法（24）	中川善之助＝山畠正男編『新版注釈民法（24）親族（４）親子（２）養子』（有斐閣、1994）
新版注釈民法（26）	中川善之助＝泉久雄編『新版注釈民法（26）相続（１）』（有斐閣、1992）
新版注釈民法（27）	谷口知平＝久貴忠彦編『新版注釈民法（27）相続（２）〔補訂版〕』（有斐閣、2013）
鈴木・講義	鈴木禄弥『相続法講義〔改訂版〕』（創文社、1996）
田中ほか・諸問題	田中壮太＝岡部喜代子＝橋本昇二＝長秀之『遺産分割事件の処理をめぐる諸問題』（司法研修所、1994）
注解家事審判法	斎藤秀夫＝菊池信男『注解家事審判法〔改訂版〕』（青林書院、1992）
堂薗＝野口・一問一答	堂薗幹一郎＝野口宣大『一問一答　新しい相続法〔第２版〕平成30年民法等（相続法）改正、遺言書保管法の解説』（商事法務、2020）
中川＝泉・相続法	中川善之助＝泉久雄『法律学全集（24）相続法〔第４版〕』（有斐閣、2000）
中川・註釈相続法	中川善之助編『註釈相続法（上）』（有斐閣、1954）
二宮・家族法	二宮周平『家族法　新法学ライブラリ９〔第５版〕』（新世社、2019）
執筆者・判解（○年度）	［執筆者名］『最高裁判所判例解説　民事篇（○年度）』（法曹会）

（雑誌・論文）

小田ほか・東
京家裁運用
小田正二ほか「東京家庭裁判所家事第5部における遺産分割事件の運用―家事事件手続法の趣旨を踏まえ、法的枠組みの説明をわかりやすく行い、適正な解決に導く手続進行―」（判タ1418号、2016）

東京家裁・実
情と課題
東京家庭裁判所家事第5部「遺産分割事件処理の実情と課題」（判タ1137号、2004）

東京家裁・新
実務運用
東京家庭裁判所家事第5部「東京家庭裁判所家事第5部(遺産分割部)における相続法改正を踏まえた新たな実務運用」（日本加除出版、家庭の法と裁判号外、2019）

判タ215題
野田愛子＝泉久雄編「家庭裁判所制度40周記念　遺産分割・遺言215題」（判タ臨増688号、1989）

判タ245題
野田愛子＝若林昌子＝梶村太市＝松原正明編「家事関係裁判例と実務245題」（判タ臨増1100号、2002）

別冊判タ8号
加藤一郎＝岡垣学＝野田愛子編「家庭裁判所の30年　家族法の理論と実務」（別冊判タ8号、1980）

体 系 目 次

第1章　相続開始、相続人及び相続分、相続人不存在
　設例　相続権の有無、相続人不存在の場合の債権者等の権利行使
　　1－1　相続開始
　　1－2　相続人
　　1－3　相続分
　　1－4　相続人の不存在
　　1－5　設問の検討

第2章　相続資格の喪失、相続人の重複する資格
　設例　相続放棄の取消しの申述の効力、養子としての相続放棄後の
　　　　代襲相続資格
　　2－1　相続放棄
　　2－2　相続欠格
　　2－3　廃　除
　　2－4　相続資格の重複
　　2－5　設問の検討

第3章　遺産分割前の相続財産の管理等
　設例　遺産分割前の遺産の使用、相続財産管理人の選任
　　3－1　相続開始から遺産分割までの権利関係
　　3－2　遺産分割前の共同相続財産の管理等
　　3－3　相続財産の保存
　　3－4　相続人全員の合意のない相続不動産の使用等
　　3－5　設問の検討

第4章　遺産分割の申立て
　設例　調停の管轄、入院中の者・海外居住者に対する申立て
　　4－1　遺産分割の申立て

4－2　手続の流れ

　　4－3　出頭困難な当事者がいる場合の手続の進行

　　4－4　当事者に所在不明の者がいる場合の手続の進行

　　4－5　当事者に無能力者、制限能力者がいる場合

　　4－6　調停事件の終了

　　4－7　胎児が存在する場合の遺産分割手続

　　4－8　設問の検討

第5章　相続分の放棄・譲渡、参加・排除、被認知者の価額請求

　設例　相続分譲渡の効力、認知訴訟係属中の調停手続、遺産分割後
　　　　の被認知者の価額請求

　　5－1　相続分の放棄・譲渡

　　5－2　参加・排除

　　5－3　遺産分割後の認知

　　5－4　設問の検討

第6章　再転相続・受継・渉外遺産分割

　設例　受継の必要、外国籍の被相続人の遺産分割手続

　　6－1　遺産分割手続中の相続人の死亡

　　6－2　渉外遺産分割

　　6－3　設問の検討

第7章　遺産分割対象財産

　設例　遺産分割前に増減した預貯金の遺産分割における扱い

　　7－1　相続対象性と遺産分割対象性

　　7－2　遺産分割対象財産の範囲

　　7－3　設問の検討

第8章　遺産分割前の被相続人の財産の処分・遺産の調査

　設例　被相続人の預貯金の一部相続人による払戻金の扱い

　　8－1　遺産分割前の被相続人の財産の処分

8－2　遺産の調査

8－3　設問の検討

第9章　遺産の評価
設例　担保権・利用権付の不動産の評価、評価が変動する株式の評価

9－1　遺産評価の必要性及び遺産評価の基準時

9－2　遺産評価の方法

9－3　設問の検討

第10章　特別受益
設例　特別受益の範囲、生命保険金の持戻し

10－1　特別受益の意味

10－2　特別受益者の範囲

10－3　特別受益の対象（類推される場合を含む）

10－4　特別受益の評価

10－5　持戻し免除

10－6　設問の検討

第11章　寄与分・親族の特別の寄与
設例　寄与に当たるか否か、配偶者の寄与行為の扱い

11－1　寄与分の意義

11－2　寄与分主張の方法と期間

11－3　寄与分を主張できる資格

11－4　寄与分の成立要件

11－5　寄与分の類型別成立要件及び算定方法

11－6　親族の特別の寄与

11－7　設問の検討

第12章　具体的相続分
設例　具体的相続分の算出方法

12－1　具体的相続分による分割

12－2　具体的相続分額の計算
　　12－3　設問の検討

第13章　分割の方法
　設例　具体的な分割方法、取得希望が競合する場合の処理
　　13－1　遺産分割の方法
　　13－2　現物分割
　　13－3　代償分割
　　13－4　換価分割
　　13－5　共有分割
　　13－6　一部分割がある場合の分割方法
　　13－7　設問の検討

第14章　配偶者居住権
　設例　配偶者居住権設定の可否、その評価
　　14－1　配偶者居住権
　　14－2　配偶者短期居住権
　　14－3　設問の検討

第15章　相続と登記
　設例　登記手続をする旨の条項の要否と登記原因
　　15－1　相続に関する登記
　　15－2　相続登記
　　15－3　遺産分割による登記
　　15－4　数次相続における登記
　　15－5　遺言がある場合の相続における登記
　　15－6　設問の検討

索　引

細 目 次

※解説項目の見出しのほか、当該項目における主要な解説内容を▶で示した。

第1章　相続開始、相続人及び相続分、相続人不存在

設　例　相続権の有無、相続人不存在の場合の債権者等
の権利行使…………………………………………………2

1－1　相続開始…………………………………………………3

（1）相続の意味…………………………………………………3

（2）相続開始原因………………………………………………3

　ア　自然死亡…………………………………………………3

　　▶脳死は相続開始の原因となるか………………………3

　イ　認定死亡…………………………………………………4

　ウ　失踪宣告…………………………………………………5

　　▶失踪宣告の後、失踪者の死亡が判明したが、死亡
　　の日が宣告でみなされたのと別の日であった場
　　合、失踪宣告の取消しを要するか………………………5

　エ　同時死亡…………………………………………………7

1－2　相続人……………………………………………………7

（1）相続人となる者……………………………………………7

　ア　血族相続人………………………………………………7

　イ　配偶者……………………………………………………7

（2）相続人としての子…………………………………………7

　ア　子の意味…………………………………………………7

　イ　胎　児……………………………………………………8

（3）直系尊属……………………………………………………8

（4）兄弟姉妹……………………………………………………9

（5）　代襲相続……………………………………………………9

▶被相続人の推定相続人である子が養子である場合
に、その養子縁組前に生まれた子は代襲相続人とな
り得るか…………………………………………………9

▶兄弟姉妹の子が代襲相続人になり得る場合に、その
子も被相続人の相続開始前に死亡していた場合、兄
弟姉妹の孫に当たる者は被相続人を相続できるか…………9

ア　代襲相続の意義………………………………………9

イ　代襲相続の要件………………………………………9

ウ　再代襲…………………………………………………10

1－3　相続分………………………………………………………10

（1）　法律による相続分……………………………………10

ア　法定相続分……………………………………………10

▶嫡出でない子の相続分は嫡出である子の相続分と
異なるか…………………………………………………10

イ　代襲相続人の相続分…………………………………12

（2）　指定相続分……………………………………………12

▶遺留分を侵害する相続分の指定は有効か………………12

▶遺言によって債務は一人の相続人が全額を支払うと
されていた場合、債権者は他の相続人に請求できな
いか………………………………………………………12

（3）　具体的相続分…………………………………………12

1－4　相続人の不存在……………………………………………14

（1）　相続人不存在制度……………………………………14

ア　制度の概要……………………………………………14

イ　相続財産法人…………………………………………15

（2）　相続財産清算人の選任………………………………15

ア　相続財産清算人選任の要件…………………………16

▶相続財産がわずかでも相続財産清算人を選任すべ
きか………………………………………………………16

細　目　次　　　　3

　　　　▶被相続人の財産が墓地のみの場合、相続財産清算
　　　　　人の選任を求めることができるか……………………16

　　イ　相続財産清算人の選任申立て………………………17

　　　　▶被相続人の知人であり、特別の縁故を主張しよう
　　　　　と考えている者は相続財産清算人の選任を申し立
　　　　　てることができるか……………………………………17

（3）　相続財産清算人の地位・権限等………………………18

　　ア　相続財産清算人の地位・権限………………………18

　　イ　管理行為等……………………………………………19

（4）　相続人の捜索と相続人不存在の確定…………………20

（5）　相続財産清算人による清算……………………………20

　　ア　相続債権の確定………………………………………20

　　イ　相続財産清算人による清算の方法…………………21

（6）　特別縁故者への財産分与・残余財産の国庫帰属………21

　　ア　特別縁故者への財産分与……………………………21

　　イ　残余財産の国庫帰属…………………………………22

1－5　設問の検討………………………………………………22

（1）　設問1について…………………………………………22

（2）　設問2について…………………………………………23

　　ア　特別代理人制度………………………………………23

　　イ　特別代理人選任手続…………………………………24

　　ウ　特別代理人の地位・権限……………………………25

　　エ　債権者が権利を行使する方法………………………25

　　オ　相続財産清算人選任により権利を行使する方法………26

（3）　設問3について…………………………………………27

　　ア　使用者死亡による雇用関係の終了…………………27

　　イ　従業員が事業を引き継ぐ方法………………………27

4　　　　　　　　　　　細　目　次

（4）　設問4について……………………………………………28

　　ア　相続人が現れた場合の相続財産清算人の任務終了………28

　　イ　相続放棄した者に単純承認事由がある場合……………28

第2章　相続資格の喪失、相続人の重複する資格

設　例　相続放棄の取消しの申述の効力、養子としての
　　　　相続放棄後の代襲相続資格………………………………32

2−1　相続放棄…………………………………………………33

（1）　相続放棄の意味……………………………………………33

（2）　相続放棄の手続……………………………………………34

　　ア　申立て………………………………………………………34

　　▶相続人が未成年者である場合、相続放棄を法定代
　　　理人においてすることができるか…………………………34

　　▶成年後見人は、成年被後見人を代理して、相続放
　　　棄をすることができるか……………………………………34

　　▶相続放棄申述書の申述者の氏名が本人の記載でな
　　　い場合、相続放棄は無効となるか…………………………34

　　イ　相続放棄をなし得る期間…………………………………35

　　▶相続放棄の期間は延長できるか……………………………35

　　▶熟慮期間経過後に被相続人に多額の債務があるこ
　　　とが判明した場合、もはや相続放棄はできないか………35

　　▶遺産分割の合意をした後、多額の債務があること
　　　が判明した。相続放棄をする余地はもはやないか………35

　　ウ　相続放棄申述事件の審理…………………………………38

（3）　相続放棄の効力等…………………………………………40

　　ア　相続放棄の効力……………………………………………40

細　目　次　　　5

　　　　イ　相続放棄の申述受理の審判の効力等………………………40
　　　　▶相続放棄の申述が受理された場合、被相続人の債
　　　　　権者は、相続放棄を争えないか……………………………40
　　（4）再転相続における相続放棄………………………………………41
　　　　▶第1次相続の熟慮期間中に相続人が死亡して第2次
　　　　　相続が開始した場合、第2次相続の相続人は、第1
　　　　　次相続を放棄して第2次相続を承認することができ
　　　　　るか………………………………………………………………41
　　（5）相続放棄の取消し…………………………………………………41
　　　　▶母に相続させるため、子である相続人全員が相続放
　　　　　棄するとの約束で相続放棄したが、一部の相続人が
　　　　　放棄しなかった場合、放棄した相続人は相続放棄を
　　　　　取り消すことができるか………………………………………41
　　　　▶被相続人に多額の債務があると誤解して相続放棄を
　　　　　した場合、相続放棄を取り消すことはできないか…………42
　　　　ア　相続放棄の撤回と取消し………………………………………42
　　　　イ　相続放棄取消しの手続…………………………………………42
　　　　ウ　相続放棄を取り消し得る場合…………………………………42
　　　　エ　相続放棄取消しの効果…………………………………………43
　　（6）相続放棄の無効……………………………………………………43
　　　　ア　放棄が無効となる場合…………………………………………43
　　　　イ　相続放棄無効の主張方法………………………………………44
2－2　相続欠格……………………………………………………………44
　　（1）欠格の意味…………………………………………………………44
　　（2）欠格事由……………………………………………………………44
　　（3）欠格の宥恕…………………………………………………………45
2－3　廃　除………………………………………………………………45
　　（1）廃除の意義…………………………………………………………45
　　（2）廃除原因……………………………………………………………46

（3）　廃除の手続………………………………………………46

　　ア　申立て…………………………………………………46

　　イ　管　轄…………………………………………………47

　　ウ　審判手続………………………………………………47

（4）　廃除の効力等……………………………………………47

　　ア　廃除の効力……………………………………………47

　　イ　廃除後の新たな親族関係……………………………47

　　　▶廃除後に被相続人が宥恕の意思を示している場
　　　　合、廃除の効力は失われるか………………………47

2－4　相続資格の重複………………………………………………48

（1）　相続資格が重複する場合の相続分……………………48

　　　▶相続人が二重の相続資格を有する場合、その相続分
　　　　は、合わせたものとなるか…………………………48

　　　▶子が弟妹を養子としたが、相続開始前に死亡した場
　　　　合、養子となった弟妹の相続分はいくらとなるか…………48

　　　▶被相続人の配偶者は婚姻後被相続人の両親の養子と
　　　　なったが、その後、養父母が、次いで被相続人が死
　　　　亡した場合、配偶者は、配偶者としての相続分のほ
　　　　か、兄弟姉妹としての相続分も取得するか………………48

　　ア　同順位相続資格の重複………………………………48

　　イ　異順位相続資格の重複………………………………51

（2）　相続資格が重複する場合の相続放棄の効果……………51

　　　▶相続人が兄弟姉妹としての相続資格と代襲相続人と
　　　　しての相続資格を有する場合に、兄弟姉妹としての
　　　　相続を放棄して、代襲相続人としてのみ相続するこ
　　　　とはできるか……………………………………………51

　　ア　選択行使の可否………………………………………52

　　イ　一方相続資格による相続放棄の効果………………52

　　ウ　異順位相続資格の重複における先順位相続放棄…………53

細　目　次　　　　7

（3）　重複資格を有する推定相続人の一方資格についての
　　　　廃除の効力·······················54
　　　ア　同順位の資格重複の場合···············54
　　　イ　異順位の重複の場合·················55
　　　ウ　代襲相続人としての資格···············55
（4）　重複した相続資格を有する相続人の一方資格につい
　　　　ての欠格の効力·····················55
2－5　設問の検討·······················56
（1）　設問1について·····················56
（2）　設問2について·····················57

第3章　遺産分割前の相続財産の管理等

設　例　遺産分割前の遺産の使用、相続財産管理人の
　　　　選任························60
3－1　相続開始から遺産分割までの権利関係··········61
（1）　共同相続による権利義務の承継·············61
（2）　遺産共有の性質·····················62
　　　ア　遺産共有·····················62
　　　イ　共有持分の譲渡・相続分の譲渡···········62
（3）　相続と第三者との対抗問題···············63
　　　▶相続人が相続により不動産を法定相続分の割合で取
　　　　得した場合、これを登記なくして第三者に対抗する
　　　　ことができるか····················63
　　　▶相続人が、遺言によって法定相続分を超える相続分
　　　　の指定を受け、不動産をその指定相続分の割合で取
　　　　得した場合、これによって取得した不動産の法定相
　　　　続分を超える持分を登記なくして第三者に対抗する
　　　　ことができるか····················63
（4）　遺産共有関係の解消···················63

3－2　遺産分割前の共同相続財産の管理等……………………64

（1）　相続財産の使用収益の原則……………………………64

（2）　相続財産の管理…………………………………………65

　　ア　共有物管理の原則と令和3年の民法改正……………65

　　イ　保存行為…………………………………………………65

　　ウ　管理行為…………………………………………………66

　　　▶所在不明者や管理事項について賛否を明らかにし
　　　ない者がいる場合に管理行為を決めるにはどうす
　　　るか………………………………………………………66

　　エ　変更行為…………………………………………………67

　　　▶所在不明者や変更行為について賛否を明らかにし
　　　ない者がいる場合に変更行為を決めるにはどうす
　　　るか………………………………………………………67

　　オ　共有物の処分……………………………………………68

　　　▶共同相続した遺産が一部の相続人の所在が不明で
　　　遺産分割できないでいたが、この遺産を他に譲渡
　　　する方法はないか………………………………………68

（3）　承継した権利の行使……………………………………70

　　ア　原　則……………………………………………………70

　　イ　賃貸不動産………………………………………………70

　　ウ　貸金庫……………………………………………………70

　　エ　株　式……………………………………………………71

　　オ　経営権……………………………………………………71

（4）　相続財産を管理する義務………………………………71

　　　▶相続を放棄すれば、相続財産の管理から免れるか…71

　　ア　承認又は放棄するまでの管理義務……………………71

　　イ　承認又は放棄後の管理義務……………………………72

細　目　次　　　9

3－3　相続財産の保存……………………………………………72
（1）　相続財産保存に必要な処分………………………………72
　ア　相続財産保存のための処分の必要……………………72
　イ　相続財産の保存のための必要性が肯定される場合………74
　ウ　相続財産保存に必要な処分の内容……………………74
　エ　相続財産管理人…………………………………………75
（2）　遺産分割事件を本案とする仮の処分として相続財産
　　管理者の選任等……………………………………………76
　ア　相続財産管理者の選任…………………………………76
　イ　相続財産管理者選任の要件……………………………76
　ウ　相続財産管理者選任の手続……………………………77
　エ　相続財産管理者の地位・権限…………………………77
　オ　相続財産管理者の改任…………………………………78
　カ　相続財産管理者の任務終了……………………………78
（3）　所有者不明土地・建物管理制度…………………………78
　ア　所有者不明土地管理命令及び所有者不明建物管理
　　命令………………………………………………………78
　イ　管理命令の効力…………………………………………79
　ウ　管理人の選任……………………………………………80
　エ　管理人の権限等…………………………………………80
3－4　相続人全員の合意のない相続不動産の使用等……………81
（1）　第三者による相続財産の占有等…………………………81
　ア　持分に基づく妨害排除請求……………………………81
　イ　共有権に基づく請求……………………………………81
（2）　一部相続人による相続財産の占有等……………………82
　ア　共同相続人の一人が相続開始前から占有権原なく
　　単独で相続財産を占有する場合………………………82

10 細 目 次

　　　イ　共同相続人の一人が相続開始後に占有権原なく単
　　　　独で相続財産を占有する場合……………………………83

　　　ウ　共同相続人の一人が相続財産である建物において
　　　　被相続人と同居しており、相続開始後も引き続き同
　　　　建物に居住してこれを占有する場合……………………83

　　　エ　共同相続人の一人が相続開始前から被相続人との
　　　　使用貸借契約によって相続財産を占有する場合…………84

　　　オ　共同相続人の一人が、相続開始後に、相続人間の
　　　　決定に基づいて共有相続財産を使用する場合……………85

　　　カ　共同相続人の一人から相続開始後に使用を許諾さ
　　　　れた第三者が相続財産を占有する場合…………………85

　（3）　一部の相続人が、相続財産からの果実を収受する
　　　　場合…………………………………………………………85

　（4）　共同相続人の一人が、相続財産に変更を加えた場合………86

3－5　設問の検討…………………………………………………86

　（1）　設問1について………………………………………………86

　（2）　設問2について………………………………………………86

　（3）　設問3について………………………………………………86

　（4）　設問4について………………………………………………87

第4章　遺産分割の申立て

設　例　調停の管轄、入院中の者・海外居住者に対する
　　　　申立て……………………………………………………90

4－1　遺産分割の申立て……………………………………………91

　（1）　遺産分割の意味………………………………………………91

　（2）　遺産分割の当事者……………………………………………91

　　　ア　申立人………………………………………………………91

細　目　次　　11

　　　　イ　相手方……………………………………………………92
　　　　ウ　その他……………………………………………………92
　　　　　▶遺言執行者は遺産分割に参加できるか………………92
　　（3）　当事者の法定代理人…………………………………………92
　　　　　▶任意後見契約において代理権の付与がない場合の手
　　　　　続はどのように進められるか…………………………92
　　（4）　手続代理人………………………………………………………93
　　　　　▶弁護士以外の者を手続代理人にすることができるか…93
　　　　ア　手続代理人の選任………………………………………93
　　　　イ　手続代理人の代理権の範囲……………………………94
　　　　ウ　手続代理人の代理権の消滅……………………………94
　　　　エ　その他（民事訴訟法の準用）…………………………95
　4－2　手続の流れ…………………………………………………………95
　　（1）　申立て………………………………………………………………95
　　　　ア　審判の申立てと調停の申立て…………………………95
　　　　　▶調停を経ずに遺産分割の審判の申立てをすること
　　　　　ができるか………………………………………………95
　　　　イ　申立ての手続……………………………………………95
　　　　ウ　一部分割の申立て………………………………………97
　　　　　▶遺産の一部についての遺産分割が申し立てられた
　　　　　場合、その手続では、その他の遺産の分割を求め
　　　　　ることはできないか……………………………………97
　　　　　▶一部分割において、特別受益の持戻し、相続開始
　　　　　後に処分された遺産を遺産とみなすことは可能か………97
　　　　　▶一部分割の申立てが認められない場合があるか………97
　　　　エ　申立ての取下げ…………………………………………98
　　（2）　管　轄………………………………………………………………99
　　　　　▶自分の住所地の裁判所に遺産分割調停を申し立てる
　　　　　ことはできるか…………………………………………99

ア　審判事件の管轄……………………………………99

　　　イ　調停事件の管轄……………………………………99

　　（3）　手続選別…………………………………………99

　　　ア　審判事件……………………………………………99

　　　イ　調停事件……………………………………………100

　　（4）　申立書の写しの送付・当事者の呼出し……………100

　　　ア　申立書の写しの送付……………………………100

　　　イ　送付の方法………………………………………101

　　　ウ　当事者の呼出し…………………………………101

　　　エ　外国における送達………………………………102

　　（5）　期日の進行………………………………………103

　　　ア　段階的進行………………………………………103

　　　▶段階的進行モデルとは何か……………………103

　　　イ　見通しを立てた早期進行………………………104

　　　▶前提問題について合意ができないのに、当事者が
　　　　調停手続にこだわる場合どのような措置がとられ
　　　　るか……………………………………………104

　　　ウ　相続人の範囲に争いがある場合………………106

　　　▶相続人か否かが争われている場合にその者を除外
　　　　してした遺産分割は、後に、除外された者が相続
　　　　人であると確定したときは、無効となるか……106

　　　エ　遺産の範囲に争いがある場合…………………107

　　　▶遺産分割前に処分された財産の処分者等について
　　　　争いがある場合に、その財産を遺産とみなすこと
　　　　を求める訴えは可能か……………………………107

　　　▶特別受益かどうかが争われている場合に、これを
　　　　遺産とみなされることの確認を求める訴えは可
　　　　能か……………………………………………107

細 目 次　　　13

４－３　出頭困難な当事者がいる場合の手続の進行…………108
（１）　遠隔地の当事者………………………………………108
　　ア　遠隔地の裁判所への申立て………………………108
　　　▶当事者が遠隔地に居住しており、裁判所に出頭す
　　　　ることが難しい場合、どのような手続が考えられ
　　　　るか……………………………………………………108
　　イ　期日における電話会議の利用……………………108
　　　▶外国に居住する当事者と電話会議を利用した調停
　　　　をすることができるか………………………………108
　　ウ　受諾書面による合意………………………………110
　　エ　現地調停……………………………………………110
（２）　入院中の当事者……………………………………111
４－４　当事者に所在不明の者がいる場合の手続の進行………111
（１）　不在者がいる場合…………………………………111
　　　▶公示送達によって送達し、出頭当事者間での協議を
　　　　もとに、審判で遺産分割をするという方法はとれな
　　　　いか……………………………………………………111
（２）　不在者財産管理人…………………………………112
　　ア　選任手続……………………………………………112
　　イ　不在者財産管理人の地位・職務…………………112
　　ウ　不在者の財産管理人が関与する遺産分割の内容………113
　　　▶不在者の取得分をゼロにする合意はできるか………113
　　　▶不在者に代償金を取得させる遺産分割をする場
　　　　合、その代償金の支払はどうするか………………113
（３）　遺産分割後の問題…………………………………113
　　ア　不在者が死亡していた場合………………………113
　　イ　不在者が帰宅した場合……………………………114

4－5　当事者に無能力者、制限能力者がいる場合……………115

（1）　未成年者………………………………………………115

（2）　被保佐人・被補助人…………………………………115

（3）　成年被後見人…………………………………………115

（4）　能力の制限はないが、現に意思能力がない者……………115

4－6　調停事件の終了………………………………………116

（1）　調停の成立……………………………………………116

（2）　調停の不成立による終了……………………………116

（3）　調停をしない措置による事件の終了………………………117

　▶調停がなさずとして終了するのは、どのような場
　　合か……………………………………………………117

4－7　胎児が存在する場合の遺産分割手続……………………117

（1）　懐胎の推定……………………………………………117

（2）　胎児の当事者となる資格……………………………118

　▶出生前に胎児が遺産分割に加わることができるか………118

　▶母親は、胎児の法定代理人となるか……………………118

（3）　胎児の相続分の確保…………………………………118

　▶胎児の相続分はどのようにして確保することができ
　　るか……………………………………………………118

4－8　設問の検討……………………………………………119

（1）　設問1について………………………………………119

（2）　設問2について………………………………………119

（3）　設問3について………………………………………119

（4）　設問4について………………………………………120

（5）　設問5について………………………………………121

第5章 相続分の放棄・譲渡、参加・排除、被認知者の価額請求

設　例　相続分譲渡の効力、認知訴訟係属中の調停手続、
　　　　遺産分割後の被認知者の価額請求……………………124
5－1　相続分の放棄・譲渡……………………………………125
　（1）　相続放棄と事実上の相続放棄…………………………125
　　ア　相続放棄の意義等………………………………………125
　　▶相続放棄と相続分の放棄はどのように違うか…………125
　　イ　事実上の相続放棄………………………………………126
　　▶事実上の相続放棄はどのように行われるか……………126
　（2）　相続分譲渡………………………………………………127
　　ア　相続分譲渡の意義………………………………………127
　　イ　相続分譲渡の手続………………………………………127
　　ウ　相続分譲渡の効果………………………………………128
　　▶相続分が譲渡された場合、相続債務は誰が負担す
　　　るか…………………………………………………………128
　　▶相続分の譲渡者は、相続債務を免れるか………………128
　　▶相続分の譲渡者は、遺産分割に参加できるか…………128
　　エ　相続分の取戻し…………………………………………128
　（3）　相続分放棄………………………………………………129
　　ア　相続分放棄の意義………………………………………129
　　イ　相続分放棄の手続………………………………………129
　　▶相続分の放棄の意思表示は誰に対してするか…………129
　　▶相続分の放棄は撤回できるか……………………………129
　　ウ　相続分放棄の効果………………………………………130
　　▶相続分が放棄された場合、放棄された相続分は誰
　　　が取得するか………………………………………………130

5－2　参加・排除……………………………………………131

（1）　遺産分割の当事者………………………………………131

（2）　当事者参加………………………………………………131

▶遺産分割調停において、当事者となるべき者が脱漏
していた場合、どうするか……………………………131

▶脱漏していた相続人が、別途新たな遺産分割調停を
申し立てたが、その扱いはどうなるか………………131

（3）　手続からの排除…………………………………………132

▶相続人が相続分を他に譲渡し、譲受人が当事者とし
て手続に参加した場合、譲渡相続人は必ず排除され
るか………………………………………………………132

5－3　遺産分割後の認知……………………………………133

（1）　認知の意義等……………………………………………133

ア　認知の意義………………………………………………133

イ　認知能力等………………………………………………133

ウ　認知の方式………………………………………………134

エ　認知の効力………………………………………………134

（2）　裁判認知…………………………………………………134

▶死後認知の訴えがされていることを知ったが、その
原告が相続人となると相続分に影響を受ける者は、
訴訟に加わることができるか…………………………134

ア　判決認知と審判認知……………………………………134

イ　死後認知の訴え…………………………………………135

（3）　遺産分割後の認知の遺産分割への影響………………136

▶死後認知によって相続人であることが確定したが、
他の相続人らによって遺産分割が終了している場合
に、その相続権はどのように確保できるか…………136

▶認知によって相続人となった者が、価額による支払
を求める場合、誰にどのように請求するか…………136

ア　被認知者の価額請求権……………………………………136

　　　イ　請求し得る額………………………………………………136

　　　ウ　価額請求の相手方…………………………………………137

　　　エ　請求の手続…………………………………………………138

　（4）　死後認知請求者による遺産分割事件への関与等…………138

　　▶死後認知の訴訟中であるが、遺産分割に参加する方
　　　法はあるか……………………………………………………138

　　　ア　利害関係人としての関与の可否…………………………138

　　　イ　遺産分割禁止の審判………………………………………139

　　　ウ　価額請求権の保全処分……………………………………139

　　　エ　事実上の調停等の中止申立て……………………………139

5－4　設問の検討………………………………………………………139

　（1）　設問1について……………………………………………139

　（2）　設問2について……………………………………………140

　（3）　設問3について……………………………………………140

　（4）　設問4について……………………………………………141

　（5）　設問5について……………………………………………142

第6章　再転相続・受継・渉外遺産分割

設　例　受継の必要、外国籍の被相続人の遺産分割手続………144

6－1　遺産分割手続中の相続人の死亡………………………………145

　（1）　第1次相続に生じる問題…………………………………145

　　▶遺産分割の手続中に、相続人の一人が死亡した場合、
　　　誰がどのような手続をとるべきか…………………………145

　　▶再転相続が共同相続の場合、第2次相続について遺
　　　産分割申立てが必要か………………………………………145

▶再転相続において、第1次相続人が、その遺産を他
に遺贈した場合、遺贈の対象となった第1次相続の
遺産の持分又は相続分は、遺産分割の対象か……………145

ア　再転相続における相続分の承継……………………145

イ　遺産分割手続への影響……………………………145

ウ　死亡した第1次相続の相続人が取得した未分割遺
産の分割………………………………………147

エ　第2次相続の被相続人に遺言がある場合……………148

オ　第2次被相続人の固有財産を遺産分割対象財産と
する場合………………………………………151

（2）　第2次相続に生じる問題………………………………152

ア　第2次相続の遺産分割の申立て………………………152

イ　特別受益……………………………………………152

（3）　分割の方法………………………………………………152

6－2　渉外遺産分割…………………………………………………153

（1）　国際裁判管轄と準拠法…………………………………153

（2）　遺産分割事件の準拠法…………………………………153

ア　相続準拠法…………………………………………153

イ　遺産分割手続における準拠法………………………154

（3）　遺言の準拠法……………………………………………154

ア　法の適用に関する通則法の原則……………………154

イ　遺言の方式の準拠法に関する法律…………………154

6－3　設問の検討……………………………………………………156

（1）　設問1について…………………………………………156

ア　Y1の相続人………………………………………156

イ　受　継………………………………………………156

ウ　Y1の遺産分割の必要………………………………157

細　目　次　　19

　（2）　設問2について‥‥‥‥‥‥‥‥‥‥‥‥‥‥‥‥‥‥‥157
　　　ア　Aの相続についての相続分‥‥‥‥‥‥‥‥‥‥‥157
　　　イ　Y1の固有財産に対する相続分‥‥‥‥‥‥‥‥‥158
　（3）　設問3について‥‥‥‥‥‥‥‥‥‥‥‥‥‥‥‥‥‥158

第7章　遺産分割対象財産

設　例　遺産分割前に増減した預貯金の遺産分割におけ
　　　　る扱い‥‥‥‥‥‥‥‥‥‥‥‥‥‥‥‥‥‥‥‥‥162
7−1　相続対象性と遺産分割対象性‥‥‥‥‥‥‥‥‥‥‥163
　（1）　相続対象性‥‥‥‥‥‥‥‥‥‥‥‥‥‥‥‥‥‥‥163
　　　ア　一身専属財産‥‥‥‥‥‥‥‥‥‥‥‥‥‥‥‥‥163
　　　▶離婚に伴う財産分与請求権を相続の対象とするこ
　　　　とはできるか‥‥‥‥‥‥‥‥‥‥‥‥‥‥‥‥‥163
　　　イ　祭祀財産‥‥‥‥‥‥‥‥‥‥‥‥‥‥‥‥‥‥‥163
　　　▶純金の仏像は祭祀財産か‥‥‥‥‥‥‥‥‥‥‥‥163
　（2）　遺産分割対象性‥‥‥‥‥‥‥‥‥‥‥‥‥‥‥‥‥164
　　　ア　相続開始時に存在すること‥‥‥‥‥‥‥‥‥‥‥164
　　　イ　遺産分割時に存在すること‥‥‥‥‥‥‥‥‥‥‥164
　　　▶特定の不動産について、相続人の一人に相続させ
　　　　る旨の遺言がされている場合、その不動産は、遺
　　　　産分割の対象となるか‥‥‥‥‥‥‥‥‥‥‥‥‥164
　　　▶相続人の一人が、遺産である不動産を他の相続人
　　　　に無断で第三者に譲渡した場合、その不動産は遺
　　　　産分割の対象とできるか‥‥‥‥‥‥‥‥‥‥‥‥164
　　　ウ　未分割の財産であること‥‥‥‥‥‥‥‥‥‥‥‥166
　　　▶一部分割の効力が争われる場合どうするか‥‥‥‥166
　　　エ　積極財産であること‥‥‥‥‥‥‥‥‥‥‥‥‥‥166

（3） 遺産ではないが、財産分与の対象となるもの……………167

▶遺産である家屋が隣家の重過失による失火によって
焼失した場合に、いまだ支払われていない火災保険
金及び隣家に対する損害賠償金は遺産分割の対象と
なるか……………………………………………………167

7－2　遺産分割対象財産の範囲………………………………167

（1）　不動産・動産……………………………………………167

（2）　借地権等…………………………………………………167

▶公営住宅を使用する権利は相続の対象となるか…………167

ア　賃借権………………………………………………167

イ　使用借権……………………………………………168

（3）　現　金……………………………………………………168

▶遺産を処分した代金である現金は遺産分割の対象と
なるか……………………………………………………168

（4）　金銭債権…………………………………………………168

ア　可分債権と不可分債権……………………………168

▶損害賠償債権は遺産分割の対象となるか………………168

イ　預貯金債権…………………………………………169

▶銀行預金債権が遺産分割の対象となるのはなぜか………169

▶銀行預金に相続開始後に振り込まれた遺産である
貸家の賃料は遺産分割の対象となるか……………………169

（5）　投資信託・国債等………………………………………171

ア　投資信託受益権……………………………………171

▶投資信託を遺産分割の対象とすることができるか………171

イ　公社債投信…………………………………………172

ウ　国　債………………………………………………172

（6）　株　式……………………………………………………172

（7）　営業権……………………………………………………172

細　目　次　　　21

（ 8 ）　遺産から生じた果実·······································173

▶遺産である賃貸物件から得られた賃料は、遺産分割
の対象となるか···173

（ 9 ）　債　　務··174

（10）　相続財産の管理費用·····································174

ア　相続財産管理費用の意味··························174

イ　相続財産管理費用の負担者·······················174

▶遺産である不動産の相続開始後の固定資産税は誰
が負担するか···174

▶遺産である建物の敷地の相続開始後の借地料は誰
が負担するか···174

ウ　遺産管理費用の遺産分割審判における対象性··········175

（11）　葬儀費用··176

ア　葬儀費用の意味等··································176

イ　葬儀費用の負担者··································176

▶葬儀費用は誰が負担すべきか······················176

▶喪主が香典を受け取っている場合でも、他の相続
人は葬儀費用を負担すべきか······················176

ウ　遺産分割における対象性·························177

（12）　その他··177

ア　生命保険金請求権··································177

▶一時払いの生命保険の給付金は遺産分割の対象と
なるか··177

▶被相続人が受領していない満期保険金債権は遺産
分割の対象となるか···································177

イ　死亡退職金··180

▶死亡退職金は遺産分割の対象財産となるか···········180

ウ　遺族給付金··180

エ 高額療養費……………………………………………………180
▶高額療養費の払戻金は遺産分割の対象財産となるか…………………………………………………………180
7－3 設問の検討………………………………………………180
（1） 設問1について……………………………………………180
（2） 設問2について……………………………………………181
（3） 設問3について……………………………………………182

第8章 遺産分割前の被相続人の財産の処分・遺産の調査

設 例 被相続人の預貯金の一部相続人による払戻金の扱い……………………………………………………184
8－1 遺産分割前の被相続人の財産の処分………………185
（1） 相続開始前に払い戻された預貯金…………………………185
▶被相続人と同居していた相続人が被相続人の預貯金債権を払い戻して使用していた場合、その額は、遺産分割で考慮できるか…………………………………185
▶一部の相続人が被相続人の預金を払い戻して費消していたが、これは費消した相続人の特別受益となるか…………………………………………………………185
ア 使途不明金………………………………………………185
イ 不法行為又は不当利得としての主張……………………186
ウ 特別受益としての主張…………………………………186
（2） 相続開始後、遺産分割前の預貯金の払戻し………………188
ア 原則的な処理……………………………………………188
イ 遺産分割前の預貯金の払戻しの制度……………………188
▶遺産分割前に、相続人の一人において、被相続人の債務を支払うため、被相続人のキャッシュカードを利用して預貯金の払戻しを受けることは、預貯金額の3分の1に法定相続分を乗じた額以下であれば可能か……………………………………………188

細　目　次　　23

```
　　ウ　仮分割仮処分………………………………………………190
　　　▶遺産分割前の預貯金の払戻しの制度による払戻し
　　　　によって十分な額が得られない場合どうするか………190
　（3）　遺産分割前に処分された相続財産………………………192
　　ア　遺産分割前に処分された遺産の遺産分割対象性………192
　　イ　平成30年の改正…………………………………………192
　　ウ　適用の要件………………………………………………193
　　　▶被相続人が所持していた現金が相続開始後不明と
　　　　なり、同居していた相続人がこれを領得したこと
　　　　が疑われるが、同相続人は知らないと言い張る。
　　　　この場合、その現金を遺産とみなすことができ
　　　　るか……………………………………………………193
　　　▶相続人全員で分担すべき葬儀費用を被相続人の預
　　　　金から支出した場合に、その支出額が遺産とみな
　　　　された場合、葬儀費用の負担を他の相続人に求め
　　　　るにはどうするか……………………………………193
　　エ　処分された財産を遺産分割の対象とする手続…………195
8－2　遺産の調査…………………………………………………195
　（1）　事実の調査………………………………………………195
　　ア　当事者主義的運用………………………………………195
　　　▶裁判所は、遺産の有無を職権で調査するか…………195
　　イ　調停手続における事実の調査…………………………196
　（2）　遺産の調査方法…………………………………………197
　　ア　弁護士会照会……………………………………………197
　　イ　調査の嘱託………………………………………………197
　　ウ　文書提出命令……………………………………………198
　　エ　対象財産ごとの調査方法………………………………198
　　　▶相続人は金融機関に対し、単独で被相続人の預貯
　　　　金の取引履歴の開示を求めることができるか………198
```

24　　　　　　　　　　細　目　次

　　　　　▶解約された被相続人の預金契約について、銀行に
　　　　　　対して、取引経過の開示を求めることができるか‥‥‥‥198
　　　　　▶遺産が秘匿されて明らかにならなかった場合、そ
　　　　　　の遺産はどうなるか‥‥‥‥‥‥‥‥‥‥‥‥‥‥‥‥‥‥‥199
　　　　　▶税務署が所持する相続税申告書の提出を求める文
　　　　　　書提出命令は可能か‥‥‥‥‥‥‥‥‥‥‥‥‥‥‥‥‥‥‥199
　8－3　設問の検討‥‥‥‥‥‥‥‥‥‥‥‥‥‥‥‥‥‥‥‥‥‥‥‥‥200
　（1）　設問1について‥‥‥‥‥‥‥‥‥‥‥‥‥‥‥‥‥‥‥‥‥‥‥200
　　　ア　付随問題として調停の対象とするか否か‥‥‥‥‥‥‥‥‥200
　　　イ　不当利得についての検討事項‥‥‥‥‥‥‥‥‥‥‥‥‥‥‥201
　　　ウ　Xの払戻し‥‥‥‥‥‥‥‥‥‥‥‥‥‥‥‥‥‥‥‥‥‥‥‥201
　（2）　設問2について‥‥‥‥‥‥‥‥‥‥‥‥‥‥‥‥‥‥‥‥‥‥‥203

第9章　遺産の評価

設　例　担保権・利用権付の不動産の評価、評価が変動
　　　　する株式の評価‥‥‥‥‥‥‥‥‥‥‥‥‥‥‥‥‥‥‥‥‥‥206
　9－1　遺産評価の必要性及び遺産評価の基準時‥‥‥‥‥‥‥‥207
　9－2　遺産評価の方法‥‥‥‥‥‥‥‥‥‥‥‥‥‥‥‥‥‥‥‥‥‥208
　（1）　評価の方法‥‥‥‥‥‥‥‥‥‥‥‥‥‥‥‥‥‥‥‥‥‥‥‥208
　　　　▶遺産の評価についてした合意は、その後、覆すこと
　　　　　ができるか‥‥‥‥‥‥‥‥‥‥‥‥‥‥‥‥‥‥‥‥‥‥‥‥208
　（2）　不動産の評価‥‥‥‥‥‥‥‥‥‥‥‥‥‥‥‥‥‥‥‥‥‥‥209
　　　ア　土　地‥‥‥‥‥‥‥‥‥‥‥‥‥‥‥‥‥‥‥‥‥‥‥‥‥‥209
　　　　▶不動産を評価する資料にはどのようなものがあ
　　　　　るか‥‥‥‥‥‥‥‥‥‥‥‥‥‥‥‥‥‥‥‥‥‥‥‥‥‥‥209
　　　　▶土壌汚染などが主張されている土地の評価はどう
　　　　　するか‥‥‥‥‥‥‥‥‥‥‥‥‥‥‥‥‥‥‥‥‥‥‥‥‥‥209

▶地上に老朽化した建物がある場合に、土地の評価
　　　　額から建物解体費用を控除できるか……………………209
　　イ　利用権が設定された土地（底地）………………………212
　　　▶相続人の一人に使用借権が設定されている土地の
　　　　評価はどのようにするか……………………………………212
　　ウ　建　物………………………………………………………213
　　　▶すべての相続人が取得を求めず、将来取壊しを要
　　　　することが予想される建物の評価はどのようにす
　　　　るか……………………………………………………………213
　　エ　抵当権設定の不動産………………………………………213
　　　▶遺産である不動産に第三者の債務のための抵当権
　　　　が設定されている場合の評価はどのようにするか……213
　　　▶遺産である不動産に相続人の債務のための抵当権
　　　　が設定されている場合の評価も同様か…………………213
　　オ　収益用不動産の評価………………………………………214
　　　▶いわゆる収益物件とは何か。その評価はどうす
　　　　るか……………………………………………………………214
　　　▶遺産である土地が他に賃貸されているが、その賃
　　　　料が非常に低廉である場合も収益還元法による評
　　　　価を採用できるか……………………………………………214
（3）　動　産…………………………………………………………215
（4）　投資信託………………………………………………………216
（5）　株式の評価……………………………………………………216
　　▶非上場の株式の評価はどのようにするか…………………216
　　▶株式の評価が相続開始後変動した場合の評価はどの
　　　ようにするか……………………………………………………216
　　ア　上場株式……………………………………………………216
　　イ　非上場株式…………………………………………………216
（6）　鑑　定…………………………………………………………217
　　▶不動産鑑定士による鑑定による場合に考慮を要する
　　　ことは何か………………………………………………………217

26 細 目 次

　　　　▶鑑定の手法にはどのような方法があるか……………217
　　　　▶鑑定に反対する当事者がいる場合どうするか…………217
　　　　ア　鑑定の採用………………………………………………217
　　　　イ　鑑定の際に確認を要する事項…………………………218
　　　　ウ　鑑定における評価方法…………………………………219
　9－3　設問の検討………………………………………………220
　（1）　設問1について………………………………………………220
　　　　ア　段階的進行における位置付け…………………………220
　　　　イ　遺産評価における当事者的運用………………………220
　　　　ウ　鑑定採用の時期…………………………………………220
　（2）　設問2について………………………………………………221
　　　　ア　不動産1…………………………………………………221
　　　　イ　不動産2…………………………………………………221
　（3）　設問3について………………………………………………222
　（4）　設問4について………………………………………………222

第10章　特別受益

設　例　特別受益の範囲、生命保険金の持戻し………………224
10－1　特別受益の意味……………………………………………225
　　　　▶生前にされた相続人への贈与は、遺産分割において
　　　　　どのように扱われるか…………………………………225
10－2　特別受益者の範囲…………………………………………226
　（1）　相続人………………………………………………………226
　　　　▶相続人の収入が十分でないため、被相続人が相続人
　　　　　の子（被相続人の孫）の大学進学費用を拠出した場
　　　　　合、その拠出額は相続人の特別受益となるか…………226

細　目　次　　27

　（2）　代襲相続人……………………………………………227

　　▶代襲相続人が、代襲原因（その親の死亡など）が生
　　　じる前に受けた贈与は特別受益となるか………………227

　　　ア　代襲原因前の代襲者への贈与………………………227

　　　イ　被代襲者への贈与……………………………………228

　（3）　包括受遺者……………………………………………228

　（4）　再転相続の場合………………………………………228

　　▶再転相続人が再転相続前に第1次相続の被相続人か
　　　ら贈与を受けていた場合、特別受益となるか…………228

10－3　特別受益の対象（類推される場合を含む）…………229

　（1）　遺贈・特定財産承継遺言の対象財産…………………229

　　▶特定の財産を相続させる遺言によって取得した場
　　　合、その財産は持戻しの対象となるか…………………229

　　▶遺言による配偶者居住権の取得は特別受益となるか……229

　（2）　贈　　与……………………………………………229

　　▶相続人の一人だけ大学に進学した場合、その学費は、
　　　特別受益となるか…………………………………………229

　　▶相続財産である土地を一人の相続人が無償で利用し
　　　てきた場合、使用借権価額が特別受益となるか………229

　　▶相続財産である建物を一人の相続人が無償で使用し
　　　てきた場合、使用料相当額が特別受益となるか………229

　　　ア　婚姻又は養子縁組における費用等…………………229

　　　イ　学　　費………………………………………………230

　　　ウ　扶養料…………………………………………………231

　（3）　不動産の使用………………………………………231

　　　ア　土地の無償使用………………………………………231

　　　イ　建物の無償使用………………………………………232

　　　ウ　賃借権…………………………………………………232

　　　エ　不動産の無償使用における賃料相当額……………232

（4）　債務の免除……………………………………………………233

（5）　死亡保険金…………………………………………………233

　　▶死亡保険金が特別受益となるのはどのような場合か……233

　　ア　特別受益と扱うことの可否…………………………233

　　イ　特段の事情……………………………………………234

　　ウ　持戻し額………………………………………………240

（6）　死亡退職金…………………………………………………240

（7）　無償の相続分譲渡…………………………………………240

　　ア　無償の相続分譲渡の性質……………………………240

　　イ　黙示の相続分譲渡……………………………………241

10－4　特別受益の評価………………………………………………242

（1）　評価の基準時………………………………………………242

（2）　特別受益の評価の方法……………………………………242

　　▶受贈者が被相続人から贈与を受けた土地を売却した
　　　が、その後相続開始時にはその土地が高騰している
　　　場合、特別受益の価額はどの時点での価額となるか……242

　　▶受贈財産である建物が、贈与後間もなく隣家からの
　　　延焼で焼失し、贈与時の評価額の半額程度の火災保
　　　険金が支払われた場合、その後の相続開始における
　　　特別受益の価額はどのように評価されるか………………242

　　ア　評価の原則的方法……………………………………242

　　イ　贈与財産が贈与時のままの状態で存在するとき………243

　　ウ　贈与財産が受贈者の行為により滅失等したとき………243

　　エ　受贈者の行為によらない滅失等……………………243

（3）　財産の種類ごとの検討……………………………………244

　　ア　土　地…………………………………………………244

　　イ　建　物…………………………………………………244

細　目　次　　29

ウ　動　産⋯⋯⋯⋯⋯⋯⋯⋯⋯⋯⋯⋯⋯⋯⋯⋯⋯⋯⋯245

エ　株式、有価証券、ゴルフ会員権、変動する金銭債権⋯⋯⋯245

オ　金　銭⋯⋯⋯⋯⋯⋯⋯⋯⋯⋯⋯⋯⋯⋯⋯⋯⋯⋯⋯⋯245

カ　無償の相続分譲渡が特別受益となる場合の持戻し額⋯⋯⋯⋯⋯⋯⋯⋯⋯⋯⋯⋯⋯⋯⋯⋯⋯⋯⋯⋯⋯⋯245

10－5　持戻し免除⋯⋯⋯⋯⋯⋯⋯⋯⋯⋯⋯⋯⋯⋯⋯⋯⋯246

（1）　持戻し免除の意思表示⋯⋯⋯⋯⋯⋯⋯⋯⋯⋯⋯⋯⋯246

（2）　黙示の持戻し免除を認め得る場合⋯⋯⋯⋯⋯⋯⋯⋯⋯247

ア　相続人の行為等への対価ないし謝礼的な意味がある場合⋯⋯⋯⋯⋯⋯⋯⋯⋯⋯⋯⋯⋯⋯⋯⋯⋯⋯⋯247

イ　扶養などの必要性による贈与⋯⋯⋯⋯⋯⋯⋯⋯⋯⋯247

▶障害があって就職が困難な子に対してされた贈与は持戻しを要しないか⋯⋯⋯⋯⋯⋯⋯⋯⋯⋯⋯247

ウ　配偶者への贈与⋯⋯⋯⋯⋯⋯⋯⋯⋯⋯⋯⋯⋯⋯⋯247

エ　相続人全員に、同程度の贈与をしている場合⋯⋯⋯⋯248

10－6　設問の検討⋯⋯⋯⋯⋯⋯⋯⋯⋯⋯⋯⋯⋯⋯⋯⋯⋯248

（1）　設問1について⋯⋯⋯⋯⋯⋯⋯⋯⋯⋯⋯⋯⋯⋯⋯248

（2）　設問2について⋯⋯⋯⋯⋯⋯⋯⋯⋯⋯⋯⋯⋯⋯⋯249

（3）　設問3について⋯⋯⋯⋯⋯⋯⋯⋯⋯⋯⋯⋯⋯⋯⋯249

（4）　設問4について⋯⋯⋯⋯⋯⋯⋯⋯⋯⋯⋯⋯⋯⋯⋯250

（5）　設問5について⋯⋯⋯⋯⋯⋯⋯⋯⋯⋯⋯⋯⋯⋯⋯250

第11章　寄与分・親族の特別の寄与

設　例　寄与に当たるか否か、配偶者の寄与行為の扱い⋯⋯⋯252

11－1　寄与分の意義⋯⋯⋯⋯⋯⋯⋯⋯⋯⋯⋯⋯⋯⋯⋯⋯253

（1）　寄与分の意味等⋯⋯⋯⋯⋯⋯⋯⋯⋯⋯⋯⋯⋯⋯⋯253

（2）　寄与分制度の目的、寄与分の法的性格⋯⋯⋯⋯⋯⋯254

11－2　寄与分主張の方法と期間……………………………………255

（1）　寄与分主張の方法……………………………………………255

（2）　寄与分の審判の申立期間等…………………………………255

11－3　寄与分を主張できる資格……………………………………256

（1）　寄与分を主張できる者………………………………………256

（2）　寄与分の承継・放棄…………………………………………257

　　ア　寄与分の譲渡………………………………………………257

　　イ　寄与分の相続………………………………………………257

　　ウ　寄与分の放棄………………………………………………257

11－4　寄与分の成立要件……………………………………………258

（1）　寄与行為が存在すること……………………………………258

　▶相続人の妻が被相続人の療養介護に当たったこと
　　を、相続人は、自己の寄与として主張できるか…………258

（2）　寄与行為が特別の寄与と評価できること…………………259

　　ア　寄与行為の特別性…………………………………………259

　　イ　寄与行為の無償性…………………………………………259

　　ウ　寄与行為の継続性…………………………………………260

　　エ　寄与行為の専従性…………………………………………260

（3）　被相続人の財産の維持又は増加があること………………260

（4）　寄与行為と被相続人の財産の維持又は増加との間に
　　　因果関係があること…………………………………………260

11－5　寄与分の類型別成立要件及び算定方法……………………260

（1）　労務提供型……………………………………………………260

　　ア　労務提供型の寄与…………………………………………260

　　イ　寄与分の算定方式…………………………………………262

（2）　財産給付型（金銭等出資型ともいう）……………………263

　　ア　財産上の給付………………………………………………263

　　イ　寄与分の算定方式…………………………………………265

細　目　次　　　31

（3）　扶養型…………………………………………………………266

　　　ア　扶養による寄与………………………………………………266

　　　イ　寄与分の算定方式……………………………………………267

（4）　療養看護型……………………………………………………267

　　　ア　療養看護による寄与…………………………………………267

　　　イ　寄与分の算定方式……………………………………………271

（5）　その他の類型…………………………………………………272

　　　ア　財産管理………………………………………………………272

　　　イ　担保提供………………………………………………………273

　　　ウ　先行遺産分割における相続分無償譲渡等………………273

　　　▶先行する遺産分割で相続分を被相続人に無償で贈
　　　　与したことを寄与とできるか………………………………273

　　　▶先行する遺産分割で相続分を放棄したこと、又は
　　　　相続を放棄したことを寄与とできるか……………………273

11－6　親族の特別の寄与………………………………………………275

（1）　特別の寄与の趣旨………………………………………………275

（2）　特別の寄与の内容・要件………………………………………276

　　　ア　特別寄与者……………………………………………………276

　　　イ　特別の寄与の態様……………………………………………276

　　　ウ　特別寄与料の算定……………………………………………276

　　　▶相続人が相続により取得した財産の価額を超える
　　　　特別寄与料の支払を命じられることはあるか…………276

（3）　特別寄与料の請求手続…………………………………………277

　　　ア　特別寄与料の請求方法………………………………………277

　　　イ　特別寄与料の請求期間………………………………………278

　　　ウ　遺産分割事件との関係………………………………………278

32　　　細 目 次

11－7　設問の検討……………………………………………278

（1）　設問1について……………………………………278

（2）　設問2について……………………………………278

　　ア　相続人の妻の介護をもって、相続人の寄与となし
　　　得るか……………………………………………278

　　イ　Xの寄与分の算定………………………………279

第12章　具体的相続分

設　例　具体的相続分の算出方法………………………………282

12－1　具体的相続分による分割……………………………283

（1）　具体的相続分の意義………………………………283

（2）　具体的相続分の時的限界…………………………284

　　ア　特別受益・寄与分の主張の時的限界……………284

　　イ　例　外……………………………………………285

　　ウ　経過規定…………………………………………285

12－2　具体的相続分額の計算………………………………285

（1）　寄与分のない場合…………………………………285

　　ア　基本的な計算方法（超過特別受益者がいない場合）……285

　　イ　超過特別受益者がいる場合……………………286

（2）　特別受益と寄与分がある場合の具体的相続分額の
　　　計算…………………………………………………288

　　ア　超過特別受益者がいない場合…………………288

　　イ　超過特別受益者がいる場合……………………289

12－3　設問の検討……………………………………………295

（1）　設問1について……………………………………295

（2）　設問2について……………………………………295

細 目 次　　33

（3）　設問3について………………………………………………296

　　ア　903条、904条の2同時適用説………………………………296

　　イ　903条による相続分で按分する説（最終取得分に
　　　　寄与分を加算する説）（寄与分別途加算説）………………297

　　ウ　寄与分率による寄与分を加算する説（寄与分率割
　　　　合加算説）……………………………………………………298

　　エ　3説の比較……………………………………………………299

（4）　設問4について………………………………………………299

　　ア　Bの持戻し免除………………………………………………299

　　イ　相続分の算出…………………………………………………300

第13章　分割の方法

設　例　具体的な分割方法、取得希望が競合する場合の
　　　　処理………………………………………………………304

13－1　遺産分割の方法…………………………………………………305

（1）　遺産分割の方法………………………………………………305

　　ア　具体的な分割方法の選択……………………………………305

　　イ　分割の進め方…………………………………………………306

　　ウ　分割へのシナリオ……………………………………………306

13－2　現物分割…………………………………………………………307

（1）　現物分割………………………………………………………307

　　ア　現物分割の原則………………………………………………307

　　イ　現物分割の基準………………………………………………307

　　　　▶現物分割で遺産を取得するには何が考慮されるか………307

（2）　遺産の種類ごとの現物分割…………………………………309

　　　　▶一筆の土地を分筆して分割することはできるか…………309

ア　不動産の分割‥‥‥‥‥‥‥‥‥‥‥‥‥‥‥309

　　イ　賃借権の分割‥‥‥‥‥‥‥‥‥‥‥‥‥‥‥309

　　ウ　用益権の設定‥‥‥‥‥‥‥‥‥‥‥‥‥‥‥309

　　エ　株式の分割‥‥‥‥‥‥‥‥‥‥‥‥‥‥‥‥310

13－3　代償分割‥‥‥‥‥‥‥‥‥‥‥‥‥‥‥‥‥‥310

　（1）　代償分割の意味‥‥‥‥‥‥‥‥‥‥‥‥‥‥310

　（2）　代償分割が許される特別の事情‥‥‥‥‥‥‥311

　　ア　特別の事情‥‥‥‥‥‥‥‥‥‥‥‥‥‥‥‥311

　　▶代償分割が認められるのはどのような場合か‥‥‥311

　　イ　代償金の支払能力‥‥‥‥‥‥‥‥‥‥‥‥‥312

　　▶代償金を支払う能力が十分でない場合に、その支
　　　払を猶予したり、分割払とすることは可能か‥‥‥312

　　▶代償金の支払に代えて固有財産を譲渡するという
　　　代物弁済の方法をとることは可能か‥‥‥‥‥‥‥312

　　ウ　代償金支払義務の不履行‥‥‥‥‥‥‥‥‥‥315

　　▶代償分割後に代償金の支払が不履行とされた場
　　　合、遺産分割を解除できるか‥‥‥‥‥‥‥‥‥315

13－4　換価分割‥‥‥‥‥‥‥‥‥‥‥‥‥‥‥‥‥‥316

　（1）　換価分割の意味‥‥‥‥‥‥‥‥‥‥‥‥‥‥316

　（2）　最終処分としての換価分割‥‥‥‥‥‥‥‥‥316

　　ア　審判による最終処分‥‥‥‥‥‥‥‥‥‥‥‥316

　　イ　換価分割を相当とする場合‥‥‥‥‥‥‥‥‥316

　　▶換価分割はどのような場合に用いられるか‥‥‥‥316

　　ウ　換価分割の問題点‥‥‥‥‥‥‥‥‥‥‥‥‥317

　（3）　中間処分としての換価‥‥‥‥‥‥‥‥‥‥‥317

　　ア　遺産の換価を命ずる裁判‥‥‥‥‥‥‥‥‥‥317

　　イ　換価の手続等‥‥‥‥‥‥‥‥‥‥‥‥‥‥‥318

細　目　次　　35

　（4）　任意売却……………………………………………318
　　　ア　中間における任意売却…………………………318
　　　イ　最終的な分割合意における任意売却………………319
13－5　共有分割…………………………………………319
　（1）　共有分割の意味…………………………………319
　（2）　共有分割を相当とする場合………………………319
　　▶共有分割はどのような場合に用いられるか…………319
　　　ア　現物分割、代償分割ができず、かつ、換価分割を
　　　　避けるのが相当な場合………………………………319
　　　イ　当事者が共有分割を希望しており、それが不当で
　　　　ない場合………………………………………………320
　（3）　共有分割が相当でない場合………………………321
13－6　一部分割がある場合の分割方法…………………321
13－7　設問の検討………………………………………322
　（1）　設問1について………………………………322
　（2）　設問2について………………………………322
　（3）　設問3について………………………………324

第14章　配偶者居住権

設　例　配偶者居住権設定の可否、その評価………………326
14－1　配偶者居住権……………………………………327
　（1）　配偶者居住権の新設……………………………327
　（2）　新設の趣旨………………………………………327
　（3）　配偶者居住権の成立……………………………328
　　▶内縁の配偶者に配偶者居住権を認めることができ
　　るか……………………………………………………328

▶相続させる旨の遺言によって配偶者居住権を認める
　　　　ことができるか………………………………………………328
　　ア　遺贈・遺産分割による配偶者居住権の成立……………328
　　イ　審判による配偶者居住権の成立………………………329
　　ウ　配偶者居住権の内容………………………………………329
　　　▶平均余命を超える期間の配偶者居住権を認めるこ
　　　　とができるか…………………………………………………329
　　　▶遺産分割において配偶者居住権を決める場合にそ
　　　　の期間について基準はあるか……………………………329
　　　▶遺言で定められた期間が短くて相当でない場合、
　　　　これを修正する方法はあるか……………………………329
　　エ　配偶者居住権の消滅………………………………………331
　　オ　配偶者居住権の財産評価…………………………………333
　　　▶配偶者居住権の評価をする基準時はいつか……………333
　　　▶配偶者居住権の評価額を算定方法によらず、当事
　　　　者間で合意できるか………………………………………333
14−2　配偶者短期居住権………………………………………………335
　（1）　配偶者短期居住権の新設及びその趣旨……………………335
　　ア　配偶者短期居住権の新設…………………………………335
　　イ　新設の趣旨…………………………………………………335
　（2）　配偶者短期居住権の成立・内容……………………………336
　　　▶配偶者短期居住権が成立するのはどのような場合か……336
　　ア　配偶者短期居住権の成立要件……………………………336
　　イ　配偶者短期居住権の内容…………………………………337
　　ウ　遺産分割への影響…………………………………………338
　　エ　配偶者短期居住権の消滅…………………………………338
14−3　設問の検討…………………………………………………………339
　（1）　設問1について………………………………………………339
　　ア　具体的相続分の算出………………………………………339

細　目　次　　37

　　イ　分割方法……………………………………………339
（2）　設問2について………………………………………341
（3）　設問3について………………………………………342
（4）　設問4について………………………………………342

第15章　相続と登記

設　例　登記手続をする旨の条項の要否と登記原因……………344
15−1　相続に関する登記……………………………………345
（1）　不動産登記制度………………………………………345
　　ア　公示方法としての登記制度………………………345
　　イ　登記の効力…………………………………………346
　　▶相続による所有権の取得は、登記しなければ第三
　　　者に対抗できないか…………………………………346
　　ウ　不動産登記手続……………………………………346
（2）　相続に関する登記と登記申請義務…………………347
　　ア　相続に関する登記の種類…………………………347
　　イ　相続により権利を取得した者の登記義務………347
15−2　相続登記………………………………………………348
（1）　相続登記一般…………………………………………348
（2）　相続放棄者を除外する登記…………………………348
（3）　相続分不存在証明書による登記……………………349
（4）　相続分譲渡による登記………………………………350
　　ア　相続人間の相続分の譲渡…………………………350
　　▶相続分の譲渡を受けて、相続登記を申請すること
　　　ができるか……………………………………………350
　　イ　第三者に対して相続分が譲渡された場合………350

15－3　遺産分割による登記……………………………………351

（1）　共同相続登記前の遺産分割………………………………351

　　ア　共同相続人間における遺産分割…………………………351

　　イ　相続人間で相続分譲渡がされた場合……………………352

　　ウ　第三者に対する相続分譲渡がされた場合………………352

（2）　共同相続登記後の遺産分割………………………………352

　　ア　共同相続人間における遺産分割…………………………352

　　　▶共同相続登記後の遺産分割によって財産を取得し
　　　　た相続人は単独で相続登記の更正登記を申請する
　　　　ことができるか…………………………………………352

　　イ　相続分譲渡後の遺産分割…………………………………353

（3）　代償として不動産を譲渡する場合………………………354

　　　▶代償金を代物弁済で支払う場合の代償不動産の所
　　　　有権移転の登記原因は何か……………………………354

（4）　相続人以外の者を含めた合意……………………………355

（5）　遺産分割のやり直し………………………………………355

15－4　数次相続における登記…………………………………355

15－5　遺言がある場合の相続における登記…………………357

（1）　相続分の指定（遺産分割方法を伴わない場合）…………357

（2）　特定財産承継遺言…………………………………………357

（3）　遺　贈……………………………………………………358

　　ア　特定遺贈…………………………………………………358

　　イ　包括遺贈…………………………………………………359

（4）　遺留分減殺による登記……………………………………360

15－6　設問の検討………………………………………………360

（1）　設問1について……………………………………………360

　　ア　相続分及び相続による共有持分…………………………360

イ 遺産分割における合意の性質……………………………361

ウ 設問1の条項の適否………………………………………361

エ 調停条項案…………………………………………………363

（2） 設問2について……………………………………………364

ア 丙の遺産分割の必要性……………………………………364

イ 設問2の条項の適否………………………………………364

ウ 調停条項案…………………………………………………364

索　引

○事項索引………………………………………………………369
○判例年次索引…………………………………………………386

第 1 章

相続開始、相続人及び相続分、
相続人不存在

| 設　例 | 相続権の有無、相続人不存在の場合の債権者等の権利行使 |

A（夫）は、B（妻）と、借地上のA名義の建物甲において○○業を営んでおり、AB間には、小学生の子Cがいたが、令和5年1月、親子3人で旅行に行った際、同月30日たまたま乗った観光船が沈没し、全員が死亡した。AとBは、同日死亡したとされ、Cは、救助されたが、翌31日に死亡した。Aには弟Dがいるが、Dは家庭裁判所に相続放棄の申述をし、受理されている。

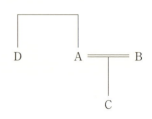

| 設　問 |

1　Eは、Bの弟であるが、Aの相続財産に対して何らかの権利を主張できるか。
2　Fは建物甲の敷地所有者であるが、未払の賃料を回収したいし、また、この際、建物を収去して明渡しを求めたいと考えている。どのような手続をとるべきか。
3　Gは、Aの唯一の従業員であったが、Aの事業を引き継ぎたいと考えている。その方法として、どのようなことが考えられるか。
4　相続財産清算人が、Aの財産を調査したところ、相続開始後、Aの弟Dが、Aの預金200万円の払戻しを受けていたことが判明した。相続財産清算人は、どのような処理をすべきか。

第1章　相続開始、相続人及び相続分、相続人不存在　　3

解　説

1－1　相続開始

（1）　相続の意味

　相続とは、自然人の財産法上の地位（これを権利義務ということもある。以下、単に「財産法上の地位」という。）をその者の死後に法律及び死亡者の最終意思の効果として特定の者に承継させることをいう。法律の規定に基づく相続を法定相続という。死亡者は、最終意思を遺言として表明することができるが、これによる財産法上の地位の承継を遺言による相続という。遺言による相続は、遺留分制度（その制度の内容は平成30年７月13日公布の民法及び家事事件手続法の一部を改正する法律（平成30年法律第72号）による改正（以下「平成30年の改正」という。）により大きく変わっている。）などの法律による修正を受けることもある。承継の対象となる財産法上の地位の従前の主体を被相続人といい、法律によって被相続人の財産法上の地位を承継する者を相続人という。

（2）　相続開始原因

　相続は、被相続人の死亡によって開始する（民882）。現行法上、死亡のみが相続開始原因であり、生前相続は認められていない。

　死亡には、自然的又は生理的死亡と、法的な擬制的死亡（民30・31）とがある。

　　ア　自然死亡

　　▶脳死は相続開始の原因となるか

　人の死亡時期については、かつては、呼吸停止（呼吸の不可逆的停止）、心停止（心臓の不可逆的停止）、瞳孔散大という３つの徴候が人の死の診断基準とされていた。しかし、近時の医学の進歩や臓器移植における臓器摘出などに関して、脳死をもって人の死とする考え方も

有力となっている。ただ、相続法の適用という場面は、人の権利能力の終期を問題とするものであり、臓器移植を可能とする時期と同時期にしなければならない理由はないともいえる。脳死状態でも、いまだ治療中である場合には、相続が開始したとすることはできない。

　裁判実務の上では、人の死亡は、戸籍の記載に従って処理することから、ほとんどの場合問題となることはないといえる。

　死亡は、死亡届により、戸籍簿に記載される。これには、死亡の時期が年月日時分をもって記載される。死亡の時期は、相続に関しては、これによって相続の有無・順序が決することもあって、非常に重要である。戸籍簿の死亡の年月日時分は死亡届に添付される死亡診断書、検案書、死亡の時期を証すべき書面によって記載される（戸籍86）。なお、死亡の時刻を一時点に特定できず、一定の時間の幅をもって推定される場合は、推定時刻の終期が死亡時刻とされる。

　　イ　認定死亡

　水難、火災その他の事変によって死亡したことは確実であるけれども死体が認別できない場合には、その取調べをした官公署が死亡地の市町村長へ死亡の報告をし、これに基づき戸籍に死亡の記載がされる（戸籍89）。これを、認定死亡という。認定死亡の制度は、上記のような場合に、通常の死亡の届出を期待することは、困難であるし、届出によるよりも取調官公署の直接の資料に基づく死亡報告による方が正確を期し得ると考えられるために設けられたものである。死亡報告は、水難、火災その他の事変による死亡の場合に限って認められるが、実務においては「事変」の意義は相当広く解され運用されている。炭坑の爆発、海難、震災、山津波、南極越冬中の事故等の自然的災害の場合のみならず、一家全員殺害又は自殺などの人為的災害の場合もその他の「事変」に準じて処理されている（昭24・4・6民事甲3189）。

第1章　相続開始、相続人及び相続分、相続人不存在　　5

　ウ　失踪宣告
　　▶失踪宣告の後、失踪者の死亡が判明したが、死亡の日が宣告
　　　でみなされたのと別の日であった場合、失踪宣告の取消しを
　　　要するか
　　（ア）　失踪宣告の意義
　失踪宣告は、死亡を擬制する制度である。生死不明の不在者につい
て、裁判所が失踪を宣告することによって、死亡したとみなされる。
　不在者とは、従来の住所又は居所を去って容易に帰来する見込みの
ない者をいうところ、不在者の生死不明の状態が継続し、しかも、死
亡の蓋然性が高いのにそのまま放置することは、法律関係の不安定な
状態が続くことになり、不都合であるので、これを安定させるために、
その者を死亡したとみなすこととしたものである。
　失踪宣告は、家庭裁判所の宣告によって、効力が生じる。
　失踪宣告には、普通失踪と特別失踪とがある。
　　（イ）　普通失踪
　不在者の生死が7年間明らかでないときは、家庭裁判所は、利害関
係人の請求により、失踪の宣告をすることができる（民30①）。これを
普通失踪という。失踪期間7年の期間が満了した時に死亡したものと
みなされる（民31）。
　　（ウ）　特別失踪
　戦地に臨んだ者、沈没した船舶の中に在った者その他死亡の原因と
なるべき危難に遭遇した者の生死が、それぞれ、戦争が止んだ後、船
舶が沈没した後又はその他の危難が去った後1年間明らかでないと
き、家庭裁判所は、利害関係人の請求により、失踪の宣告をすること
ができる（民30②）。これを特別失踪という。その危難が去った時に、
死亡したものとみなされる（民31）。
　　（エ）　失踪宣告の手続
　申立人となるのは、利害関係人である。管轄は、不在者の従来の住

所又は居所を管轄する家庭裁判所である（家事148①）。

　家庭裁判所は、申立てがされると、申立てがあったこと、不在者は一定の期間までに生存の届出をすべきこと、その届出がないときは失踪の宣告がされること、不在者の生死を知る者は一定の期間までにその届出をすべきこと等を公告する（家事148③）。届出期間は、普通失踪については３か月以上、特別失踪については１か月以上である必要があり（家事148③）、家庭裁判所は、期間経過後、失踪宣告をする。

　　（オ）　失踪宣告の効果

　不在者は死亡とみなされる（民31）。そこで、相続開始原因となる。

　遺族については、遺族補償、死亡保険金等の給付原因となる。ただし、失踪宣告後に不在者が生存していた場合、その者の権利能力そのものは失われることはない。

　　（カ）　失踪宣告の取消し

　失踪宣告後、失踪者が生存すること又は死亡とみなされる時と異なる時に死亡したことの証明があったときは、家庭裁判所は、本人又は利害関係人の請求により、失踪の宣告を取り消さなければならない（民32①前段）。

　申立人となるのは、利害関係人である。管轄は、不在者の従来の住所又は居所を管轄する家庭裁判所である（家事149①）。

　失踪宣告が取り消されると、失踪宣告の効果は遡って無効となる。ただし、取消しは、失踪宣告後、その取消し前に善意でした行為の効力には影響を及ぼさない（民32①後段）。

　失踪宣告後に遺産分割が行われた場合に失踪宣告が取り消されると遺産分割は無効となるので、遺産分割によって財産を取得した者には、原則としてその返還義務が生じる。しかし、善意の取得者は現に利益を受けている限度で返還すれば足りる。

第1章　相続開始、相続人及び相続分、相続人不存在　　7

　　エ　同時死亡
　相続は、被相続人が死亡した時にその財産法上の地位を相続人が承継する制度であるから、その地位の承継のためには、相続開始時、すなわち被相続人の死亡時に現に相続人が存在していなければならない。これを同時存在の原則という。
　民法は、数人の者が死亡した場合において、そのうちの一人が他の者の死亡後になお生存していたことが明らかでないときは、これらの者は、同時に死亡したものと推定する（民32の2）。これにより、同時に死亡したと推定される死亡者相互間に相続は生じないこととなる。これは推定であるから、異なる事実を立証することによって、その推定を破ることができる。

1－2　相続人
（1）　相続人となる者
　相続人は、血族相続人と配偶者の2系列で規定されている。
　　ア　血族相続人
　次の順序で相続人になる。子及び兄弟姉妹には、代襲相続が認められる（民887②・889②）。
①　子
②　直系尊属
③　兄弟姉妹
　　イ　配偶者
　常に相続人となる（民890）。
（2）　相続人としての子
　　ア　子の意味
　子は、実子養子を問わない。法律上の親子関係であることが必要であり、嫡出でない子の父子関係については、父親の認知を必要とする。

イ　胎　児

　胎児とは、相続開始時において懐胎されているがまだ出生していない者をいうが（新版注釈民法 (26) 210頁〔阿部浩二〕）、相続、遺贈については、既に生まれたものとみなされる（民886①）。

　相続は、被相続人の権利義務を、相続開始の時点で即時に、相続人に承継させる制度であるから、相続人が死亡した時に、相続人は権利能力者として存在していなければならない。これを同時存在の原則又は継続の原則という。この原則を、そのまま適用すると、胎児は出生するまで権利能力がないので（民3）、相続ができなくなるが、胎児がその後生きて出生した場合に相続権がないというのでは不都合であるから、民法886条1項は、その例外を規定した。

　胎児は、死体で生まれたときは、既に生まれたものとみなすとの規定の適用はない（民886②）。この意味については、学説が分かれる。胎児の権利能力は、生きて生まれたときに初めて、相続開始時に遡って権利を取得する能力があったとする停止条件説と、胎児自身に権利能力を認め、死んで生まれたときには相続開始時に遡及して権利能力を失うとする解除条件説（我妻榮『新訂民法総則（民法講義Ⅰ）』52頁（岩波書店、1965）など）がある。停止条件説が多数説、裁判例である（中川＝泉・相続法73頁ほか）。

　なお、被相続人の死後に、被相続人の保存精子を使用して懐胎した場合は、民法886条1項の適用はなく、その後、生きて出生しても同時存在の原則から相続人とならない。

（3）　直系尊属

　直系尊属が複数いる場合、親等が異なる者の間では、近い者が先順位となる（民889①）。すなわち、被相続人に父母と祖父母がいるときは、父母が先順位となり、父母の一方が死亡していても、他方が生存する限り、祖父母は相続人とならない。

第1章　相続開始、相続人及び相続分、相続人不存在　　9

　親等が同じであるときは、同順位で相続するから、祖父母が父方、母方いれば、双方とも同順位で相続する。

　被相続人が養子である場合、実方と養方で差はない。

　ただし、特別養子については、養子と実方の父母との親族関係は、特別養子縁組によって終了するので（民817の9）、実方の直系尊属が相続することはない。

　（4）　兄弟姉妹

　父母の子は、相互に兄弟姉妹であり、父母双方を共通にする場合（全血兄弟姉妹）、父又は母の一方のみを同じくする場合（半血兄弟姉妹）、養子相互も養子と実子の間も全て兄弟姉妹である。複数の兄弟姉妹は、全て同順位で相続人となる。

　（5）　代襲相続

　　▶被相続人の推定相続人である子が養子である場合に、その養子縁組前に生まれた子は代襲相続人となり得るか

　　▶兄弟姉妹の子が代襲相続人になり得る場合に、その子も被相続人の相続開始前に死亡していた場合、兄弟姉妹の孫に当たる者は被相続人を相続できるか

　ア　代襲相続の意義

　被相続人の死亡以前に相続人となるべき子、兄弟姉妹が死亡し、又は廃除、欠格により相続権を失ったときに、その者の直系卑属（兄弟姉妹については子に限る。）がその者の受けるはずであった相続分を相続する。これを代襲相続といい、相続権を失った者を被代襲者、相続する者を代襲者又は代襲相続人という。

　イ　代襲相続の要件

　　（ア）　被代襲者の要件

①　被相続人の子及び兄弟姉妹であること（民887②・889②）。

②　相続開始前の相続人の死亡、欠格又は廃除であること。相続放棄は含まれない。

（イ）　代襲者の要件

①　被代襲者の直系卑属であること。法定血族、すなわち、養子を含む。

②　被相続人の直系卑属であること（民887②ただし書）

被相続人の子が養子である場合、その縁組後に出生した養子の子、縁組後に縁組した養子は被相続人の直系卑属として代襲相続人となるが、縁組前に出生した子は、代襲相続人にならない（新版注釈民法(26)247頁〔阿部浩二〕）。なお、縁組前に養子の養子となった者は、通常、代襲相続人とならないが、被相続人の直系卑属を養子としている場合には、代襲相続人となる（新版注釈民法(26)251頁〔阿部浩二〕）。

③　相続開始前に直系卑属であること

④　被相続人から廃除された者又は欠格者でないこと

ウ　再代襲

兄弟姉妹を除き、認められる。

1－3　相続分

共同相続において各相続人が相続により承継する権利義務の割合を相続分という。この相続分は、積極財産、消極財産を含めた包括的な持分であって、遺産中の特定の財産又は権利に対する持分ではない（包括的持分説。最判平13・7・10民集55・5・955、通説）。相続権又は相続人たる地位ともいわれる（中川・註釈相続法上181頁〔薬師寺志光〕、我妻榮＝立石芳枝『親族法・相続法　法律学体系コンメンタール篇4』441頁（日本評論新社、1952））。

（1）　法律による相続分

ア　法定相続分

▶嫡出でない子の相続分は嫡出である子の相続分と異なるか

（ア）　同順位の相続人が数人あるときは、その相続分は、次の

第1章　相続開始、相続人及び相続分、相続人不存在　　11

とおりである（民900）。ただし、配偶者の相続分は昭和55年法律第51号（昭和56年1月1日施行）により改正されたもので、施行日以降に開始した相続についてのものである。

① 子及び配偶者が相続人であるときは、子の相続分及び配偶者の相続分は、各2分の1である。

② 配偶者及び直系尊属が相続人であるときは、配偶者の相続分は3分の2、直系尊属の相続分は3分の1である。

③ 配偶者及び兄弟姉妹が相続人であるときは、配偶者の相続分は、4分の3であり、兄弟姉妹の相続分は、4分の1である。

④ 子、直系尊属又は兄弟姉妹が数人あるときは、各自の相続分は、相等しい。ただし、父母の一方のみを同じくする兄弟姉妹の相続分は、父母の双方を同じくする兄弟姉妹の相続分の2分の1である。

　　（イ）　法定相続分については変遷があり、配偶者の相続分は、昭和55年12月31日まで（昭和55年法律第51号による改正前）は、①子及び配偶者が相続人であるときは3分の1、②配偶者及び直系尊属が相続人であるときは2分の1、③配偶者及び兄弟姉妹が相続人であるときは、3分の2とされていた。

　　また、嫡出でない子の相続分は、従前、嫡出である子の相続分の2分の1とされていたが、最高裁大法廷平成25年9月4日決定（判時2197・10）によって、違憲と判断され、その後、その趣旨に沿った改正（平成25年12月11日施行）がされた。その施行前の最高裁で違憲と判断した平成13年7月1日以降開始の相続から嫡出である子と等しく扱われる。なお、最高裁は、平成12年9月までに開始した相続については改正前の規定を合憲としているので（最判平16・10・14裁判集民215・253）、平成12年10月から平成13年6月までの期間についての裁判所の判断が注目されるが、那覇家裁令和5年2月28日審判（家判50・77）は平成13年2月時点開始の相続について改正前の規定が憲法14条1項に違反す

ると判断した。

　イ　代襲相続人の相続分

被代襲者が受けるべきものと同じであり、代襲者が複数のときはその人数の均分となる（民901）。

（2）　指定相続分

　▶遺留分を侵害する相続分の指定は有効か

　▶遺言によって債務は一人の相続人が全額を支払うとされていた場合、債権者は他の相続人に請求できないか

被相続人は、遺言で、法定相続分と異なる共同相続人の相続分を定め、又はこれを定めることを第三者に委託することができる。被相続人が、共同相続人中の一人若しくは数人の相続分のみを定め、又はこれを第三者に定めさせたときは、他の共同相続人の相続分は、前記（1）により定める（民902）。なお、平成30年の改正前においては、相続分の指定は遺留分に関する規定に違反することができないとされていた（改正前の民902①ただし書）ので、改正法施行（令和元年7月1日）前の相続開始においてはその制限を受ける。その後の相続開始については、指定相続分は制限されないが、遺留分の侵害額は、これに相当する金銭の支払請求として処理される（民1046①）。

被相続人が相続開始の時において有した債務の債権者は、相続分の指定がされた場合であっても、各共同相続人に対し、法定相続分、代襲相続人の相続分に応じてその権利を行使することができる。ただし、その債権者が共同相続人の一人に対してその指定された相続分に応じた債務の承継を承認したときは、指定相続分によることになる（民902の2）。

（3）　具体的相続分

具体的相続分とは、特別受益及び寄与分によって修正された相続分をいう（新注釈民法（19）271頁〔本山敦〕）。

第1章　相続開始、相続人及び相続分、相続人不存在　　13

　共同相続人中に、被相続人から、遺贈を受け、又は婚姻若しくは養子縁組のため若しくは生計の資本として贈与を受けた者があるときは、被相続人が相続開始の時において有した財産の価額にその贈与の価額（これを特別受益という。）を加えたものを相続財産とみなし、民法900条から902条までの規定により算定した相続分の中からその遺贈又は贈与の価額を控除した残額をもってその者の相続分とする（民903①）。また、共同相続人中に、被相続人の事業に関する労務の提供又は財産上の給付、被相続人の療養看護その他の方法により被相続人の財産の維持又は増加について特別の寄与をした者があるときは、被相続人が相続開始の時において有した財産の価額から共同相続人の協議で定めたその者の寄与分を控除したものを相続財産とみなし、民法900条から902条までの規定により算定した相続分に寄与分を加えた額をもってその者の相続分とする（民904の2①）。この特別受益、寄与分によって修正された相続分を具体的相続分という。なお、相続開始の時から10年経過後の遺産分割については、特別受益、寄与分の主張は、原則として主張できない（民904の3。例外は同条に規定）。

＜計算式＞

　遺贈の額は、特別受益の価額に含まれる。特定財産承継遺言の対象財産は、遺贈財産と同様に扱われる（潮見・詳解相続法242頁、片岡＝管野・遺産分割実務243・533頁）。

1－4　相続人の不存在
（1）　相続人不存在制度

相続人のあることが明らかでないときに相続人を探索するとともに、相続人の不存在の場合の相続財産の管理、清算を行うことを目的とする制度である。

　ア　制度の概要

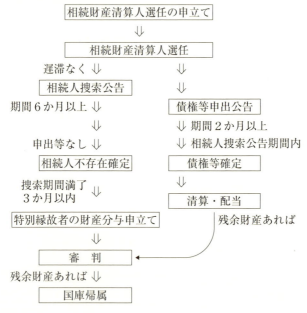

その概要は、
① 　家庭裁判所は、利害関係人又は検察官の請求によって、相続財産の清算人を選任する（民952①）。
② 　家庭裁判所は、その選任をしたときは、遅滞なく、その旨及び相続人があるならば6か月以上の期間を定めて、その期間内にその権利を主張すべき旨を公告する（民952②）。
③ 　その後、相続財産清算人において、全ての相続債権者及び受遺者

第1章　相続開始、相続人及び相続分、相続人不存在　　15

に対し、2か月以上の期間を定めて、その期間内にその請求の申出
をすべき旨を公告する。

④　各期間の満了により、相続人の不存在及び清算すべき債務、遺贈
が確定すれば、清算手続に進む。

⑤　特別縁故者は、相続人捜索公告期間の満了後3か月以内に財産分
与の申出を行う。

⑥　財産分与に関する決定

⑦　残余財産の国庫帰属

　　イ　相続財産法人

　相続人のあることが明らかでないときは、相続財産は、法人とされ
る（民951）。これを、相続財産法人という。相続財産法人は、被相続人
の死亡により、法律上当然に成立する。相続財産法人は、被相続人の
権利義務を承継した相続人と同様の地位にあり（最判昭29・9・10判タ42・
27）、その成立により、相続財産に属する権利義務の帰属主体について
連続性が確保される（潮見・詳解相続法119頁）。相続財産が消極財産のみ
の場合でも成立する。

　相続財産の清算人が、相続財産法人を代表する。

　相続人のあることが明らかになったときは、相続財産法人は、成立
しなかったものとみなされるが、相続財産の清算人がその権限内でし
た行為の効力は維持される（民955）。相続財産法人は、出現した相続人
が相続を承認した時点で、相続開始時に遡って消滅する（潮見・詳解相
続法122頁）。また、管理終了事由が生じて、相続財産がなくなったとき
消滅する。

　（2）　相続財産清算人の選任

　相続が開始し、相続財産があるのに、相続人のあることが明らかで
ないときは、相続財産の清算人（以下「相続財産清算人」という。）が

選任されて、相続財産の清算が行われる。なお、相続財産清算人については、令和3年4月28日の民法等の一部を改正する法律（令和3年法律第24号。令和5年4月1日施行）により改正される前の民法952条は、これを相続財産の管理人と称していたので、従前は、相続財産管理人と呼ばれていた。

ア　相続財産清算人選任の要件

▶相続財産がわずかでも相続財産清算人を選任すべきか

▶被相続人の財産が墓地のみの場合、相続財産清算人の選任を求めることができるか

（ア）　管理・清算を要する相続財産の存在

相続財産が僅少な場合でも法的には相続財産法人は成立しているが、このような場合に相続財産清算人を置くことは費用倒れとなることもあるから、財産管理の必要性がないとして、選任の要件を欠くとされる場合がある（大阪財産管理研究会『家庭裁判所の財産管理実務』15頁（大阪弁護士協同組合、2022）、片岡武ほか『家庭裁判所における成年後見・財産管理の実務〔第2版〕』308頁（日本加除出版、2014））。被相続人の財産が墓地のみの場合、墓地が祭祀財産といい得る場合も多いが（広島高判平12・8・25家月53・10・106）、その場合、祭祀財産は相続とは別に祭祀承継者が承継する財産であるから、相続人が不存在でも、原則としては、相続財産清算人を選任することにはならないが（片岡武ほか『家庭裁判所における財産管理・清算の実務』299頁（日本加除出版、2023））、被相続人の指定又は慣習による祭祀承継者がなく、適当な祭祀承継候補者もないとして家庭裁判所によるその指定もないときは、祭祀財産を相続財産として相続財産清算人の選任を求めることができる（伊東正彦「祭祀の承継」岡垣学ほか編『講座・実務家事審判法3』38頁（日本評論社、1989））。

（イ）　相続人のあることが明らかでないこと

相続人のあることが明らかでないことが、選任の要件である。相続

第1章　相続開始、相続人及び相続分、相続人不存在　　17

人の不存在も、相続人のあることが明らかでない場合に含まれる。これには、推定相続人が戸籍簿の上で存在しない場合、推定相続人の全てが相続放棄をした場合、全ての相続人に欠格事由がある場合などがある。

　戸籍簿上相続人が存在すれば、その行方が不明であっても、相続人のあることが明らかでないときには当たらない。

　相続人はいないものの全部包括受遺者が存在する場合、包括受遺者は相続人と同一の権利義務を有するので（民990）、相続人のあることが明らかでないときに当たらない（最判平9・9・12民集51・8・3887）。また、複数の包括受遺者がいて、相続財産の全部を承継する場合についても、相続人のあることが明らかでないときに当たらない。相続財産の一部について包括受遺者がいる場合は、残部については相続人のあることが明らかでないものと扱うとの説が多数説である（中川＝泉・相続法452頁、潮見・詳解相続法118頁）。

　なお、現時点では相続人はいないが、被相続人に対する協議離婚無効確認訴訟や認知の訴えが提起されている場合のように、将来相続人が生じる可能性がある場合、訴訟手続の終了を待つべきとの説もあるが（潮見・詳解相続法118頁）、相続財産を管理する必要もあり、相続人不存在として相続財産清算人を選任するのが実務である（大阪財産管理研究会・前掲16頁）。ただし、事案により、判決が確定するまで手続の進行を調整し、仮に相続人が出現した場合にも相続人に不利益が生じないように配慮される（「財産管理事件における書記官事務の研究」書記官実務研究報告書201頁（法曹会、2023））。

　　イ　相続財産清算人の選任申立て
　　　▶被相続人の知人であり、特別の縁故を主張しようと考えている
　　　　者は相続財産清算人の選任を申し立てることができるか
　　選任は、利害関係人又は検察官の請求による（民952①）。管轄裁判所

は、相続開始地の家庭裁判所である（家事203）。

　利害関係人は、相続債権者、相続債務者、特定遺贈の受遺者、徴税権者としての国、特別縁故者としての遺産の分与を申し立てる者、相続財産上に担保権を有する者などである。相続財産である土地と境界を争う隣地所有者も利害関係人となる。相続放棄者も相続財産の保管義務を負う場合には、利害関係が肯定される（新注釈民法（19）787頁〔常岡史子〕）。

　地方公共団体が滞納処分を執行するために申し立てる場合や空き家の適正な管理をさせるという空き家対策として申し立てる場合（大阪財産管理研究会・前掲9頁）、行政機関の長又は地方公共団体の長が所有者不明土地について適切な管理のために申し立てる場合（所有者不明土地の利用の円滑化等に関する特別措置法38）などもある。

　相続財産清算人となる資格については、制限はない。法人を選任することも可能である（片岡ほか・前掲『家庭裁判所における成年後見・財産管理の実務〔第2版〕』341頁）。

（3）　相続財産清算人の地位・権限等

　ア　相続財産清算人の地位・権限

　相続財産清算人は、相続財産法人の代表者である。

　相続財産清算人は、家庭裁判所の監督に服し、相続財産の目録を作成し（民953・27①）、財産の状況の報告も求められる（家事208・125②）。必要に応じて、担保の提供を求められることもある（民953・29①）。委任に関する規定の準用もあり（家事208・125⑥）、善管注意義務を負い（民644）、受取物の引渡義務（民646）等を負う。他方、報酬を受けることができる（民953・29②）。

　相続財産清算人の権限については、不在者の財産の管理人に関する規定が準用され（民953）、その権限は、原則的には保存行為（民103）に限定され、これを超える行為を必要とするときは、家庭裁判所の許可

第1章　相続開始、相続人及び相続分、相続人不存在　　19

を得なければならない（民28）。ただし、相続財産清算人は、不在者の財産の管理人と異なって、清算権限を有するので、一定の範囲で相続財産の処分権限を有する。

　イ　管理行為等

　相続財産清算人が行う清算のための行為として、次のようなものは、家庭裁判所の許可は不要とされている。

　預貯金の解約、被相続人が有した債権の回収、建物が相続財産である場合に火災保険を掛けること、不動産賃借権の解除を防ぐための滞納賃料の支払、明渡しを求めるための合意解約（ただし、立退料を多額支払う場合は家庭裁判所の許可を得た方がよい。）などである。

　相続債権者及び受遺者に対する弁済（民957②・929～931）は許可を要さず、弁済のための相続財産の競売による換価（民957②・932、民執195）も許可不要である。近親者等が立て替えた葬儀関係費用立替金は、相続債権ではないが、家庭裁判所の許可があれば弁済できる。

　弁済のために不動産等を処分する必要がある場合、競売手続によるのが原則であるが（民957②・932本文）、実務上、家庭裁判所の許可を得て、任意売却する例が多い（土屋靖之「相続財産の清算と国庫帰属の手続－清算終了の時期」判タ245題436頁）。動産、有価証券の任意売却も家庭裁判所の許可が必要である。

　なお、土地・建物については、その所有権移転登記を要する場合は、相続財産法人名義に名義変更の登記（所有権登記名義人表示変更の登記）をする必要がある（一般社団法人日本財産管理協会『相続財産の管理と処分の実務〔第2版〕』296頁（日本加除出版、2018））。売却した場合の買主への移転登記は、相続財産法人が登記義務者となる。

　相続財産清算人において被相続人の供養（永代供養）、墓じまいを行わなければならない場合があるといわれる。その費用は、家庭裁判所の許可を得て支出することになる（吉村孝太郎『弁護士のためのイチからわ

かる相続財産管理人・不在者財産管理人の実務』127頁（日本法令、2021））。

（4）　相続人の捜索と相続人不存在の確定

　家庭裁判所は、相続財産の清算人を選任したときは、遅滞なく、その旨及び相続人があるならば家庭裁判所が定めた期間（6か月以上）内にその権利を主張すべき旨を公告する（民952②）。

　この期間内に相続人としての権利を主張しなかった者は、相続人としての権利を失い（民958）、相続人が現れないと、相続人の不存在が確定する。公告期間内に相続人であることの申出をしなかった者については、右期間内に相続人であることの申出をした他の者の相続権の存否が訴訟で争われていたとしても、当該訴訟の確定に至るまで右期間が延長されるものではない（最判昭56・10・30民集35・7・1243）。

（5）　相続財産清算人による清算

　ア　相続債権の確定

　相続財産清算人において、全ての相続債権者及び受遺者に対し、2か月以上の期間を定めて、その期間内にその請求の申出をすべき旨を公告する。なお、その期間は、前記（4）の相続人が権利を主張すべき期間内に満了するものでなければならない（民957①）。この公告には、請求申出をしない場合は、弁済から除斥される旨が付記される（民957②・927②）。

　既に判明している相続債権者、受遺者には個別に催告が必要である（民957②・927③）。

　この期間内に申出のなかった権利は失権する（民958）。ただし、消滅するのは、相続財産清算人が相続財産を用いて清算できる権利、すなわち弁済によって消滅する性質の権利だけであり、賃借権のような相続財産清算人が清算することのできない権利は消滅しない（新版注釈民法（27）721頁〔谷口安平〕、潮見・詳解相続法124頁）。

第1章　相続開始、相続人及び相続分、相続人不存在　　21

　　イ　相続財産清算人による清算の方法

　債権等申出公告の期間が満了した後、相続財産清算人は、その期間内に請求の申出をした者に弁済をするが、これには限定承認がされた場合の規定が準用される（民957②）。

　弁済は、①優先権のある相続債権者、②期間内に申出をしたか、知れたる債権者、③期間内に申出をしたか、知れたる受遺者の順である（民957②・929・931）。相続財産が債権の全額を支払うのに足りないときは、その債権額の割合に応じて弁済をする（民929）。

　なお、優先権があるといえるためには、被相続人死亡までに対抗要件を具備する必要がある（最判平11・1・21民集53・1・128）。

　また、期間の満了前に履行期のある債権については、相続財産清算人は、相続債権者及び受遺者に対して弁済を拒むことができる（民947）。

　公告期間後は、弁済期に至らない債権も弁済を要し（民930①）、条件付きの債権又は存続期間の不確定な債権は、家庭裁判所が選任した鑑定人の評価に従って弁済をする（民930②）。

　相続財産をもって相続債権者及び受遺者に対する債務を完済することができないと認めるとき、これは相続財産法人の破産原因となる（破産223・30）。しかし、破産手続によらず、相続財産清算人による配当によって処理することが多い。

　相続財産清算人が配当を行う場合、配当表を作成して弁済するが、配当表に法的効力があるわけではないので、多くの場合、これについて全債権者の同意を得てから弁済することになる（吉村・前掲99頁）。

（6）　特別縁故者への財産分与・残余財産の国庫帰属

　　ア　特別縁故者への財産分与

　相続人不存在が確定した場合において、相当と認めるときは、家庭裁判所は、被相続人と生計を同じくしていた者、被相続人の療養看護に努めた者その他被相続人と特別の縁故があった者の請求によって、

22　第1章　相続開始、相続人及び相続分、相続人不存在

これらの者に、清算後残存すべき相続財産の全部又は一部を与えることができる（民958の2①）。

昭和37年の民法の一部改正によって設けられたものである。相続人がいない場合の相続財産は、国庫に帰属させるよりは被相続人と特別の縁故のあった者に帰属させた方がよいという趣旨のもので、被相続人の意思を推測すれば遺贈を受ける関係にあったと考えられる者に財産を分与するという遺贈又は死因贈与の補充機能（最判平元・11・24民集43・10・1220）、また、内縁配偶者や事実上の養子の保護という機能があるとされる（潮見・詳解相続法126頁）。

　イ　残余財産の国庫帰属

特別縁故者に分与されなかった残余の財産は、これが共有物の共有持分である場合は、他の共有者に帰属し（民255。なお、区分所有24に例外あり。最判平元・11・24民集43・10・1220）、これ以外のものは、国庫に帰属する（民959）。

1－5　設問の検討

（1）　設問1について

Eは、Bに第1及び第2順位の相続人がいない場合には相続人になる関係にある。そこで、Aの相続財産に関しては、これをその配偶者であったBが取得した場合には、これをBの死亡によって相続する地位にあるということはできる。ところが、本件では、AとBは同日に死亡している。死亡の事情から考えると、ABの双方について、その死亡の時間は正確に認定することは困難であると考えられるから、戸籍に記載された死亡時は、時分までの記載はないと思われ、また、事実としても、その時間を認定する資料はないであろう。そうすると、BがAの死亡時に生存していたと認めるに足りる証拠はなく、同時に死亡したと推定され、その間に相続は認められない。そうであれば、

EがAの相続財産について、これを相続によって取得することはないといい得る。

（2）　設問2について

Fが、その意向を実現するためには、合意によるか、法的手続によるしか方法がないのであるが、被相続人が死亡し、相続人がいないという場合には、合意をするための相手方となる者がいないし、法的手段をとるにしても、やはり相手方となる者が存在しない。このような場合にとり得る手段としては、相手方となるべき者の特別代理人の選任を求める方法と相続財産清算人の選任を求めるという方法が考えられる。

ア　特別代理人制度

民事訴訟手続においては、訴訟行為能力のない未成年者又は成年被後見人に対し訴訟行為をしようとするときに、これらの者に法定代理人がない場合又は法定代理人が代理権を行うことができない場合に、遅滞のため損害を受けるおそれがあることを疎明して、受訴裁判所の裁判長に特別代理人の選任を申し立てることができるとされ（民訴35①）、この規定は、法人の代表者及び法人でない社団又は財団でその名において訴え、又は訴えられることができるものの代表者又は管理人についても準用されている（民訴37）。この特別代理人制度は、訴訟行為のほか、強制執行についても準用される（民執20）。

この制度は、無能力者に法定代理人がいないなどの場合、法人にこれを代表する者がいない場合などに、法定代理人や代表者の選任を待っていては損害が生じる場合に、無能力者や法人への提訴を容易にするために設けられたものである。なお、家事事件についても同様の規定がある（家事19）。

相続人不存在の場合、相続開始とともに、相続財産は相続財産法人

24　　第1章　相続開始、相続人及び相続分、相続人不存在

となるところ（民951）、この法人に代表である相続財産清算人が存在しない場合には、上記規定の適用が可能となる。

　特別代理人の選任は、遅滞のため損害を受けるおそれがあることが要件であり、通常の法定代理人の選任等を待っていたのでは、遅滞のために損害が生じるおそれがあるとの疎明が必要である。相続財産清算人の選任は、利害関係人からの申立てで選任できるから、遅滞のために損害を受けるおそれはないようにも思われるが、相続財産清算人による清算は相続人捜索公告期間満了後に行われるのが通常であることから、この要件は満たされるといえる。

　　イ　特別代理人選任手続

　訴訟行為をしようとする者において、受訴裁判所、訴え提起前にあっては事件について管轄を有すべき裁判所の裁判長に申し立てる。申立てにおいては、手数料を納付し、費用を予納しなければならない。予納金は、事案によるが10～20万円といわれている。

　裁判長において、申立人、本人、選任予定者等を審尋して選任する（秋山幹男ほか『コンメンタール民事訴訟法Ⅰ〔第2版追補版〕』355頁（日本評論社、2014））。

　特別代理人は、弁護士か、被告となる本人又は法人と関係の深い者を選任するのが通常である。特別代理人は、本人又は法人の利益を守る立場にある。一般には、選任されても受任義務はないが、弁護士は、正当な理由がなければ就任を拒めない（弁護士24）。

　選任の申立てについては、却下された場合は抗告が可能であるが（民訴328①）、認容の裁判については、何人も抗告できない。選任命令は、告知により効力を生じる。

　特別代理人について、不適任、辞任の申出その他の事情があるときは、裁判所は、何時でも改任（解任して新たに選任）することができる（民訴35②・37）。

第1章　相続開始、相続人及び相続分、相続人不存在　　25

選任後、法定代理人又は代表する者が生じた場合、これによって特別代理人の地位が当然に消滅することはないので（最判昭36・10・31家月14・3・107）、裁判所による解任が必要となる。

　　ウ　特別代理人の地位・権限

特別代理人は、選任された事件の法定代理人であり、その訴訟を追行するに必要な一切の権限を有し、訴えの変更・参加訴訟に応訴する権限を有するが、反訴提起の権限はない（秋山ほか・前掲356頁）。なお、訴訟行為については、無能力者の特別代理人の場合は、その法定代理人の権限を超えない。成年後見の場合、後見監督人の授権が必要な行為（請求の認諾・和解など）は、その授権が必要であり（民訴35③）、後見監督人がいない場合は裁判所の許可を必要とする（秋山ほか・前掲357頁）。

特別代理人は、報酬請求権を持つ（秋山ほか・前掲357頁）。報酬額は、特別代理人と当事者本人との関係、事件の性質・難易その他諸事情を考慮して選任権者の裁判長が定める（秋山ほか・前掲358頁）。この費用は、訴訟費用となる。

　　エ　債権者が権利を行使する方法

Ｆが未払賃料を回収するには、特別代理人の選任を得て、Ａの権利義務を引き継いだ相続財産法人（代表者特別代理人）を被告として、未払賃料額の請求訴訟を提起する。特別代理人において、これを任意に支払うということであれば、訴訟上の和解をすることも可能である。法人の特別代理人には認諾する権限もある。特別代理人が請求を争うときは、判決を求め、その確定後は、改めて、強制執行についての特別代理人の選任を得て強制執行をする。

建物収去土地明渡請求についても、特別代理人の選任を得て、これを訴求し、勝訴判決を得て強制執行する。この訴訟では、賃貸借契約

の解除が必要となるが、特別代理人に解除の意思表示の受領権限もあると解されるので、選任後に解除の意思表示をすることになる。

オ　相続財産清算人選任により権利を行使する方法

（ア）　債権者が債権の履行を求める方法

Ｆは、利害関係を有するから、相続財産清算人の選任を求めることができる。家庭裁判所は、相続財産清算人を選任し、その後、遅滞なく、相続人捜索の公告をする。一方、選任された相続財産清算人は、2か月以上の期間を定めて、相続債権者及び受遺者に請求の申出をすべき旨を公告する。Ｆは、これに応じて、未払賃料の請求をし、多くの場合、公告期間経過後に、相続財産清算人から弁済又は配当がされることになる。相続財産清算人がその請求額を争う場合、相続財産法人（代表者相続財産清算人）を被告として請求訴訟を提起することになる。

（イ）　被相続人が有した賃借権

被相続人が賃借権を有していた場合、被相続人が死亡して相続人が不存在の場合、賃料の支払がされず、債務不履行となるから、賃貸人は、債務不履行を理由に賃貸借契約を解除することができる。解除の意思表示は、相続財産清算人に対してすることになる。解除するについては、原則的には、催告の上解除の意思表示をすることになる（民541）。

建物収去土地明渡しについては、相続財産清算人が任意にこれに応じることはその権限外であるが、家庭裁判所が許可すれば、任意の収去明渡しもあり得る。任意に応じないときは、訴求することになる。

（ウ）　特別代理人選任により処理する場合との違い

相続財産清算人による弁済は、6か月以上の相続人捜索期間の終了後となるが、相続財産清算人による処理の方が柔軟な解決の可能性があるといえる。

（3）　設問3について

ア　使用者死亡による雇用関係の終了

使用者が個人である場合の雇用関係は、使用者が死亡した場合、その雇用契約上の地位は一身専属であって相続の対象とならず、終了する（菅野和夫＝山川隆一『労働法〔第13版〕』721頁（弘文堂、2024））。ただし、その事業を相続人が引き継いで継続する限り、雇用契約は終了しないとする裁判例もある（大阪地決平元・10・25労判551・22小料理屋「尾婆伴」事件）。なお、雇用契約が使用者の死亡によって消滅するという立場からも、被相続人の事業を相続人が引き継いで、従業員をそのまま使用している場合には、新しい個人事業主である相続人と従業員との間で黙示の雇用契約が成立しているとされる（菅野＝山川・前掲721頁注41、東京地判平21・11・24労判1001・30府中おともだち幼稚園事件）。

イ　従業員が事業を引き継ぐ方法

使用者が死亡し、その事業を引き継ぐ者が存在しない場合に、従業員においてこれを引き継ぐことができれば、雇用に代わる就業場所を確保できる余地が生じる。しかし、従業員は、労働者としての権利を有するものの、相続に関しては、何の権利も有しないので、被相続人の事業を引き継ぐ余地があるとすれば、それは、事業を引き継ぐための個々の財産関係や契約関係を新たな契約関係等によって取得できる場合といえる。事業を行う上での場所、そのために必要な機器なども、新たに取得するほかないし、取引先についても、新たに取引契約を締結するほかない。ただし、従業員において、本件建物等を買い受ける意思と資力があれば、その売却を受ける可能性はある。相続財産清算人は、清算のためには、建物所有権及び土地賃借権の処分をする必要があることもあり、適切な額での買受人があれば、家庭裁判所の許可を得て売却するのが適切といえる場合も多いであろうといえるからである。

28　第1章　相続開始、相続人及び相続分、相続人不存在

　また、相続人不存在の場合に、従業員が、特別縁故者と認められることが前提となるが、その申立てをして、賃借権及び賃借不動産に備え付けられている機器の分与を受けることができれば、事業を引き継ぐことができる可能性は高まる。なお、特別縁故者に対して借地権を譲渡するについては、地主の承諾（民612）は、相続に準じてこれを要しないとする見解が有力である（梶村太市『裁判例からみた相続人不存在の場合における特別縁故者への相続財産分与審判の実務』45頁（日本加除出版、2017））。

（4）　設問4について

　ア　相続人が現れた場合の相続財産清算人の任務終了

　相続人のあることが明らかになったときは、相続財産法人は、成立しなかったものとみなされ（民955本文）、相続財産清算人がその権限内でした行為はその効力を失わないが（民955ただし書）、相続財産清算人の代理権は消滅し（民956①）、相続財産清算人は、遅滞なく相続人に対して、清算に係る計算をしなければならない（民956②）。そして、相続財産清算人は、相続人に相続財産の引渡しをする必要がある。相続財産清算人の代理権の消滅の時期は相続人が相続の承認をした時であるが、相続財産清算人には、相続人が相続財産を自ら管理できるようになるまでその職責は存続する（片岡＝菅野・遺産分割実務412頁、大阪高決昭40・11・30家月18・7・45）。相続財産清算人たる地位は、解任の審判によって消滅する。

　イ　相続放棄した者に単純承認事由がある場合

　相続人が相続財産の全部又は一部を処分したときは、単純承認したものとみなされる（民921一）。単純承認した者がその後に相続放棄の申述をし、これが受理されても、相続放棄としては効力が認められない。

　相続人が放棄し、相続人不存在となって相続財産管理人が選任され、相続財産管理人が相続財産の調査をする過程で、相続人が相続財産を

第1章　相続開始、相続人及び相続分、相続人不存在　　29

処分していた事実が判明することがある。そのような場合、実は、相続人不存在ではなかったわけで、この事実が判明した時点で、相続人の存在が判明したということになる。

　前記のとおり、相続人のあることが明らかになったときは、相続財産清算人の代理権は、相続人が相続の承認をした時に消滅するところ（民956①）、上記のような場合は、相続の承認は、相続財産清算人の選任前ということになってしまうが、この場合でも、相続財産清算人がその権限内でした行為はその効力を失わないということになろう。

　問題は、その後の措置であり、家庭裁判所に報告して措置を検討することになり（吉村・前掲110頁）、相続人が相続放棄の無効を認め、相続財産清算人からの引継ぎを受けるのであれば、余り問題はないが、相続人があくまで相続放棄の効力を主張する場合、事案にもよるが、相続人のあることが明らかになったとはいえないとして手続を進めるよりほかないといえる。清算によって債権の満足を得られなかった債権者が相続放棄の無効を主張するのであれば、その債権者において、当該相続人に残債権の請求を別途することになろう。

　Aの弟Dが、相続開始後にAの預金200万円の払戻しを受けていたことは、通常は、法定単純承認に当たるであろうから、相続財産清算人は、これを家庭裁判所に報告し、Dとも協議して、Dに管理の計算をして、引き継ぐというのが、通常の処理であろう。

第 2 章

相続資格の喪失、
相続人の重複する資格

| 設　例 | 相続放棄の取消しの申述の効力、養子としての相続放棄後の代襲相続資格 |

A、B夫婦には3人の子C、D、Eがいたが、いずれも女子で、他に嫁した。Aは、Cに、3人の子F、G、Hが生まれたことから、そのうちの一人のFに家業を継がせたいと思い、Cの同意を得て、FをAB夫婦の養子とした。Aは、平成25年1月、死亡した。

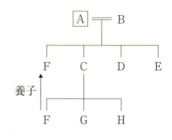

Cは、家産を分散させたくないと説明して、D、Eに相続放棄を働き掛け、それぞれの了解を得た。これを受けて、Cは、同年3月、当時20歳で大学生であったFに、D、Eも相続放棄をする、Fが大学を卒業したら遺産はF名義にする旨説明してその了解を得た上、相続放棄申述書に、Fの氏名を代筆して、家庭裁判所に提出し、受理された。ところが、D、Eは、相続放棄の手続をとらず、平成26年1月に至って、Cを相手方として、Aの遺産分割の調停の申立てをした。Fは、これを知り、同月、自己の相続放棄は、Cが、その手続を無断で行ったものであるから無効である、そうでないとしても、D、Eが放棄するから放棄したものであって放棄には無効ないし取消事由があると主張して、家庭裁判所に相続放棄取消しの申述をし、その受理を得て、同年3月、Aの相続人として、遺産分割の調停の申立てをした。

| 設　問 |

1　Fの調停申立ては適法か。
2　Fは、その遺産分割の調停の申立てを取り下げたが、その後、CがAの遺言書を破棄していたことが判明して、Cは相続資格を

第2章　相続資格の喪失、相続人の重複する資格　　33

有しないことが判明した。そこで、F、G、Hは、Cの代襲相続
人として、遺産分割の調停の申立てをした。Fに相続資格はある
か。

```
解　説
```

2－1　相続放棄

（1）　相続放棄の意味

　被相続人の死亡により相続が開始し、相続人が被相続人に属した一
切の権利義務を承継するところ、相続人は、自己のために相続の開始
があったことを知った時から3か月以内に、被相続人が有した権利義
務を全面的に承継するか（単純承認）、積極財産の限度で承継するか（限
定承認）、全面的に承継しないか（相続放棄）を選択することができる
（民915）。この3か月の期間を熟慮期間といい、利害関係人又は検察
官の請求によって、家庭裁判所において伸長することができる（民915）。
　相続放棄は、相続の効果を受けることを拒否する（相続開始時に遡
って消滅させる）意思表示であり、相続放棄をした者は、初めから相
続人とならなかったものとみなされる（民939）。なお、①相続人が相続
財産の全部又は一部を処分したとき（保存行為及び民法602条に定め
る期間を超えない賃貸を除く。）、②相続人が熟慮期間内に限定承認又
は相続の放棄をしなかったとき、③相続人が、限定承認又は相続の放
棄をした後であっても、相続財産の全部若しくは一部を隠匿し、私に
これを消費し、又は悪意でこれを相続財産の目録中に記載しなかった
とき（その相続人が相続の放棄をしたことによって相続人となった者
が相続の承認をした後を除く。）は、単純承認をしたものとみなされる
（民921）。

（2）　相続放棄の手続
　ア　申立て
　▶相続人が未成年者である場合、相続放棄を法定代理人において
　てすることができるか
　▶成年後見人は、成年被後見人を代理して、相続放棄をするこ
　とができるか
　▶相続放棄申述書の申述者の氏名が本人の記載でない場合、相
　続放棄は無効となるか
　（ア）　相続の放棄をしようとする者は、相続開始後、熟慮期間
内に、その旨を管轄家庭裁判所に申述し、これが受理されることを要
する（民938）。申述は、申述書を提出してされる（家事201⑤）。
　（イ）　相続放棄申述の管轄は、相続が開始した地、すなわち被
相続人の最後の住所地の家庭裁判所である（家事201①）。
　（ウ）　申立ては、相続人（包括受遺者を含む。）に限られる（民
915・938・990）。複数の相続人がいる場合、各相続人がそれぞれ単独で
することができる。
　未成年者とその法定代理人親権者がともに相続人である場合、子の
相続放棄について両者は利益相反の関係にあるから、原則として、親
権者は、家庭裁判所に対し子のために特別代理人の選任を求め、特別
代理人において、相続放棄の申述をすることになる。ただし、未成年
者の相続放棄が、親権者自身が相続放棄をした後に、又はこれと同時
にされたときは、利益相反とならない（最判昭53・2・24民集32・1・98）。
　成年後見人は、本人を代理して、原則として家庭裁判所の許可を得
ることなく、相続放棄の手続をすることはできるが、利益相反となる
場合はできず、相続放棄の手続をしたことは、家庭裁判所に報告する
必要がある。
　胎児は出生前においては相続放棄をすることはできない。

第2章　相続資格の喪失、相続人の重複する資格　　35

　相続放棄につき任意代理は認められない（注解家事審判法278頁〔稲田龍樹〕）。氏名冒用によりされた相続放棄の申述は無効であるが（浦和家審昭38・3・15家月15・7・118）、申述書の作成及び提出を他人が代行した場合でも、それが放棄者の真意に基づいてされたときは、申述書が自署でないからといって直ちに無効となるものではない（最判昭29・12・21民集8・12・2222）。

　　イ　相続放棄をなし得る期間

　　　▶相続放棄の期間は延長できるか

　　　▶熟慮期間経過後に被相続人に多額の債務があることが判明した場合、もはや相続放棄はできないか

　　　▶遺産分割の合意をした後、多額の債務があることが判明した。相続放棄をする余地はもはやないか

　（ア）　相続人は、自己のために相続の開始があったことを知った時から3か月の熟慮期間内に単純若しくは限定の承認又は放棄をしなければならない（民915）。ただし、熟慮期間は、利害関係人又は検察官の請求によって、家庭裁判所において伸長することができる（民915ただし書）。

　（イ）　相続の開始があったことを知った時とは、相続人が被相続人の死亡を知り、それによって自己が相続人になったことを覚知した日であり、相続人が数人あるときは、各相続人ごとに起算される（最判昭51・7・1家月29・2・91）。なお、相続人において相続開始の原因となる事実及びこれにより自己が法律上相続人となった事実を知った時から3か月以内に限定承認又は相続放棄をしなかったのが、相続財産が全く存在しないと信じたためであり、かつ、このように信ずるについて相当な理由がある場合には、熟慮期間は、相続人が相続財産の全部若しくは一部の存在を認識した時又は通常これを認識しうべかりし

時から起算する（最判昭59・4・27民集38・6・698）。この判例の射程をめ
ぐり、熟慮期間を繰り下げる特別の事情が認められるのは、相続財産
が全く存在しないと信じた場合に限るとする限定説（遠藤賢治・判解（昭
和59年度）206頁、松田亨「相続放棄・限定承認をめぐる諸問題」新家族法実務大
系3巻391頁）と、一部財産の存在を知っていても、その存在を知ってい
れば通常人であれば相続の放棄をしたであろうような債務について存
在しないと信じた場合も熟慮期間の繰下げを認める非限定説（石川利
夫「相続承認・放棄の熟慮期間起算点に関する最高裁の新判断」法律のひろば37
巻8号87頁（1984）、泉久雄「民法915条の熟慮期間の起算点」ジュリスト838号100
頁（1985）、竹田央「相続の承認及び放棄」岡垣学＝野田愛子『講座・実務家事審
判法3相続関係』45頁（日本評論社、1989））の争いがある。また、限定説に
立ちながら、相続債務が全くないと誤信していた場合に、その後相続
人が積極財産を第三者に処分するなどして利害関係人が現れたり、財
産が混同したりしていなければ限定説を緩和して起算日の例外を認め
る説もある（松田・前掲402頁）。最近の運用は、次のようである。

　（ウ）　家庭裁判所における審判事件における最近の運用は、お
おむね次のようであるが、訴訟事件における判断との間に齟齬がある
と指摘されている（遠藤賢治「民法915条1項所定の熟慮期間の起算点」曹時63
巻6号23頁（2011））。

①　相続放棄申述受理のための要件の欠缺が明白な場合にのみ申述を
　却下するとされる（仙台高決平元・9・1家月42・1・108、大阪高決平14・
　7・3家月55・1・82、東京高決平22・8・10家月63・4・129、東京高決令元・
　11・25判タ1481・74）。この基準は明白性基準と呼ばれる。

②　相続財産が、価値がほとんどないものであったり、葬儀費用等に
　費消した場合は（葬儀費用に費消することは単純承認にならないと
　の扱いが多い。）、相続財産が全く存在しないと信じた場合として、

第2章　相続資格の喪失、相続人の重複する資格　　37

熟慮期間の起算点は、相続債務があることを知った時となる（東京高決平19・8・10家月60・1・102、墓石等購入に充てた事例として大阪高決平14・7・3家月55・1・82）。限定説からも、相続財産が全くないと信じた場合に当たるかどうかは実質的に考える必要があり、ごく少額の預貯金や動産類が残されていても、相続財産が全くない場合に準じて考えることができるとされる（遠藤・前掲曹時63巻6号6頁）。

③　相続財産について、他の相続人へ相続させる遺言があり、これにより自らが相続すべき相続財産は全く存在しないと信じた場合（東京高決平12・12・7家月53・7・124、名古屋高決平19・6・25家月60・1・97）、相続財産は、遺言によって、相続開始と同時に、受益者に帰属するので、相続財産が全くない場合となる。

④　相続財産の存在を認識していたとしても、例えば、右相続財産は他の相続人が相続する等のため自己が相続取得すべき遺産がないと信じ、かつそのように信じたとしても無理からぬ事情がある場合には、熟慮期間の起算点に例外を認める（名古屋高決平11・3・31家月51・9・64）。

　この類型に属するものとして、㋐遺言はないものの、被相続人の生前の意向により、自らが相続する財産はないと信じた場合（東京高決平26・3・27判時2229・21）、㋑被相続人の事業を承継する相続人が全ての相続財産を承継し、自らが相続する財産はないと信じた場合（福岡高決平27・2・16判時2259・58）、㋒共同相続人間で、被相続人の生前などに、相続人の一人が全ての相続財産を取得するという話合いができており、自らが相続する財産はないと信じた場合（仙台高決平7・4・26家月48・3・58、前記名古屋高決平11・3・31）などに熟慮期間の起算点の例外が認められている。

　他方、事実上の相続放棄（相続分不存在証明書によるもの）では、

熟慮期間を繰り下げる特別の事情は認められないとしたものもある（東京高決平14・1・16家月55・11・106）。

⑤　遺産分割によって他の相続人に相続財産全部を取得させることとなって、自らが相続する財産はないと信じた場合には、錯誤の可能性を認めて、起算日の例外を認めた事例（大阪高決平10・2・9家月50・6・89）と熟慮期間を繰り下げるべき特段の事情はないとした事例（大阪高判平21・1・23判タ1309・251）とがある。

⑥　また、特殊な事情がある場合に熟慮期間の起算点に例外が認められる場合がある。単純承認後でも、これが債権者の誤った情報により相続債務がないと錯誤した場合（高松高決平20・3・5家月60・10・91）に、熟慮期間の起算点の例外が認められている。

　この特殊な事情としては、被相続人やその家族と一切の接触がないなど事情を把握することが困難であったこと（仙台高決平19・12・18家月60・10・85）、相続人の代表者が相続放棄の手続をすればよいと考えて、その者が相続放棄手続をした結果、相続放棄の手続は完了していたと誤信していたこと（東京高決令元・11・25判タ1481・74）などが考慮されたものもある。

　（エ）　相続人が相続の承認又は放棄をしないで死亡したときは、熟慮期間は、その者の相続人が自己のために相続の開始があったことを知った時から起算する（民916）。

　（オ）　相続人が未成年者又は成年被後見人であるときは、熟慮期間は、その法定代理人が未成年者又は成年被後見人のために相続の開始があったことを知った時から起算する（民917）。

　ウ　相続放棄申述事件の審理

　（ア）　どの程度の審理を要するかについては、学説に争いがある。

第2章　相続資格の喪失、相続人の重複する資格　　39

　一つの説は、申述書が法定の形式的要件を具備しているか否か、熟慮期間内の申述であるか否かという形式的な点のみを審査すべきとする形式的審査説（我妻榮＝唄孝一『相続法　判例コンメンタールⅧ』207頁（日本評論社、1966）、東京高決昭34・1・30家月11・10・85）である。これに、上記形式審査に加え、実質的審査をすべきとする実質的審査説が対立する。実質的審査説は、審査すべき範囲について、申述が真意か否かに限定する説（沼邊愛一『家事事件の実務と理論』234頁（日本評論社、1990））、申述の実質的要件を明白に欠いているか否かを審理すべきであり、これを欠くことが極めて明らかな場合は申述を却下できるとの説（岡垣学「相続」加藤令造編『家事審判法講座Ⅱ巻』146頁（判例タイムズ社、1965）、注解家事審判法280頁〔稲田龍樹〕）、一応の要件を満たしている場合には受理するのが相当であるとの説（岩井俊『家事事件の要件と手続』309頁（日本加除出版、2013））などに分かれる。かつては、申述が真意か否かに限定する説が多数説といわれたが（東京家庭裁判所身分法研究会『家庭事件の研究（2）　ジュリスト選書』306頁〔藤原秀雄＝田尻惟敏〕（有斐閣、1973））、最近の実務は、一応の要件を満たしている場合には受理する傾向にあり、また、申述申立が却下されると相続放棄が民法938条の要件を欠き、相続放棄したことを主張できなくなることに鑑み、却下すべきことが明らかな場合以外は、相続放棄の申述を受理すべきであるとする（東京高決平22・8・10家月63・4・129）。

　　（イ）　申立てが本人の真意に基づくかどうかについては、「申述の受理は、審判事項であるから、その申述が本人の真意に基づくことを認めた上これを受理すべきであり、そのため必要な手続はこれを行う必要があるが、申述書自体により右の趣旨を認め得るかぎり必ずしも常に本人の審問等を行うことを要するものではない」とされ（最判昭29・12・21民集8・12・2222）、実務は、申立人に照会書を送付して、

その回答により、申立人が本人の意思でされたこと及び真意であることを確認している。

単純承認の事実の有無については、疑点がない限り、わざわざ審理することまではされないが、これが明白に認められる場合には、申述が却下される。

また、相続開始後3か月を超えての申立ての場合は、申立人に債務の存在を知った時期を証する書面（請求書、督促状など）の提出を求めた上で、その聴取（参与員による聴取を含む。）によって、熟慮期間内の申立てであるか否かが判断される。

（ウ）　受理の審判は、申述書に受理する旨を記載し、裁判官が記名押印して行われる（家事201⑦前段、家事規106①）。

（3）　相続放棄の効力等

ア　相続放棄の効力

相続放棄の効力は、熟慮期間内に申述という要式行為によってされた意思表示の効果として生じる。その効力は、前記のとおり、初めから相続人とならなかったものとみなされるということである（民939）。

イ　相続放棄の申述受理の審判の効力等

▶相続放棄の申述が受理された場合、被相続人の債権者は、相続放棄を争えないか

（ア）　相続放棄申述の受理は、家庭裁判所において申述人の相続放棄の意思表示を受領する公証行為であり、これによって相続放棄の効力が生じるものではない。しかし、申述受理の審判は、前提となる相続放棄の要件を備えていると一応の判断を経てされることから、受理の審判がされると、相続放棄がされたものと扱われる。ただし、その判断に、既判力があるわけではなく、相続放棄の効力を最終的に確定するものではない（金子・逐条解説640頁）。

第2章　相続資格の喪失、相続人の重複する資格　　41

　（イ）　受理の審判の効力は、受理する旨の記載がされた時に生
じ（家事201⑦後段）、受理されたことは、当事者及び利害関係参加人に
通知される（家事規106②）。なお、申述を却下する審判については、申
述人は即時抗告をすることができるが（家事201⑨）、受理の審判に不服
申立てをすることはできず、これに不服の相続債権者等は、訴訟で、
相続放棄の効力を争うほかない。
　（4）　再転相続における相続放棄
　　　▶第1次相続の熟慮期間中に相続人が死亡して第2次相続が開
　　　　始した場合、第2次相続の相続人は、第1次相続を放棄して
　　　　第2次相続を承認することができるか
　第1次相続後、相続人が相続の承認又は放棄をしないで死亡して、
第2次相続が生じた場合、第1次相続の熟慮期間は第2次相続の相続
人が自己のために相続の開始を知った時から起算されるので（民916）、
結局、第1次相続の熟慮期間は、第2次相続の熟慮期間まで延長され
ることになる。この場合、第2次相続の相続人は、2つの相続につい
て、承認、放棄の選択権を有するか。
　第1次相続についての選択を第2次相続についての選択より先にし
た場合は、後に、第2次相続の選択をなし得る。つまり、第1次相続
を放棄して第2次相続を承認することはできる（最判昭63・6・21家月41・
9・101）。
　第2次相続についての選択を先行した場合は、第2次相続を承認し
た場合には、第1次相続の選択をすることができるが、第2次相続を
放棄した場合は、もはや第1次相続について選択権を有しない。
　（5）　相続放棄の取消し
　　　▶母に相続させるため、子である相続人全員が相続放棄すると
　　　　の約束で相続放棄したが、一部の相続人が放棄しなかった場

42 第2章 相続資格の喪失、相続人の重複する資格

合、放棄した相続人は相続放棄を取り消すことができるか

▶被相続人に多額の債務があると誤解して相続放棄をした場合、相続放棄を取り消すことはできないか

ア 相続放棄の撤回と取消し

相続の承認及び放棄は、熟慮期間内でも、撤回することができない（民919①）。しかし、民法の一般規定に基づいて、取消しをすることは妨げられない（民919②）。この取消権は、追認をすることができる時から6か月間行使しないときは、時効によって消滅する。また、相続の承認又は放棄の時から10年を経過したときは、除斥期間経過により消滅する（民919③）。

イ 相続放棄取消しの手続

取消しをしようとする者は、その旨を家庭裁判所に申述しなければならない（民919④）。

相続放棄取消事件の審理については、従前は取消事由の有無を実質的に審査すべきとする説（加藤一郎「民法の一部改正の解説」ジュリスト251号48頁（1962）、広橋次郎「相続放棄取消申述の受理と取消事由の審査」法律時報36巻3号88頁（1964））が有力であったが、最近の実務は、相続放棄申述事件の審理と同様に、その事実が一応認められる場合には、申述を受理する扱いである。

ウ 相続放棄を取り消し得る場合

① 未成年者が法定代理人の同意を得ないで放棄した場合（民5）

② 成年被後見人が放棄した場合（民9）

③ 被保佐人が保佐人の同意を得ないで放棄をした場合（民13①六・③）

④ 放棄が、重要な錯誤（民95）、詐欺又は強迫によってされた場合（民96①）。

なお、平成29年法律第44号による改正前においては、要素の錯誤

第2章　相続資格の喪失、相続人の重複する資格　　43

が、法律行為の無効事由とされていたが、同改正によって、法律行為の目的及び取引上の社会通念に照らして重要な錯誤が取消事由とされた。なお、改正前の裁判例として、相続放棄の結果、相続税が予期に反して多額に上ったことは、相続放棄の申述の内容となるものでなく、単なる動機に関するものにすぎず、錯誤無効は認められないとしたもの（最判昭30・9・30民集9・10・1491）、他の相続人の相続放棄を期待して相続放棄をしたとしても、錯誤無効は認められないとしたもの（最判昭40・5・27家月17・6・251）がある。多額の債務があると誤解した場合、法律行為の基礎とした事情についてのその認識が真実に反する錯誤（民95①二）と認められる余地はあるが、個別事情によることとなろう。錯誤が他の相続人に欺かれて生じた場合には、詐欺によるものとして、取消事由が認められる場合は事情によりあり得る。

⑤　後見人が後見監督人がある場合にその同意を得ないで被後見人を代理して放棄をした場合（民864・865）

　　エ　相続放棄取消しの効果

相続放棄取消しがされると、相続放棄の効力は失われるから、相続人は、その後、遅滞なく、相続の承認又は放棄をすることとなる。

なお、相続放棄取消しの申述が受理されても、その受理は、放棄の受理と同様に、申述人の意思表示を受領する公証行為に止まり、取消事由がなければ、取消しの効果は生じない。

　（6）　相続放棄の無効

　　ア　放棄が無効となる場合

①　相続放棄前に単純承認の事実がある場合

②　熟慮期間経過後の相続放棄の場合

③　氏名冒用による申述（浦和家審昭38・3・15家月15・7・118）

44   第2章　相続資格の喪失、相続人の重複する資格

　なお、心裡留保・通謀虚偽表示は、意思表示に瑕疵があるもので、通常無効事由であるが（民93・94）、相続放棄は単独行為であるから、通常認められない。

　　イ　相続放棄無効の主張方法

　放棄の申述が家庭裁判所に受理された場合においても、相続の放棄に法律上無効原因があるときは、後日訴訟においてこれを主張することを妨げない（最判昭29・12・24民集8・12・2310）。ただし、抽象的に相続放棄の無効確認を求める訴えは、確認の対象となるべき法律関係が具体化されておらず、確認の対象を欠くものであって不適法である（最判昭30・9・30民集9・10・1491）。

2－2　相続欠格

（1）　欠格の意味

　相続人に欠格事由に該当する事実が認められると、その相続人は相続権を失い（民891）、同時に受遺能力をも失う（民965）。

　欠格制度は、相続秩序を侵害する非行をした相続人の相続権を法律上当然に剥奪する制度である。家庭裁判所の審判は必要ない。欠格の効果は、相続開始前に欠格事由があれば即時に、相続開始後に欠格事由が生ずれば（例えば、遺言書の隠匿）、相続開始時にさかのぼって生じる。

（2）　欠格事由

　欠格事由は、次の5つである（民891）。被相続人などの生命身体に関するものと、被相続人の遺言の妨害に関するものに分けられる。

①　故意に被相続人又は相続について先順位若しくは同順位にある者を死亡するに至らせ、又は至らせようとしたために、刑に処せられた者

第2章　相続資格の喪失、相続人の重複する資格　　45

②　被相続人の殺害されたことを知って、これを告発せず、又は告訴しなかった者。ただし、その者に是非の弁別がないとき、又は殺害者が自己の配偶者若しくは直系血族であったときは、この限りでない。

③　詐欺又は強迫によって、被相続人が相続に関する遺言をし、撤回し、取り消し、又は変更することを妨げた者

④　詐欺又は強迫によって、被相続人に相続に関する遺言をさせ、撤回させ、取り消させ、又は変更させた者

⑤　相続に関する被相続人の遺言書を偽造し、変造し、破棄し、又は隠匿した者

（3）　欠格の宥恕

被相続人が欠格者を許し、相続資格を回復させることができるかどうかは、学説に争いがある。相続欠格は公益制度であること、相続資格回復についての規定がないことから、否定説も有力であるが（柚木馨『判例相続法論』87頁（有斐閣、1953））、近時は、肯定説が多い（中川＝泉・相続法89頁、新版注釈民法（26）313頁〔加藤永一〕）。裁判例には、宥恕を認めるものもある（広島家呉支審平22・10・5家月63・5・62）。

2－3　廃　除

（1）　廃除の意義

廃除は、廃除事由がある場合に、被相続人の意思に基づいて遺留分を有する推定相続人の相続資格を剥奪する制度である（民892）。相続的協同関係（相互に相続権を付与されている者の家族的共同生活関係）の破壊（中川＝泉・相続法91頁、新版注釈民法（26）319頁〔泉久雄〕）ないし親族的信頼関係の破壊（雨宮＝石田・遺産実務98頁）の可能性がある場合に推定相続人の相続権を剥奪するものである。遺留分を有しない相続人については、遺言によって、その相続権を全て失わせることができるので、廃除の対象から除外されている。

（2） 廃除原因

廃除原因は、①被相続人に対する虐待又は重大な侮辱と、②その他の著しい非行である（民892）。廃除は、遺留分をも否定して相続権を完全に否定するので、これを認めるためには、社会的かつ客観的に正当とされるほどの理由が必要とされ、親子間においては、養子縁組であれば離縁原因となる程度の、夫婦であれば離婚原因となる程度の虐待、侮辱、非行があるかどうかが基準になるといわれる（新版注釈民法（26）325頁〔泉久雄〕、大阪高決令2・2・27家判31・58）。

廃除原因としての虐待は、家族的共同生活関係の継続を不可能にするほど被相続人の肉体又は精神に苦痛を与える行為をいう。侮辱は、同じ程度に被相続人の名誉又は自尊心を傷つける行為をいう。非行は、被相続人に対するものに限られない。また、単なる素行不良の程度では認められない。

廃除事由の有無は、虐待・侮辱・非行の程度、当事者の社会上の地位、家庭の状況、教育程度、被相続人側の責任の有無、その他一切の事情を顧慮して判断される（暴力事例として大阪高決令元・8・21判時2443・50、侮辱事例として東京高決平4・10・14家月45・5・74。坂本由喜子「推定相続人の廃除について－裁判例の分析を中心として－」家月46巻12号1頁（1994））。

（3） 廃除の手続

ア　申立て

廃除は、廃除事由がある場合に、家庭裁判所に申し立てることによってされる。

廃除の申立ては、被相続人が生前に家庭裁判所に審判を申し立てる場合（生前廃除）（民892）と遺言によってする場合（遺言廃除）（民893）とがある。廃除請求権は、被相続人の一身専属権である。遺言廃除は、遺言の効力が生じた後（相続開始後）、遺言執行者において家庭裁判所に申し立てる。

イ　管　轄

　管轄は、被相続人の住所地を管轄する家庭裁判所であり、被相続人の死亡後の申立てについては、相続開始地の家庭裁判所である（家事188①）。

　　ウ　審判手続

　廃除の審判の手続では、申立人及び廃除を求められた推定相続人を当事者とみなして、申立書等の写しの送付、審問期日における陳述聴取の立会い等の手続が保障されている（家事188④・67・69）。

（4）　廃除の効力等

　　ア　廃除の効力

　廃除は、これを認める審判の確定によって効力を生じ、これにより、廃除された者は相続資格を失い、遺言廃除の場合は、その効力は、相続開始時にさかのぼる。

　　イ　廃除後の新たな親族関係

　　▶廃除後に被相続人が宥恕の意思を示している場合、廃除の効力は失われるか

　廃除については、取消しの方法があるので（民894）、宥恕は認められないとされている（新版注釈民法（26）350頁〔泉久雄〕）。被相続人が相続人を廃除した後、その意思で新たな親族関係を形成し、これによって廃除された者が新たに相続資格を取得したときは、その資格による相続権を認めることができる。例えば、被相続人が代襲相続として相続資格を持つ者を廃除したが、その後に、その者と養子縁組をした場合には、養子としての相続資格を認めることができるし、被相続人が嫡出でない子を養子としていたが、廃除した場合に、子を任意認知した場合は、子としての相続資格を認めることができる。これは、被相続人が、廃除者を宥恕したと考えられるからである（船橋諄一「相続人の廃除」家族法大系Ⅵ91頁）。なお、その後に生じた親族関係に限定して被相

48　第2章　相続資格の喪失、相続人の重複する資格

続人の宥恕の意思を考慮することは可能である。しかし、認知の例で、任意認知ではなく、強制認知であった場合、そこには宥恕の意思を認めることはできないから、宥恕の意思があると認めることはできず、これをもって相続資格の回復を認めることはできない（幾代通ほか『民法の基礎知識（1）〔質問と解答〕』209頁〔鈴木禄弥〕（有斐閣、1964））。

2−4　相続資格の重複
（1）　相続資格が重複する場合の相続分
▶相続人が二重の相続資格を有する場合、その相続分は、合わせたものとなるか

▶子が弟妹を養子としたが、相続開始前に死亡した場合、養子となった弟妹の相続分はいくらとなるか

▶被相続人の配偶者は婚姻後被相続人の両親の養子となったが、その後、養父母が、次いで被相続人が死亡した場合、配偶者は、配偶者としての相続分のほか、兄弟姉妹としての相続分も取得するか

ア　同順位相続資格の重複
（ア）　まず、代襲相続による資格の重複が挙げられる。

　本位相続資格と代襲相続資格が重複する場合と、二つの代襲相続資格が重複する場合がある。前者は、いわゆる孫養子の場合が典型である。被相続人の子の子（孫）を養子とした場合に、被相続人の子が相続前に死亡したり、相続欠格となると代襲相続が発生するが、この場合、養子となった孫は、養子としての相続資格と代襲相続人としての資格を有する（図1）。この場合、孫は、養子としての相続

第2章　相続資格の喪失、相続人の重複する資格

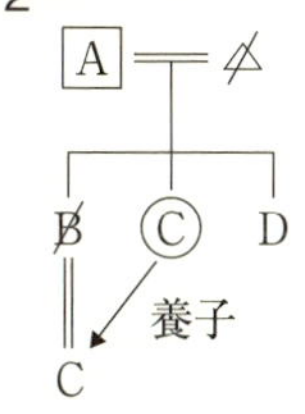

分と子の代襲相続人としての相続分を有する（昭26・9・18民事甲1881、上原ほか・遺産分割286頁）。図1では、Dの相続分は、3分の2となる。

子が弟妹を養子とした後、相続開始前に死亡した場合も同様である（図2）。

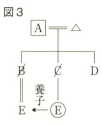

図2

代襲相続資格同士が重複する場合としては、子が兄弟姉妹の子を養子とした場合に養親と実親のいずれもが相続開始前に死亡した場合がある（図3）。

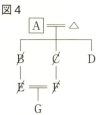

図3

孫同士が婚姻して子（ひ孫）をもうけたが、相続開始前に、ひ孫の両親とその親が死亡している場合、ひ孫は、両親（父と母）の再代襲者の資格を有する（図4）。

図4

これらの場合、いずれも重複した相続資格による相続分が認められ、合算したものが代襲者の相続分となる。

　　（イ）　配偶者としての相続資格と兄弟姉妹としての相続資格が重複する場合がある。

夫婦が兄弟姉妹の関係となる場合、夫婦の一方が死亡すると、他方は、配偶者としての相続資格と兄弟姉妹としての相続資格を有する。

実子と養子が婚姻した場合はこれに当たる（図5）。このような夫婦の一方が死亡し、直系卑属、直系尊属はなく、他に兄弟姉妹が存在する場合、生存配偶者は、配偶者として

図5

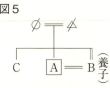

の相続資格と兄弟姉妹としての相続資格を有する。この場合、それぞれの資格の相続分を認めるのが多数説である（幾代ほか・前掲205頁〔鈴木〕、鈴木禄弥＝唄孝一『人事法Ⅱ』38頁（有斐閣、1975）、新版注釈民法（27）188頁〔有地亨〕、山本正憲「二重資格の相続人」現代家族法大系4巻173頁、二宮・家族法285頁、上原ほか・遺産分割286頁、岩木宰「相続資格の重複」現代裁判法大系11巻4頁）。ただし、登記先例は、配偶者としての相続分のみを認める（昭23・8・9民事甲2371。この立場を支持するものとして、中川＝泉・相続法116頁）。

　配偶者が他方の親の養子となった後に夫婦の一方が死亡した場合も、直系卑属、直系尊属はなく、他に兄弟姉妹が存在するときは同様であり、相続資格の重複が生じ、生存配偶者は、配偶者としての相続資格と兄弟姉妹としての相続資格を有する。この場合も両資格の相続分を認めるのが多数説である（現代裁判法大系11巻4頁〔岩木〕、井上・理論と審理231頁）。

　夫婦の双方が養子となった場合も同様である（図6）。

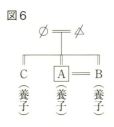

図6

　　　（ウ）　嫡出でない子を養子とする場合
　自己の嫡出でない子に嫡出の身分を取得させるために縁組が用いられることがある。その養父に相続が開始するとその子には嫡出でない子としての相続資格と嫡出子としての相続資格があるかのようであるが、この場合の二重資格は認めないのが多数である（上原ほか・遺産分割285頁、現代裁判法大系11巻4頁〔岩木〕）。養子縁組の目的は嫡出子の身分を取得させることにあり、重複した身分を認める必要がないからである（二宮・家族法321頁）。養子縁組が解消した場合には、再び嫡出でない子の身分の相続資格が認められることから、縁組により非嫡出親子関

第2章　相続資格の喪失、相続人の重複する資格

係は背後に隠れるといわれる（現代裁判法大系11巻5頁〔岩木〕）。

　イ　異順位相続資格の重複

　被相続人が弟妹を養子とした場合（図7）、養子は、子として第一順位の相続資格を有するとともに、第一順位の相続人が全て相続資格を失った場合には兄弟姉妹としての相続資格を有する。同様に、自己を含む先順位の相続資格者が全て相続資格を失った場合に相続資格が認められるような、異順位の相続資格の重複は、被相続人の子が祖父母の養子となった後に祖父母が死亡し、次いで相続が開始した場合（図8）などにも生じる。これらの場合、相続資格が重複するといっても、二重の資格で相続するわけではないから、相続分について問題は生じない。ただし、相続資格の重複を認める場合、一方の資格を放棄して他方の資格で相続することを認めるか（後記（2））、また、一方の相続資格について廃除ないし欠格が認められる場合に、その効果が他方の相続資格に及ぶか（後記（3）（4））が問題となる。

図7

図8

（2）　相続資格が重複する場合の相続放棄の効果

　　　▶相続人が兄弟姉妹としての相続資格と代襲相続人としての相続資格を有する場合に、兄弟姉妹としての相続を放棄して、代襲相続人としてのみ相続することはできるか

　相続人が重複する相続資格を有する場合、その相続人は、一方の資格のみを相続放棄して他方の資格で相続できるか。一方の資格での相続放棄は、当然に他方の資格の相続放棄となるかが問題となる。

52　第2章　相続資格の喪失、相続人の重複する資格

ア　選択行使の可否

　多数説は、二重の資格を肯定する以上、一方の資格の相続放棄は当然には他方の資格の放棄とはならないとし、相続放棄における選択権を認める（金山正信「相続放棄の効果」家族法大系Ⅶ112頁、現代家族法大系4巻170頁〔山本正憲〕、中川高男「二重資格の相続人」判タ215題32頁、井上・理論と審理231頁、我妻栄＝唄孝一『相続法　判例コンメンタールⅧ』209頁（日本評論社、1966））。これに対し、二重の資格がある場合に、一つの資格で放棄したのに他の資格で放棄しないというのは矛盾であり、また、このような選択の自由を認めると他の相続人に大きな影響を与え、結果的に特定の相続人の利益のための放棄を認めることとなるから許されないとする説もある（幾代ほか・前掲207頁〔鈴木〕）。

イ　一方相続資格による相続放棄の効果

　一方の相続資格で相続放棄をした場合に、他方の相続資格についても相続放棄をしたといい得るかについては、重複資格を認めない見解及びこれを認めても選択行使を認めない見解では、当然に、他の相続資格についても相続放棄をしたものと扱われる。他方、選択行使を認める見解では、選択行使をした以上、選択した相続資格についてのみ相続放棄の効果を認めることとなる。

　相続放棄の手続では、その申述書に、被相続人及び被相続人との身分関係を記載（定型書式では、子、孫、配偶者、兄弟姉妹等の記載を選択する方法である。）するが、相続資格が重複する場合にこれを意識して記載する書式とはなっていない。申述の趣旨は、被相続人について相続を放棄するというものであり、どの資格によって相続放棄をしたかは必ずしも明らかでないといえる。相続放棄の理由には、生前の贈与を受けたことや債務超過であることなどが挙げられるが、その理由は、相続資格と関わりのないのが通常である。相続放棄をする者の

意思としては、その資格を区別して選択行使をする意思でないのが通常であると思われる。そうであれば、選択行使を可能とした上で、放棄者が特に限定する場合など特段の事情がない限り、全ての資格について相続放棄をしたとみるのが妥当である。

　　ウ　異順位相続資格の重複における先順位相続放棄

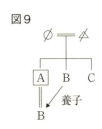

図9

　相続放棄の効果が問題となるのは、異順次重複の場合が多い。兄が弟を養子にした事例で、兄に相続が開始した場合に、弟が養子としての相続放棄をしたとき、弟は、兄弟としての相続分を有するかが問題とされる（図9）。選択行使を認めない説は、先順位資格において相続放棄をした者は、後順位資格における相続人の地位を主張できないとするから（幾代ほか・前掲207頁〔鈴木〕）、弟が子（養子）として相続放棄をすれば、兄弟としての相続は認めないこととなる（登記先例について、昭32・1・10民事甲61）。選択行使を認める説は、兄弟としての相続資格による相続分の主張を認めるものが多いが（家族法大系Ⅶ113頁〔金山正信〕、現代家族法大系4巻170頁〔山本正憲〕、判タ215題32頁〔中川高男〕、井上・理論と審理231頁）、後順位資格での相続放棄を排斥する旨が表示されない限り、先順位資格での相続放棄は後順位資格に及ぶとする説（折衷説。明山和夫「相続の承認・放棄および相続人の不存在」山畠正男＝泉久雄編『演習民法（親族相続）演習法律学大系6』545頁（青林書院新社、1972）、新版注釈民法（26）269頁〔中川良延〕、見目明夫「相続人の範囲と順位」判タ245題315頁）もある。

　異順位重複の場合に先順位の相続資格の相続放棄は、手続としても、先順位の相続放棄についてされたものである。しかし、実務は、重複資格の場合に後順位の資格について、更に相続放棄の申述をさせると

いうことはしていない。異順位重複の場合でも、放棄者の意思は、被相続人の相続を全て放棄する趣旨であるのが通常と思われる。この当事者の意思からすれば、先順位の相続資格について相続放棄がされた場合、後順位資格での放棄はしない旨を表示するなど、特段の事情がない限りは、全ての資格について相続放棄をしたと認めるのが相当であろう。

なお、被相続人が妹である被告を養子とした場合に、被告が相続放棄をしたが、その申述書には、養子の身分のみが記載されていたので、被相続人の債権者（原告）が後順位の資格による

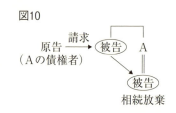

相続放棄の効力はないとして、被告にその債権の請求をした事例（図10）において、相続の放棄は相続資格に応じ各別に観察するのを相当とするとして、個別に検討した結果、単に養子としてだけでなく妹としても相続の放棄をしたものと認めた裁判例がある（京都地判昭34・6・16下民10・6・1267）。

(3) 重複資格を有する推定相続人の一方資格についての廃除の効力

ア 同順位の資格重複の場合

被相続人が推定相続人の一方の資格について廃除した場合、その廃除する意思が、相続資格で異なるということは通常あり得ない。そこで、被相続人の意思の尊重という観点からすれば、重複する一方の資格について廃除がされた場合には、他方の資格についての相続権も失うものと解される（新版注釈民法（26）269頁〔中川良延〕、井上・理論と審理232頁）。

第2章　相続資格の喪失、相続人の重複する資格　　55

イ　異順位の重複の場合

　後順位の相続資格で、その資格が兄弟姉妹関係による場合、兄弟姉妹には遺留分がないから廃除の対象とならない。この場合、被相続人の意思が、常に、兄弟姉妹としての相続まで否定するものとはいえないし、排除するためには、廃除に加え、遺言をすればよいとして、廃除の効果は、兄弟姉妹の資格としての相続には及ばないとする見解もある（現代家族法大系4巻171頁〔山本正憲〕）。しかし、法が、遺留分のない相続人を廃除の対象から外したのは、遺言で実質的に相続から排除できるので、あえて廃除の手続による必要はないとしたもので、この例のような重複資格の場合に、遺言によることを要求しているとはいえないとし、廃除が認められる場合には、廃除の対象でない後順位資格による相続権も剥奪されるとするのが多数説である（幾代ほか・前掲206頁〔鈴木〕、新版注釈民法（26）269頁〔中川良延〕）。

ウ　代襲相続人としての資格

　なお、被相続人が、孫を養子としたが、生前に、その養子について廃除した場合、子が生存する限り、廃除の対象は、養子としての相続資格である。そこで、その後、養子の親が死亡し、次いで相続が開始して代襲相続が生じた場合は、養子は、代襲相続人として、被相続人の相続権を有する（幾代ほか・前掲206頁〔鈴木〕）。

（4）　重複した相続資格を有する相続人の一方資格についての欠格の効力

　相続人が重複した相続資格を有する場合に、一方の資格による相続欠格の効果が、他方の資格に基づく相続欠格をもたらすかについては、重複資格を認める立場からは、それぞれの資格について欠格事由の有無を検討することになるが、欠格事由については、一方資格について相続欠格事由が認められる場合には、同一の非行が、同時に重複資格

56 第2章 相続資格の喪失、相続人の重複する資格

の他方についての欠格事由にも該当する。そこで、相続欠格事由があるときには、重複資格の双方についての相続権を失うことなる（現代家族法大系4巻172頁〔山本正憲〕、井上・理論と審理232頁）。

2-5 設問の検討

（1） 設問1について

Fは、相続放棄取消しの申述の受理を得た上で、遺産分割調停の申立てをしている。相続放棄取消しの申述が受理されても、これによって相続放棄の取消しが確定するものではない。しかし、申立ての段階では、相続放棄取消し及び相続放棄の効力を判断できる段階ではないから、相続放棄取消しの申述が受理されている以上、その遺産分割調停の申立ては、受理して立件するのが一般的な扱いである。そして、その事件は、D、Eが申し立てた遺産分割調停事件に併合されることとなる。

調停では、おそらくは、D、Eは、Cが相続人であることを争うと思われる。

本件の進行については、特に、次の点を考慮することとなろう。まず、Fは、相続放棄取消しの申述をして、その受理を得ているが、家庭裁判所が受理をしても、当該相続放棄に取消事由がなければ、相続放棄は効力を失わない。そこで、相続放棄に取消事由があるかどうかが問題となるが、申述書の作成及び提出を他人が代行した場合でも、放棄者の真意に基づいてされたときは、申述書が自署でないからといって直ちに無効となるものではない（最判昭29・12・21民集8・12・2222）。また、Fは、その相続放棄は、D、Eとも相続放棄をするとの錯誤によるものであるから無効であるとも主張するところ、他の相続人の相

第2章　相続資格の喪失、相続人の重複する資格　　57

続放棄を期待して相続放棄をしたとしても、錯誤無効は認められないというのが判例である（最判昭40・5・27家月17・6・251）。そうすると、Fの主張は、提訴しても、容易には認められない可能性が高い。これらからすると、Fに対しては、その申立ての取下げを勧告するのが妥当と思われる。Fが、その事件を取り下げない場合は、調停の進行は困難であるから、不調とし、審判手続において、この点を判断して審判をすることとなろう。Fがなお相続権を主張するには、相続人たる地位があることの確認訴訟を提起することになろう。その場合は、家庭裁判所での手続は進行しない場合も生じる。

（2）　設問2について

　Fは、Aの相続に関し、Aの子（養子）としての相続資格を有する。そして、Aの子Cに代襲原因がある場合には、Cの代襲相続人としての相続資格がある。相続資格の重複資格を認めるのが実務であるから、Fは、二重の相続資格を有するものと考えてよい。しかるところ、Fは、相続放棄をしている。相続放棄について、選択行使を認める見解では、Fが相続放棄の申述をしたときには、いまだ、自己が代襲相続人であるとの認識はなかったから、その相続放棄は、子としての相続資格に限定され、代襲相続人としての相続資格はあるということになるが、選択行使を認めない見解では、Fの相続放棄の効果は、代襲相続人としての相続資格に及び、Fは、代襲相続人となり得ないということとなる。

　しかし、原則的には、全ての資格について相続放棄をしたとみるものの、放棄者が特に限定する場合など特段の事情がある場合には、相続放棄を相続資格ごとに考える立場からは、本件では、Fの相続放棄は明示的に限定してされたものではないけれども、養子として相続放

棄をした時点では代襲相続人としての相続資格が存在したものではない上、相続放棄の目的が、Ｆの母Ｃに遺産を集中させるためであり、将来的にＣからその遺産を承継することを前提としていたことを考慮すれば、Ｃが相続欠格となる場合にＣの代襲者となることまでも放棄する意思であったとはいえず、その相続放棄は、代襲相続人としての相続資格に及ばないということはできると思われる。

第 3 章

遺産分割前の相続財産の管理等

設例　遺産分割前の遺産の使用、相続財産管理人の選任

　被相続人Aは、不動産賃貸業を営んでいたが、老齢に及んで規模を縮小し、残された賃貸物件は戸建ての数軒となっていた。相続人は、長男X、二男Y1、長女Y2の3人である。遺言はない。相続財産は、不動産①（Aの住居であった土地建物）、同②（Y1居住の土地建物）、同③（賃貸中の不動産3棟）、同④（有料駐車場）及び預貯金である。

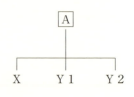

　不動産①については、Y2がAの生前から無償で同居している。不動産②は、相続開始後、Y1が、管理の必要があると称してX、Y2の同意を得ずに移り住んでいる。そして、Y1は、不動産③の賃借人らから賃料を徴収し、また、不動産④の駐車場の収益も管理しているが、いずれも、その内容を明確にしない。

　いまだ、遺産分割の調停の申立てはされていない。

設問

1　Y1は、Y2に対し、遺産分割のために必要であるとして、不動産①の明渡しを求めた。Y2は、明け渡さなければならないか。

2　Y2が不動産①の明渡しを拒否したところ、Y1は、使用料の支払をY2に求めた。Y2は、不動産①の使用料を支払う必要があるか。

3　XとY2は、Y1の不動産②への居住こそが違法だと言い、Y1に対し、その明渡しと明渡しまでの期間の賃料相当損害金の支払を求めた。Y1は、明け渡さなければならないか。また、賃料相当損害金の支払をしなければならないか。

第3章　遺産分割前の相続財産の管理等　　61

> 4　XとY2は、相談の上、家庭裁判所に、Y1を相手方に遺産分割の調停を申し立てるとともに、相続財産管理人の選任を申し立てた。Y1は、X、Y2には、多額の特別受益があり、具体的相続分はないから、相続財産管理者の選任の申立ては却下されるべきであると主張した。申立ては認められるか。

解　説

3－1　相続開始から遺産分割までの権利関係

（1）　共同相続による権利義務の承継

　被相続人が死亡したとき、また、死亡とみなされたときは、相続が開始する（民882）。相続人は、相続開始により、被相続人の一身に専属したものを除き、その一切の権利義務を承継する（民896）。この承継は、包括承継であり、具体的な権利義務だけでなく、権利義務として具体的に発生するに至っていない財産上の法律関係や法的地位をも承継する。相続人が承継した財産を相続財産又は遺産と呼ぶ（相続人の側から見た場合に相続財産と呼び、被相続人の側から見た場合に遺産と呼ぶとされる（法曹会『似たもの法律用語のちがい〔三訂補訂版〕』188頁（法曹会、1997）（この章では、原則的に「相続財産」という。）。相続人が複数存在する場合を共同相続といい、その場合、各相続人は、その相続分に応じて被相続人の権利義務を承継する（民899）。そして、相続財産のうち、性質上可分の権利は、相続開始とともに、その相続分に応じて各相続人に分属し、不可分の権利は、相続開始とともに相続人らの共有又は準共有となる（民898）。債権は、性質上可分のものが多いが、預金債権など不可分とされるものもある。債務も、多くは可分であり、相続とともに当然に分割され、連帯債務も、分割承継した範囲で連帯す

ることになる（最判昭34・6・19民集13・6・757）。

（2）　遺産共有の性質

ア　遺産共有

相続により成立した共有の性質については、学説としては、これを合有と考えるものもあるが、判例は、民法249条以下に規定する共有と性質を異にするものではないとする（最判昭30・5・31民集9・6・793）。しかし、その解消は共有物分割ではなく遺産分割によらなければならないなどの違いはあるから、共同相続により生じた遺産分割前の共有を遺産共有と呼ぶ。

イ　共有持分の譲渡・相続分の譲渡

共同相続人は、その共有持分を処分することができる。処分の方法としては、相続財産を構成する個々の財産の共有持分を譲渡する場合と相続分を譲渡する方法による場合がある。

相続分の譲渡は、相続人たる地位の譲渡であるから、これによる場合は、譲受人は、積極財産の割合的持分だけでなく債務も承継する。共同相続人の一人が遺産の分割前にその相続分を第三者に譲り渡したときは、他の共同相続人は、その価額及び費用を償還して、その相続分を譲り受けることができる（民905①）。これを相続分の取戻権という。この取戻権は、譲渡時から1か月以内に行使しなければならない（民905②）。

個々の持分を譲渡した場合については、取戻権は認められない（最判昭35・7・13判時908・41）。

なお、令和3年の民法改正によって、相続開始の時から10年を経過した遺産分割前の共同相続財産について、所在等不明相続人の持分を他の相続人が取得すること及びその持分を含めて相続財産を譲渡することを可能とする制度が設けられた。この点については、後記3－2（2）オを参照。

第3章　遺産分割前の相続財産の管理等　　63

（3）　相続と第三者との対抗問題

▶相続人が相続により不動産を法定相続分の割合で取得した場
合、これを登記なくして第三者に対抗することができるか

▶相続人が、遺言によって法定相続分を超える相続分の指定を
受け、不動産をその指定相続分の割合で取得した場合、これ
によって取得した不動産の法定相続分を超える持分を登記な
くして第三者に対抗することができるか

不動産に関する物権の得喪及び変更は、登記をしなければ、第三者
に対抗することができないというのが原則である（民177）。しかし、法
定相続分の相続による不動産の権利の取得については、登記なくして
その権利を第三者に対抗することができる（最判昭38・2・22民集17・1・
235）。なお、以前は、指定相続分についても同様に考えられていた（最
判平5・7・19判時1525・61、最判平14・6・10判タ1102・158）。しかし、学説
等の批判もあり、平成30年の法改正により、相続による権利の承継は、
遺産の分割によるものかどうかにかかわらず、法定相続分を超える部
分については、登記、登録その他の対抗要件を備えなければ、第三者
に対抗することができないとされた（民899の2①）。改正法は、令和元
年7月1日以降に開始した相続に適用される。

（4）　遺産共有関係の解消

遺産共有関係の解消は、共有物分割ではなく、遺産分割による（民
258の2①）。

個々の相続財産について、遺産分割前にその共有持分が第三者へ譲
渡された場合は、その持分は相続財産から逸出し、遺産分割の対象と
ならない。その共有状態の解消は、民法258条に基づく共有物分割に
よることになり、遺産分割によることはできない（最判昭50・11・7民集
29・10・1525）。そこで、譲渡人以外の相続人が複数の場合には遺産共有
と通常共有が併存することになるが、この場合、遺産共有持分間の解

消は遺産分割手続により、遺産共有持分と通常共有持分との間の解消
は共有物分割手続ですることになる。しかし、令和3年の改正におい
て、相続開始時から10年を経過したときは、遺産共有持分について共
有物分割手続によることが可能とされた。ただし、当該共有物の持分
について遺産の分割の請求があった場合において、相続人が当該共有
物の持分について共有物分割手続によることに異議の申出をしたとき
は除かれる（民258の2②）。この異議の申出は、受訴裁判所から共有物
分割請求がされた旨の通知を受けた日から2か月以内に当該裁判所に
しなければならない（民258の2③）。

3-2　遺産分割前の共同相続財産の管理等

　前記のように、遺産分割前の相続財産の共有関係は民法249条以下
に規定する共有と性質を異にするものではないので、その使用関係、
利用関係は民法249条以下に規定する共有に関する規律に従うことと
なる。なお、相続財産について共有に関する規定を適用するときは、
法定相続分が各相続人の共有持分となる（民898②）。

（1）　相続財産の使用収益の原則

　各相続人は、相続財産の全てについて相続分に応じた使用をするこ
とができる（民249①）。収益も同様である（我妻榮『新訂物権法』322頁（岩
波書店、1983））。具体的な使用収益方法については、その使用の態様に
よって、共有物の管理の規律に従う。共有物を使用する共有者は、別
段の合意がある場合を除き、他の共有者に対し、自己の持分を超える
使用の対価を償還する義務を負う（民249②）。共有者は、善良な管理者
の注意をもって、共有物の使用をしなければならない（民249③）。

　なお、平成30年の法改正によって、被相続人の財産に属した建物に
相続開始の時に、配偶者が無償で居住していた場合に、配偶者に一定
の期間居住権を認める配偶者短期居住権の制度が設けられた（民1037）。

これについての説明は、第14章に譲る。

（2）　相続財産の管理

共有者は共同相続人と、共有物は共同相続財産と読み替える。

ア　共有物管理の原則と令和3年の民法改正

共有物はこれを変更する場合は共有者全員の同意を要し、管理に関する事項は共有者の持分の過半数で決し、保存行為は各共有者が単独ですることができるというのが従来からの原則である。この民法の規定については、相続不動産について相続による登記がされないことなどから生じた所有者不明土地問題、社会経済情勢の変化に伴う諸問題に対応するため、令和3年法律第24号により、従前の規律はこれを維持しながら、共有物の管理の範囲の拡大・明確化、共有者による共有物使用のルールの明確化・合理化、所在等不明共有者がいる場合の変更管理に関するルールの明確化・合理化等が図られ、令和5年4月1日から施行された。

イ　保存行為

保存行為は、各相続人が単独ですることができる（民252⑤）。財産の現状を維持するための行為であるからである。

保存行為の例としては、次のものが挙げられる。

（ア）　家屋の修繕等

（イ）　相続人全員を権利者とする相続不動産の保存登記又は移転登記（東京高判昭35・9・27下民11・9・1993、大阪高決昭40・4・15家月17・5・63）

（ウ）　不真正な登記がある場合のその抹消（最判昭38・2・22民集17・1・235）

（エ）　妨害排除請求、不法占拠者に対する返還請求（神戸地判昭30・10・13下民6・10・2127）

（オ）　消滅時効の中断。ただし、裁判上の請求による方法は、敗訴の場合に処分と同様の結果になるので、保存行為ではない。

ウ　管理行為
　　▶所在不明者や管理事項について賛否を明らかにしない者がいる場合に管理行為を決めるにはどうするか

　（ア）　共有物の管理に関する事項（共有物の管理者の選任及び解任を含み、共有物の変更を加えるものを除く。）は、各共有者の持分の価格に従い、その過半数で決する。共有物を使用する共有者があるときも、同様である（民252①）。

　（イ）　裁判所は、次のときは、共有者の請求により、当該他の共有者以外の共有者の持分の価格に従い、その過半数で共有物の管理に関する事項を決することができる旨の裁判をすることができる（民252②）。

① 共有者が他の共有者を知ることができず、又はその所在を知ることができないとき
② 共有者が他の共有者に対し相当の期間を定めて共有物の管理に関する事項を決することについて賛否を明らかにすべき旨を催告した場合において、当該他の共有者がその期間内に賛否を明らかにしないとき

　（ウ）　上記決定が、共有者間の決定に基づいて共有物を使用する共有者に特別の影響を及ぼすべきときは、その承諾を得なければならない（民252③）。

　（エ）　共有者は、管理に関する事項として、次の期間を超えない賃借権その他の使用及び収益を目的とする権利（賃借権等）を設定することができる（民252④）。
① 樹木の栽植又は伐採を目的とする山林の賃借権等は、10年

第3章 遺産分割前の相続財産の管理等

② ①に掲げる賃借権等以外の土地の賃借権等は、5年
③ 建物の賃借権等は、3年。ただし、借地借家法の適用があるものは、一時使用又は定期借家権（3年以内に終了するもの）を除き、変更行為となる。
④ 動産の賃借権等は、6か月

　　（オ）　賃借権等の解除（最判昭29・3・12民集8・3・696、最判昭39・2・25民集18・2・329）、建物買取請求権の行使（大阪地判昭41・12・9下民17・11-12・1208）も管理に関する事項である。

　　（カ）　その他、管理に関する事項として、詐欺による取消し（大阪地判昭33・9・10下民9・9・1846）などがある。

　エ　変更行為
　　▶所在不明者や変更行為について賛否を明らかにしない者がいる場合に変更行為を決めるにはどうするか

　変更行為は、軽微な変更を除き、共有者全員の同意を要する（民251①）。変更行為とは、性質若しくは形状又はその両者を変更する行為とされる。

　共有者が他の共有者を知ることができず、又はその所在を知ることができないときは、裁判所は、共有者の請求により、当該他の共有者以外の他の共有者の同意を得て共有物に変更を加えることができる旨の裁判をすることができる（民251②）。

　変更行為としては、次のものが挙げられる。

　　（ア）　建物の取壊し、相続財産である土地上の建物の建築
　　（イ）　農地の宅地造成（最判平10・3・24判時1641・80）
　　（ウ）　共有山林の伐採（我妻・前掲323頁）

（エ）　前記ウ（エ）の期間を超える賃貸借等（東京地判昭39・9・26判タ169・194）

（オ）　返還時期を定めない建物所有を目的とする使用貸借契約締結（東京地判平18・1・26金判1237・47）

（カ）　預貯金債権は、相続によって相続人全員の準共有となり、その払戻しは、原則として共同相続人全員の同意が必要であるが、平成30年の法改正によって、相続人が単独で一定の金額の払戻しを可能とする制度が設けられた（民906の2）。この制度については、**第8章参照**。

　オ　共有物の処分
　　▶共同相続した遺産が一部の相続人の所在が不明で遺産分割できないでいたが、この遺産を他に譲渡する方法はないか

（ア）　共有者全員の同意を要する。全員の持分の処分であるから全員の同意は当然である（我妻・前掲323頁）。

（イ）　所在等不明共有者の持分が相続財産に属する場合（共同相続人間で遺産の分割をすべき場合に限る。）、相続開始の時から10年を経過したもの（民262の2③）（なお、遺産共有以外の共有についてはこの制限はない。）は、共有者が他の共有者を知ることができず、又はその所在を知ることができないときは、裁判所は、共有者の請求により、その共有者に、当該他の共有者（所在等不明共有者）の持分を取得させる旨の裁判をすることができる。この場合において、請求をした共有者が二人以上あるときは、請求をした各共有者に、所在等不明共有者の持分を、請求をした各共有者の持分の割合で按分してそれぞれ取得させる（民262の2①）。ただし、遺産分割請求があり、かつ、他の共有者が異議がある旨の届出をしたときは、裁判所は、持分を取得させる裁判をすることができない（民262の2②）。この裁判を得れば、

第3章　遺産分割前の相続財産の管理等

所在等不明相続人を除く相続人において、遺産の管理・処分が可能となる。

　所在等不明共有者は、当該共有者に対し、当該共有者が取得した持分の時価相当額の支払を請求することができる（民262の2④）。当該共有者は、その額を供託する。この規定は、不動産の使用又は収益をする権利（所有権を除く。）が数人の共有に属する場合について準用される（民262の2⑤）。

　（ウ）　また、より端的に、所在等不明相続人の持分の譲渡の方法も設けられた。やはり、相続開始の時から10年を経過したものに限られるが（遺産共有以外の共有についてはこの制限はない。）、所在等不明相続人の遺産分割未了の相続財産について、共有者が他の共有者を知ることができず、又はその所在を知ることができないときは、裁判所は、共有者の請求により、その共有者に、当該他の共有者（所在等不明共有者）以外の共有者の全員が特定の者に対してその有する持分の全部を譲渡することを停止条件として所在等不明共有者の持分を当該特定の者に譲渡する権限を付与する旨の裁判をすることができる（民262の3①）。この裁判を得て、他の相続人らにおいて相続財産を他に処分することが可能になる。この規定は、不動産の使用又は収益をする権利（所有権を除く。）が数人の共有に属する場合について準用される（民262の3④）。

（例）　土地共有者Ａ、Ｂ、Ｃのうち、Ｃが所在等不明の場合に、Ａが土地全体を第三者に売却する場合

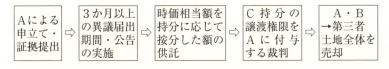

第3章　遺産分割前の相続財産の管理等

（3）　承継した権利の行使

ア　原　則

承継した権利の行使として相続財産を使用する場合、各相続人は持分に応じた使用をすることができる。具体的な使用収益方法については、管理行為に属する場合が多いと思われ、その場合は共同相続人間の持分（相続分）の過半数で決することとなる（前記(2)ウ参照）。

イ　賃貸不動産

不動産そのものは、共有となって、前記の民法249条以下に規定する共有に関する規律に従う。共有物賃料債権は、相続開始前に発生したものは、相続財産ではあるが、可分であって、遺産分割の対象とならず、相続開始後に生じたものは、遺産から生じた果実であって、かつ可分であり、遺産分割の対象とならない。賃料の回収は、各相続人が、取得した持分の範囲で行使することが可能となる。

ウ　貸金庫

貸金庫の内容物については、利用者は、銀行に対し、貸金庫契約の定めるところにより、利用者が内容物を取り出すことのできる状態にするよう請求する権利を有するが、この利用者の権利は、内容物の引渡しを求める権利にほかならず、また、この引渡請求権は、貸金庫の内容物全体を一括して引き渡すことを請求する権利という性質を有するとされる（最判平11・11・29民集53・8・1926）。そこで、相続人からの銀行に対する貸金庫の内容物全体の引渡請求権は、占有権に基づく妨害排除請求権及び共有持分権に基づく妨害予防請求権としての内容物取出請求権であり（東京地判平15・5・22金法1694・67）、その請求をする行為は、銀行実務上は、処分行為に当たるとして共同相続人全員の同意を要するとされているようであるが（片岡＝管野・遺産分割実務60頁）、保存行為として相続人の一人からの請求を認めた例もある（東京地判平8・5・17金判1015・43）。

第3章　遺産分割前の相続財産の管理等　　71

　　エ　株　式

　株式は、共同相続により、共同相続人間に相続分に応じた準共有関係が生じる（最判昭45・1・22民集24・1・1）。

　共同相続した株式については、株式会社が同意した場合を除き、共有者は、当該株式についての権利を行使する者一人を定め、株式会社に対し、その者の氏名又は名称を通知しなければ、当該株式についての権利を行使することができない（会社106①）。相続株式について権利を行使すべき者を定めることが事実上困難な場合に相続人の一人が株主としての権利を行使しようとするには、まず、相続株式の分割を求める必要がある（東京地判昭45・11・19下民21・11－12・1447）。

　　オ　経営権

　被相続人が経営していた事業の執行については、事業主体が会社等の法人である場合、誰が経営するかは、その株式・持分に共同相続が生じたことを前提に会社法の規定する手続によって定まる。

　事業が法人化していない場合、経営は個々の財産の利用であり、相続財産の管理の問題として処理するほかないが、その事業の執行においては、相続財産の処分や変更を伴うことになることが多いであろうから、結局のところ、事業の執行は、共同相続人全員の合意によって行うほかない。実際に事業を執行する者による相続財産の管理が不適切であれば、相続財産管理に関する処分や保全処分としての管理者選任の問題となる余地はある。なお、事業収益は、相続財産から生じた果実の問題として処理することになる。

（4）　相続財産を管理する義務

　　▶相続を放棄すれば、相続財産の管理から免れるか

　　ア　承認又は放棄するまでの管理義務

　相続人が相続を承認又は放棄するまでの期間、いわゆる熟慮期間中、その相続財産に対する相続人の権利義務は必ずしも確定したものでは

ない。すなわち相続人は、限定承認や放棄をした場合には、責任を制限された義務を負い、又は、最初から相続人でなかったということになるが、その場合でも、承認又は放棄するまでの期間は、その固有財産におけるのと同一の注意義務をもって相続財産を管理しなければならない（民918）。

　イ　承認又は放棄後の管理義務

　相続人は、単純承認をした後でも、財産分離の請求があったときは、以後、その固有財産におけるのと同一の注意をもって、相続財産の管理をしなければならない（民944本文）。ただし、家庭裁判所が相続財産の管理人を選任したときは、以後の管理は、相続財産管理人が行うことになる（民944ただし書）。

　相続の放棄をした者は、その放棄の時に相続財産に属する財産を現に占有しているときは、相続人又は相続財産清算人に対して当該財産を引き渡すまでの間、自己の財産におけるのと同一の注意をもって、その財産を保存しなければならない（民940）。

　限定承認の場合は、限定承認者として、その固有の財産におけると同一の注意義務をもって管理を継続することになる（民926①）。

3－3　相続財産の保存

（1）　相続財産保存に必要な処分

　ア　相続財産保存のための処分の必要

　　（ア）　家庭裁判所は、利害関係人又は検察官の請求によって、いつでも、相続財産の管理人の選任その他の相続財産の保存に必要な処分を命ずることができる（民897の2①本文）。

　従前は、相続財産の保全に必要な処分については、熟慮期間中（改正前民918②）、限定承認がされた場合（改正前民926②）、相続放棄後（改正前民940②）など限定的に規定され、共同相続における単純承認後、遺産

第3章　遺産分割前の相続財産の管理等　　73

分割前については、何ら規定がなかった。しかし、このような段階でも、財産保全の必要性が生じることがあるので、相続開始後、必要が生じた場合に、相続財産の保存に必要な処分を命じることができるとする、相続の全段階における包括的な規定として、令和3年法律第24号による改正によって設けられたものである。

　　（イ）　必要性が要件である。

　　（ウ）　次の場合は、処分を命じることができない（民897の2①ただし書）。一般的に必要性がないと思量されるからである。

① 相続人が一人である場合においてその相続人が相続の単純承認をしたとき

② 相続人が数人ある場合において遺産の全部の分割がされたとき

③ 相続人不存在として相続財産の清算人が選任されているとき

　　（エ）　なお、推定相続人の廃除に関する審判確定前の相続財産の管理に関する処分として、推定相続人の廃除又はその取消しの請求があった後その審判が確定する前に相続が開始したときは、家庭裁判所は、親族、利害関係人又は検察官の請求によって、遺産の管理について必要な処分を命ずることができ、推定相続人の廃除の遺言があったときも、同様であるとの規定が設けられている（民895①）。これは、相続開始後の推定相続人の廃除の手続の確定前に廃除請求されている者が相続財産を処分した場合、その後に廃除の審判が確定すれば、その財産処分は無効となるし、また、廃除の取消請求がある場合に、廃除の取消し前に、代襲相続人や次順位相続人が遺産分割をしてしまった場合、被廃除者の利益が害されることから、このような事態を防ぐために設けられたものである（新注釈民法(19)176頁〔冷水登紀代〕）。この処分は、相続財産の管理に関する処分と類似する面があるが、制度の趣旨が異なるので、ここではこれ以上触れないこととする。

イ　相続財産の保存のための必要性が肯定される場合
（ア）　相続人が判明している場合

相続人が相続財産に注意を加えない場合、相続人が遠隔地に居住している場合、所在不明の場合、共同相続人間の紛争により管理が困難な場合などに必要性が肯定される（新注釈民法(19)219頁〔幡野弘樹〕）。

（イ）　限定承認がされた場合

限定承認がされた場合、相続財産の清算手続が終了するまでは相続人の管理義務は継続するので、相続人が管理者として不適当な場合や管理を行うことが困難な事情があるときに要件を満たす（新注釈民法(19)220頁〔幡野弘樹〕）。共同相続の場合、職権で、相続人中から相続財産清算人が置かれるが（民936①）、この場合も、相続財産管理人の選任はできる（新注釈民法(19)217頁〔幡野弘樹〕）。

（ウ）　相続人の存在が明らかでない場合

相続人の存在が明らかでない場合においても、必要性が認められれば、上記処分が認められる。相続放棄により、相続人不存在となった場合、放棄者は、占有している財産について保存義務を有するが、相続財産管理人の選任を申し立てることができ、選任された管理人に相続財産を引き渡してその保管義務を免れることができる（新注釈民法(19)221頁〔幡野弘樹〕）。放棄者は、相続人の存在が明らかでない場合の相続財産清算人選任を求めることもできるが（第1章1－4（2）イ）（新注釈民法(19)787頁〔常岡史子〕）、放棄者にとっては清算の必要がないので、相続財産管理人選任の方法が選ばれることが多かろう。

ウ　相続財産保存に必要な処分の内容

相続財産保存に必要な処分としては、相続財産管理人の選任とその他の処分があるが、相続財産管理人の選任の処分が一般的に行われる。

その他の処分としては、財産の封印、換価その他の処分の禁止、占有移転禁止、財産目録の調整・提出などがある（新注釈民法(19)224頁〔幡野弘樹〕）。

第3章　遺産分割前の相続財産の管理等　　75

　エ　相続財産管理人

　（ア）　相続財産管理人選任手続等

　申立人となるのは、利害関係人又は検察官である。利害関係人は、法律上の利害関係がある者である。共同相続人、包括受遺者も利害関係を肯定される（新注釈民法(19)222・223頁〔幡野弘樹〕）。管轄は、相続が開始した地を管轄する家庭裁判所である（家事190の2）。

　相続財産管理人となる資格には制限はない。相続人を選任することも可能である。

　選任は審判でされ、認容却下いずれの審判にも即時抗告できない。

　（イ）　相続財産管理人の権限

　管理人の権限は、保存行為、物又は権利の性質を変えない範囲内の利用行為・改良行為に限られ、これを超える行為をするには、家庭裁判所の許可を必要とする（民897の2②・28）。

　（ウ）　相続財産管理人の義務

　主なもののみ述べる。管理者は、善良な管理者の注意義務を負う（家事190の2②・125⑥、民644）。

　管理すべき財産目録の作成をしなければならない（民897の2②・27①）。

　家庭裁判所は、財産の状況の報告及び管理の計算を命ずることができる（家事190の2②・125②）。

　家庭裁判所は、財産の管理及び返還について相当の担保を立てさせることができる（民897の2②・29①）。また、家庭裁判所は、その提供した担保の増減、変更又は免除を命ずることができる（家事190の2②・125④）。

　（エ）　相続財産管理人の管理事務の終了

　家庭裁判所は、相続人が財産を管理することができるようになったとき、管理すべき財産がなくなったとき（家庭裁判所が選任した管理

人が管理すべき財産の全部が供託されたときを含む。)、その他財産の管理を継続することが相当でなくなったときは、相続人、管理人若しくは利害関係人の申立てにより又は職権で、管理人の選任その他の財産の管理に関する処分の取消しの審判をしなければならない（家事190の2②・125⑦）。

（2）　遺産分割事件を本案とする仮の処分として相続財産管理者の選任等

遺産分割の調停事件又は審判事件が係属する場合に利用できる。

　ア　相続財産管理者の選任

家庭裁判所は、遺産の分割の審判又は調停の申立てがあった場合において、財産の管理のため必要があるときは、申立てにより又は職権で、担保を立てさせないで、遺産の分割の申立てについての審判が効力を生ずるまでの間、財産の管理者を選任し、又は事件の関係人に対し、財産の管理に関する事項を指示することができる（家事200①）。これにより選任される財産の管理者を相続財産管理者と呼ぶが、相続財産管理人と区別するため、遺産管理者又は遺産管理人と呼ばれることも多い。

　イ　相続財産管理者選任の要件

　（ア）　相続財産管理者選任の要件は、①遺産の分割の審判又は調停の申立て（これを本案とする）があること、②本案の審判の認容の蓋然性があること、③財産管理のため必要があること（保全の必要）である（家事200①）。

本案認容の蓋然性は、遺産分割の対象となる財産が存在し、申立人が遺産を受けられる地位にあることで疎明される。

　（イ）　財産管理のため必要があるときとは、財産の管理ができず、又は管理が不適切であるため、後日の審判が適正にされなくなったり、強制執行による権利の実現が困難になるおそれのある場合である（田中ほか・諸問題374頁）。

必要がある場合として、次の場合が挙げられる（片岡武ほか『家庭裁判所における成年後見・財産管理の実務〔第2版〕』208頁（日本加除出版、2014））。

① 共同相続人が、遺産の管理をできない場合

② 遺産を管理する共同相続人が、他の相続人の同意を得ずに遺産を消費、廃棄、棄損している場合

③ 遺産を管理する共同相続人が、地代、家賃などの賃料の取立てをしない場合

④ 遺産を管理する共同相続人が、家屋の修繕などをしない場合

⑤ 共同相続人の一人が、他の相続人を無視して不適切な管理をしている場合

⑥ 遺産を管理する共同相続人が、過去において、他の相続人の同意を得ないで遺産を消費している場合

　ウ　相続財産管理者選任の手続

職権による場合と申立てによる場合がある。申立人は、本案事件の申立人に限定されない。管轄は、本案が係属する裁判所である。

申立てにおいては、これを求める事由を明らかにし、これを疎明する必要がある（家事106①②）。保全処分を求める事由は、一般的には本案認容の蓋然性及び保全の必要性である。

相続財産管理者は、共同相続人の中から選任することも可能であるが、紛争当事者の一方を選任することは避けるべきであり、実務では、弁護士から選任されることが多い。

　エ　相続財産管理者の地位・権限

相続財産管理者は、相続人の法定代理人である（最判昭47・7・6民集26・6・1133）。

相続財産管理者は、保存行為のほか、物又は権利の性質を変えない範囲内で、その利用又は改良を行う権限を有し、家庭裁判所の許可を得て、権限外の行為を行うことができる（家事200④、民28・103）。

オ　相続財産管理者の改任

家庭裁判所は、いつでも、選任した管理者を改任することができる（家事200④・125①）。

カ　相続財産管理者の任務終了

遺産分割審判の効力が生じたときである。

なお、遺産分割の申立てが却下されたときは、その審判の効力が生じたとき（申立人への告知時）に仮の処分の効力が失効するので、管理者の任務も終了する（金子・逐条解説753頁）。任務が終了したときは、相続財産管理者は、管理の計算をし、相続財産は、審判等によってこれを取得すると定められた相続人に引き渡す。

（3）　所有者不明土地・建物管理制度

所有者等不明の財産についての管理者制度としては、不在者の財産管理人制度（民25①）、相続人不存在の場合の相続財産清算人（民952①）があるが、これに加えて、令和3年の法改正によって、所有者不明土地・建物管理制度が設けられた（民264の2）。遺産共有の状態にある不動産にも適用される。

ア　所有者不明土地管理命令及び所有者不明建物管理命令

（ア）　裁判所は、所有者を知ることができず、又はその所在を知ることができない土地（土地が数人の共有に属する場合にあっては、共有者を知ることができず、又はその所在を知ることができない土地の共有持分）について、必要があると認めるときは、利害関係人の請求により、その請求に係る土地又は共有持分を対象として、所有者不明土地管理人による管理を命ずる処分をすることができる（民264の2①）。これを所有者不明土地管理命令という。

（イ）　また、同様に裁判所は、所有者を知ることができず、又はその所在を知ることができない建物（建物が数人の共有に属する場合にあっては、共有者を知ることができず、又はその所在を知ること

ができない建物の共有持分）について、必要があると認めるときは、利害関係人の請求により、その請求に係る建物又は共有持分を対象として、所有者不明建物管理人による管理を命ずる処分をすることができる（民264の8①）。これを所有者不明建物管理命令という。

　（ウ）　利害関係人が申立人となる。遺産共有不動産の一部の共有者の所在不明又は所在不特定である場合の他の共有者（共同相続人）は利害関係が認められる。所有者不明土地等を取得して適切な管理をしようとする者（公共事業実施者や民間買受希望者を含む。）も利害関係が認められる（齋藤毅「新しい所有者不明土地等管理制度の実務運用について」家判43号35頁）。

　（エ）　管理命令が認められるのは、必要があると認められる場合であり、既に不在者の財産管理人や相続財産清算人が存在する場合には、その必要性は認められない。遺産分割手続の必要から、不在者の財産管理人が選任された場合は、管理命令は取り消される。

　イ　管理命令の効力

　（ア）　所有者不明土地管理命令の効力は、当該所有者不明土地管理命令の対象とされた土地又は共有物である土地にある動産（当該所有者不明土地管理命令の対象とされた土地の所有者又は共有持分を有する者が所有するものに限る。）に及ぶ（民264の2②）。

　（イ）　所有者不明建物管理命令の効力は、当該所有者不明建物管理命令の対象とされた建物又は共有物である建物にある動産（当該所有者不明建物管理命令の対象とされた建物の所有者又は共有持分を有する者が所有するものに限る。）及び当該建物を所有し、又は当該建物の共有持分を有するための建物の敷地に関する権利（賃借権その他の使用及び収益を目的とする権利（所有権を除く。）であって、当該所有者不明建物管理命令の対象とされた建物の所有者又は共有持分を有する者が有するものに限る。）に及ぶ（民264の8②）。

ウ　管理人の選任

　裁判所は、所有者不明土地管理命令をする場合には、所有者不明土地管理人を選任し（民264の2④）、所有者不明建物管理命令をする場合には、所有者不明建物管理人を選任しなければならない。選任は各管理命令においてされる（民264の8④）。

エ　管理人の権限等

　（ア）　各管理人は、各管理命令の対象及びその効力が及ぶ不動産又は共有持分に対する管理処分権を専属するほか、管理人が取得した財産の管理処分権を専属する（民264の3①・264の8⑤）。そこで、管理命令が発せられた場合には、所有者不明土地又は建物に関する訴えについては、各管理人が原告又は被告となる（民264の4・264の8⑤）。

　（イ）　管理人は、保存行為又は性質を変えない範囲内の利用又は改良を目的とする行為をする権限を有するが、この範囲を超える行為をするには、裁判所の許可を得なければならない。ただし、この許可がないことをもって善意の第三者に対抗することはできない（民264の3②・264の8⑤）。

　管理人は、対象土地建物の所有者（その共有持分を有する者を含む。）のために、善良な管理者の注意をもって、その権限を行使しなければならない（民264の5①・264の8⑤）。

　数人の者の共有持分を対象として所有者不明土地又は建物の管理命令が発せられたときは、管理人は、当該管理命令の対象とされた共有持分を有する者全員のために、誠実かつ公平にその権限を行使しなければならない（民264の5②・264の8⑤）。

　（ウ）　管理人がその任務に違反して所有者不明土地等に著しい損害を与えたことその他重要な事由があるときは、裁判所は、利害関係人の請求により、管理人を解任することができる（民264の6①・264の8⑤）。

第3章　遺産分割前の相続財産の管理等　　81

所有者不明土地管理人は、正当な事由があるときは、裁判所の許可を得て、辞任することができる（民264の6②・264の8⑤）。

　（エ）　管理人は、裁判所が定める額の費用の前払及び報酬を受けることができる（民264の7①・264の8⑤）。

管理に必要な費用及び報酬は、所有者不明土地建物等の所有者（その共有持分を有する者を含む。）の負担である（民264の7②・264の8⑤）。

3－4　相続人全員の合意のない相続不動産の使用等

相続人全員の合意のない相続財産の処分については、後記**第8章**参照。

（1）　第三者による相続財産の占有等

　ア　持分に基づく妨害排除請求

第三者が相続財産を権原なく占有するなどの場合、妨害排除請求は、各相続人が単独でこれを行使できる。

　（ア）　第三者が相続財産を不法に占有する場合、各相続人は、単独で、当該不動産の返還を請求できる。

　（イ）　第三者が不法に被相続人から所有権移転登記を経由している場合、各相続人は、単独で、その抹消登記手続を請求することができる。

　（ウ）　共同相続した不動産について、相続人の一人が勝手に単独所有権取得の登記をし、更に第三取得者へ移転登記手続をした場合、他の相続人は、その法定相続分による持分を第三取得者に登記なくして対抗でき、当該不動産につき、その持分について一部抹消（更正）登記手続を求めることができるが、各登記の全部抹消を求めることは許されない（最判昭38・2・22判時334・37）。

　イ　共有権に基づく請求

共有権に基づく請求は共有者全員が共同してすることになる。

不法に相続財産を占有する第三者に対し、共同相続人が共同してその相続財産の返還を求めることも当然に可能である。返還自体は前記のように各相続人が単独で求めることが可能であるが、共同して請求した場合には、権原を主張する抗弁に対し、解除の再抗弁を出すことも容易になるし、相続財産を処分する形での和解なども容易となる。

占有する第三者に対し、被相続人が権利を有する場合、相続人は当然相続により承継した権利を行使することができるが、被相続人の占有により取得時効が完成した場合における取得時効の援用については、その共同相続人の一人は、自己の相続分の限度においてのみ時効を援用することができる（最判平13・7・10判タ1073・143）。

（2）　一部相続人による相続財産の占有等

ア　共同相続人の一人が相続開始前から占有権原なく単独で相続財産を占有する場合

共同相続人は他の相続人との協議を経ないで当然に相続財産を単独で占有する権原を有するものでない。しかし、従前は、その相続人は、少数持分権者であっても、自己の持分によって、共有物を使用収益する権原を有し、これに基づいて共有物を占有するものと認められるから、当然にその明渡しを請求することができるものではないとされ（最判昭41・5・19民集20・5・947）、明渡しを求めることができる場合については、学説は、共有者（相続人）全員による合意がなければ明渡請求はできないとするものが多かった（新版注釈民法（7）448頁〔川井健〕、能見善久＝加藤新太郎編『論点体系判例民法2物権〔第3版〕』337頁〔平野裕之〕（第一法規、2018））。しかるところ、令和3年の改正法は、共有物を使用する共有者があるときも、各共有者の持分の価格に従い、その過半数で決するとしたので（民252①後段）、他の共有者は、多数決によって、占有する共有者の退去を求めることが可能となった。

第3章　遺産分割前の相続財産の管理等　　83

占有者の使用は、自己の持分を超えるので、これを超えた部分は不当利得又は不法行為となり、賃料相当額の不当利得金ないし損害賠償金の支払義務がある（最判平12・4・7判時1713・50）。

　　イ　共同相続人の一人が相続開始後に占有権原なく単独で相続財産を占有する場合

従前から、相続開始後の権原のない占有については、持分過半数により、現占有者の占有を排除する旨を決めれば、明渡しを求めることができるとする説が有力であった（北野俊光「遺産分割―遺産の管理」判タ臨時増刊996号123頁（1999）、富越和厚「共有者の一部の者から共有物の占有使用を承認された第三者に対するその余の共用者からの明渡請求の可否」ジュリスト918号79頁（1988）、田中ほか・諸問題340頁）。そして、前記のとおり、令和3年の改正法はこれを可能とした。

　　ウ　共同相続人の一人が相続財産である建物において被相続人と同居しており、相続開始後も引き続き同建物に居住してこれを占有する場合

占有相続人の建物使用は、被相続人の占有補助者としてのものであり、利用権が設定されていないのが通常である。しかし、同居してきた相続人が相続開始とともに建物から退去しなければならないとすることは、当該相続人にとって過酷なこともある。

共同相続人の一人が相続開始前から被相続人の許諾を得て遺産である建物において被相続人と同居してきたときは、特段の事情のない限り、被相続人と右同居の相続人との間において、被相続人が死亡し相続が開始した後も、遺産分割により右建物の所有関係が最終的に確定するまでの間は、引き続き右同居の相続人にこれを無償で使用させる旨の合意があったものと推認され、被相続人が死亡した場合は、この時から少なくとも遺産分割終了までの間は、被相続人の地位を承継した他の相続人等が貸主となり、右同居の相続人を借主とする右建物の

使用貸借契約関係が存続することになるものというべきである。建物が右同居の相続人の居住の場であり、同人の居住が被相続人の許諾に基づくものであったことからすると、遺産分割までは同居の相続人に建物全部の使用権原を与えて相続開始前と同一の態様における無償による使用を認めることが、被相続人及び同居の相続人の通常の意思に合致するといえるからである（最判平8・12・17民集50・10・2778）。

この使用貸借契約関係の成立は、内縁の夫婦がその共有する不動産を居住又は共同事業のために共同で使用してきた場合にも推認される（最判平10・2・26民集52・1・255）。

ただし、前掲最高裁平成8年12月17日判決は、居住用として利用可能な建物について判断したものであり、その射程は土地、非居住用建物には及ばないし、相続人が被相続人の承諾を得ないで同居していた場合、建物が相続人や第三者に特定遺贈された場合、相続させる遺言により特定の相続人が相続した場合には及ばない（野山宏・判解（平成8年度）1004頁）。

使用貸借契約が認められる場合でも、用法違反等の解除事由があれば、解除（管理行為であるから持分による多数決が必要）の上、明渡しを求めることができる。

使用貸借契約が認められる場合、当該相続人は、その使用料相当額を支払う義務がないのは当然である。

　　エ　共同相続人の一人が相続開始前から被相続人との使用貸借契
　　　　約によって相続財産を占有する場合

使用貸借契約は、貸主が死亡しても終了しない。しかし、当事者が使用貸借の期間並びに使用及び収益の目的を定めなかったときは、貸主は、いつでも契約の解除をすることができる（民598②）。当事者が使用貸借の期間を定めたときは、その期間の満了まで（民597①）、使用及び収益の目的を定めたときは、借主がその目的に従い使用及び収益を終えるまで（民597②）は、明渡しを求めることができない。ただし、使

第3章　遺産分割前の相続財産の管理等　　85

用及び収益の目的を定めたときでも、使用及び収益をするのに足りる
期間を経過したときは契約を解除することができるし（民598②）、借主
に用法違反があった場合にも解除が可能である（民594③）。解除は、管
理行為であり、持分の過半数で行うことができる。

　　オ　共同相続人の一人が、相続開始後に、相続人間の決定に基づ
　　　　いて共有相続財産を使用する場合
　この場合でも、共有者は、各共有者の持分の価格に従い、その過半
数で、その退去を求めることが可能であるが、占有する共有者に特別
の影響を及ぼすべきときは、その承諾を得なければならない（民252③）。
特別の影響とは、対象となる共有物の性質に応じて、決定の変更をす
る必要性と、その変更等によって共有物を使用する共有者に生じる不
利益とを比較して、共有物を使用する共有者に受忍すべき程度を超え
て不利益を生じさせることをいい、具体的事案に応じて判断される。

　　カ　共同相続人の一人から相続開始後に使用を許諾された第三者
　　　　が相続財産を占有する場合
　相続財産の賃貸借契約の締結は、相続財産の変更行為であり、相続
人全員の合意が必要である。使用貸借契約の場合でも、容易に解除で
きない期間や使用収益目的があるものは、変更行為に当たるので、や
はり相続人全員の合意が必要である。そこで、第三者は、使用を許諾
しなかった相続人に対しては、その排他的占有権原を主張できない。
第三者の占有が一部の相続人の持分に基づくものである場合に明渡請
求を否定した判例（最判昭63・5・20家月40・9・57）は、令和3年の改正
によって意味を失ったといえる。

（3）　一部の相続人が、相続財産からの果実を収受する場合
　相続開始後に相続財産を管理して得られた果実は、相続財産ではな
く、これとは別に相続分に応じて分割取得される。なお、その帰属は、
その後の遺産分割によって影響を受けない（最判平17・9・8民集59・7・
1931）。

（4）　共同相続人の一人が、相続財産に変更を加えた場合

　共同相続人の一人が、相続財産に変更を加えた場合、他の相続人は、その差止めを求めることができ、また、原状回復請求も、これを不可能とする特段の事情がない限り、可能である。

3－5　設問の検討

（1）　設問1について

　Y2は、Aの生前からAと同居しており、その同居がAの承諾がないものであったとの立証はないので、AとY2との間において、Aが死亡し相続が開始した時から少なくとも遺産分割終了までの間は、Aの地位を承継した他の相続人が貸主となり、Y2を借主とする本件不動産①（建物部分）の使用貸借契約関係が存続することになり、Y2に明渡義務はない。

（2）　設問2について

　設問1に述べたように、Y2と他の相続人との間に使用貸借契約が認められるので、Y2には、使用料を支払う義務はない。

（3）　設問3について

　Y1の不動産②の占有は、無断であり、その相続分を超えてこれを使用する権原はない。従前は、持分の範囲では、使用権原を有するので、X、Y2は、明渡しを求めることはできないと考えられていたが、令和3年の民法改正により、管理に関する事項は、共有物を使用する共有者があるときでも各共有者の持分の価格に従ってその過半数で決するとされたので（民252①）、設問では時期が明らかでないが、改正法施行の令和5年4月1日以降は、XとY2の持分合計は2分の1を超えるのでXとY2は、両名の合意によって明渡しを求めることができ、また、Y1の持分を超える使用は、X、Y2に対する不当利得となるので、Y1は賃料相当額（ただし、X、Y2の持分に相当する額）を

第3章　遺産分割前の相続財産の管理等　　87

支払う義務がある。

（4）　設問4について

　保全処分としての相続財産管理者の選任が認められるためには、①遺産の分割の審判又は調停の申立てがあること、②本案の審判の認容の蓋然性があること、③財産管理のために必要があることについて疎明されなければならない。XとY2は、遺産分割の調停を申し立てているので、①の要件は満たされている。②の要件については、X、Y2に具体的相続分はない場合であっても、遺産分割手続は不適法とならず、遺産分割の審判はされるので、このような場合においても②の要件は満たされたといえる。

　次に、③の財産管理のための必要性であるが、共同相続人の一人が、他の相続人を無視して不適切な管理をしている場合には、その必要性が肯定されるところ、本件では、Y1は、不動産②に勝手に住んだり、不動産③の賃借人らから徴収した賃料や不動産④の駐車場の収益を明らかにしないというのであるから、その管理は不適切といえ、申立ては認められる可能性が高い。

第 4 章

遺産分割の申立て

第4章　遺産分割の申立て

| 設　例 | 調停の管轄、入院中の者・海外居住者に対する申立て |

　Aは、令和元年6月1日、京都市において死亡した。Aの妻Bは既に死亡しており、AB間には、X1、X2の子がおり、また、Aとその先妻との間にY1、Y2、Y3の子がいる。葬儀終了後、X1は、遺産分割の協議を試みたが、Y1は、これに応じない。Y1は、横浜に居住し、Y2は、従前Aと同居していたが、その後出奔し、所在が分からず、その生死も不明である。Y3は、一時東京都に居住していたが、現在は、ブラジルに居住している。

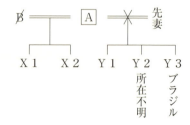

| 設　問 |

1　X1とX2は、大阪市に居住しているので、大阪の裁判所に調停の申立てをしたいと考えている。X1は、大阪の家庭裁判所に遺産分割の申立てをすることができるか。
2　Xらが、横浜家庭裁判所に調停の申立てをする場合、申立時又は調停期日に横浜家庭裁判所に出頭する必要があるか。
3　X1とX2は、共同して申立てをしたいと考えているが、手続代理人は同じ弁護士でよいか。
4　X1は、X2ほかを相手方として、大阪家庭裁判所に調停の申立てをした。ところが、Y1は、申立ての1か月前に交通事故に遭い、現在意識不明で、退院の見通しはないという。X1は、相続税の申告期限もあり、早期の解決を望んでいるが、手続はどのように進められるか。
5　外国居住者がいる場合の調停は、どのように進められるか。

第4章　遺産分割の申立て

解　説

4－1　遺産分割の申立て

（1）　遺産分割の意味

遺産分割とは、相続人が数人いて共同相続が生じた場合に、遺産の帰属を確定する手続である。遺産がある場合、共同相続人は、遺言によって禁止された場合等を除き、いつでも遺産の分割をすることができ、その協議が調わないとき、あるいは協議ができないときは、その分割を家庭裁判所に申し立てることができる（民907①②）。

（2）　遺産分割の当事者

ア　申立人

遺産分割は、相続によって共有となっている遺産の分割を求めるものであるから、共有者すなわち相続分を有する者全員が必要的に当事者となる。

遺産分割の申立権者は、遺産分割の当事者となる者である。共同相続人は原則的にこれに該当する。具体的相続分がない相続人も申し立てることは妨げられないし、相続分がない旨の証明書を提出した者も申し立てることができる。

相続分を他に譲渡した相続人（相続分譲渡人）は、相続分を失うから、当事者たる地位を失い、申立権はない（大阪高決昭54・7・6家月32・3・96）。ただし、譲渡人が遺産について共同相続による登記名義を有する場合は、利害関係人として手続に参加させる（吉本俊雄「相続分・持分の譲渡と遺産分割」別冊判タ8号200頁、新版注釈民法（27）348頁〔伊藤昌司〕）。他方、相続分譲受人が申立権を有する。

なお、遺産を構成する特定不動産の共有持分を他に譲渡しただけの持分譲渡人はなお相続分を有し、遺産分割の当事者から除外されるわけではない。

包括受遺者は、相続人と同一の権利義務を有するから（民990）、申立権を有する（新版注釈民法（27）349頁〔伊藤昌司〕）。ただし、全部包括遺贈の場合、遺贈財産が特定され、特定遺贈と変わらないので、これによって遺産分割の必要がなくなる。

　　イ　相手方

遺産分割は、遺産分割の当事者となる者全員を当事者としなければならないので、申立人とならなかった者全員を相手方とする必要がある。一人でも欠けると、申立ては不適法となる。

　　ウ　その他

　　▶遺言執行者は遺産分割に参加できるか

申立てをするために、意思能力及び行為能力を要することは当然である。

遺言執行者は、遺言の内容を実現するため、相続財産の管理その他遺言の執行に必要な一切の行為をする権利義務を有するので（民1012）、遺言の執行に必要な場合に当事者参加できるとの説が有力であるが（潮見・詳解相続法304頁、片岡＝管野・遺産分割実務14頁）、利害関係参加で足りるとの説も有力である（新版注釈民法（27）337頁〔伊藤昌司〕）。

また、相続人が破産した場合に相続人はその財産の管理処分権を失うので、破産管財人が非訟担当として遺産分割手続に参加できる（片岡＝管野・遺産分割実務10頁）。

（3）　当事者の法定代理人

　　▶任意後見契約において代理権の付与がない場合の手続はどのように進められるか

申立ては、代理人においてすることができる。

相続人の意思能力又は行為能力がない場合には、後見人が法定代理人として、その遺産分割に関与する。

任意後見人については、遺産分割についての代理権が付与されてい

れば（任意後見契約の代理権目録に遺産分割を要し、訴訟行為のみでは代理権が認められない（任意後見契約に関する法律第3条の規定による証書の様式に関する省令②)。）、法定代理人として遺産分割において被後見人を代理できる。なお、任意後見契約において代理権が付与されていない場合は、本人の意思能力に問題があるから、成年後見制度用の診断書の提出が求められ、成年後見人や保佐人の選任が必要となる。

不在者については、不在者財産管理人が、相続人不存在の場合は相続財産清算人が、未成年者は、親権者又は未成年後見人が法定代理する。

特別代理人（家事19）は遺産分割事件においては認められない（村井みわ子「遺産分割事件のケース研究第3回事例検討③実務上散見される主張を中心とした研究」家判23号124頁（2019））。

（4）　手続代理人

▶弁護士以外の者を手続代理人にすることができるか

ア　手続代理人の選任

家事事件も訴訟事件と同様に、資格のある代理人によって手続行為をすることができる。手続代理人は、法令により裁判上の行為をすることができる代理人のほかは、弁護士でなければならないが、家庭裁判所の許可を得れば、弁護士でない者を手続代理人とすることができる（家事22①）。ただし、許可されることはほとんどないといわれる（山城司『Q＆A遺産分割事件の手引き』33頁（日本加除出版、2022））。

手続代理人の選任は、委任契約である。

なお、任意代理においても、一人の弁護士が複数の相続人の代理人となることは遺産分割においては双方代理となる。双方代理は原則として無効であるが、あらかじめ本人が許諾している場合には有効である（民108①ただし書）。しかし、現実に利害対立が生じるときは（委任者の一人について寄与分の申立てをする場合などは明らかに利害が反す

る。）、双方代理を解消するのが望ましい。

　イ　手続代理人の代理権の範囲

　　（ア）　一般授権事項

　手続代理人は、委任を受けた事件について、参加、強制執行及び保全処分に関する行為をし、かつ、弁済を受領することができる（家事24①）。

　　（イ）　特別授権事項

　手続代理人は、次の事項については、特別の委任を受けなければならない。ただし、家事調停の申立てその他家事調停の手続の追行について委任を受けている場合において、次の②の手続行為をするときは、特別の委任は必要ない（家事24②）。

①　家事審判又は家事調停の申立ての取下げ

②　調停の合意（家事268①）若しくは合意に相当する審判における合意（家事277①一）、調停条項案の受諾（家事270①）又は調停に代わる審判に服する旨の共同の申出（家事286⑧）

③　審判に対する即時抗告、特別抗告（家事94①、同288において準用する場合を含む。）、許可抗告（家事97②、同288において準用する場合を含む。）又は合意の相当する審判に対する異議申立て（家事279①）若しくは調停に代わる審判に対する異議申立て（家事286①）

④　③の抗告（即時抗告を含む。）、申立て又は異議の取下げ

⑤　代理人の選任

　　（ウ）　手続代理人の代理権の制限

　弁護士である手続代理人の代理権は、制限することができない。弁護士でない手続代理人については、制限できる（家事24③）。

　ウ　手続代理人の代理権の消滅

　手続代理人の代理権の消滅は、遺産分割事件では、審判、調停とも、本人又は代理人から他方の当事者に通知しなければ、その効力を生じ

第4章　遺産分割の申立て　　95

ない（家事25）。

　　エ　その他（民事訴訟法の準用）

　手続代理権は、次の事由によっては消滅しない（家事26、民訴58①）。

① 　当事者の死亡又は手続能力の喪失

② 　当事者である法人の合併による消滅

③ 　当事者である受託者の信託に関する任務の終了

④ 　法定代理人の死亡、手続能力の喪失又は代理権の消滅若しくは変
　　更

４－２　手続の流れ

　（１）　申立て

　　ア　審判の申立てと調停の申立て

　　　▶調停を経ずに遺産分割の審判の申立てをすることができるか

　遺産分割の家庭裁判所における手続としては、調停と審判がある。
当事者は、いずれをも申し立てることができるが、直接審判が申し立
てられた場合、家事調停を行うことができる事件については、当事者
間の話合いを通じた合意による自主的かつ円満な解決が望ましいこと
から、裁判所は、当事者（相手方の陳述がされる前は、申立人）の意
見を聴いて、いつでも職権で事件を家事調停に付することができる（家
事274①）。これを付調停という。当事者の意見は、聴取すれば足り、同
意までは必要ない。そこで、調停を行うことが困難である場合を除い
て、原則として、調停に付される。事件が調停に付された場合、通常、
審判手続は中止される（家事275②）。

　　イ　申立ての手続

　　　（ア）　申立ての方法

　調停、審判のいずれについても、申立書を家庭裁判所に提出して申
し立てる（家事49①・255①）。申立てにより立件され、件数の基準は、被

相続人である（「事件の受付及び分配に関する事務の取扱いについて」（平4・8・21最高裁総三26事務総長通達）、最高裁判所事務総局家庭局監修『家事事件手続法執務資料』67頁（司法協会、2013））。

　提出は、郵便によることはできるが、ファクシミリによる提出はできない（家事規2①一）。なお、令和4年の民事訴訟法等の一部を改正する法律（令和4年法律第48号。施行日は、公布（令和4年5月25日）から4年以内の政令で定める日）により、訴えの提起をオンラインで行うことが可能となり、家事事件の申立てについても同様の方法で提起が可能となる（家事38）。

　　　（イ）　申立書の記載事項・添付書面

　申立書には、審判、調停のいずれも、①当事者及び法定代理人、②申立ての趣旨及び理由（家事49②・255②）、③事件の実情（家事規37・127）を記載しなければならない。家事審判、調停の申立書が上記の記載事項を欠く場合には、裁判長は、相当の期間を定め、その期間内に不備を補正すべきことを命じなければならず（補正命令）、申立ての手数料を納付しない場合も同様である（家事49④・255④）。申立人が不備を補正しないときは、裁判長は、命令で、申立書を却下する（家事49⑤・255④）。この命令に対しては、即時抗告をすることができる（家事49⑥・255④）。

　申立書に添付する書面は、相続を証する書面、遺産を証する書面、管轄等を証する書面等である（各裁判所処理要領）。遺産分割の対象となる遺産は特定を要し、不動産の場合は、登記事項証明書により特定し、未登記建物は固定資産評価証明書等によって特定する。預貯金債権は、金融機関名（ゆうちょ銀行以外は支店名も必要）、預貯金の種別、口座番号によって特定できるが、相続開始時の残額も必要である。

　　　（ウ）　二重申立て

　同じ内容の申立て（被相続人等が同じ。）が、同じ当事者からされた

第4章　遺産分割の申立て　　97

ときは、後の申立ては、申立ての利益がないから、不適法として却下される。同じ内容の申立てが異なる当事者からされた場合、二重申立てであるが、直ちに不適法とされるものではなく、併合して審理される。

　　ウ　一部分割の申立て
　　　▶遺産の一部についての遺産分割が申し立てられた場合、その手続では、その他の遺産の分割を求めることはできないか
　　　▶一部分割において、特別受益の持戻し、相続開始後に処分された遺産を遺産とみなすことは可能か
　　　▶一部分割の申立てが認められない場合があるか

　遺産の一部の分割の申立ても可能である（民907②）。これは、当事者が現時点での分割を希望する一部の遺産のみの分割申立てが可能であることを明らかにしたもので、平成30年の改正によって設けられた。これを一部分割という。一部分割の申立てがされた場合は、遺産分割の対象となる遺産の範囲は特定されたものに限定されるが、他の当事者が遺産分割手続中に他の遺産又は全部の遺産の分割を求める場合は、新たな申立てをすることによって（金子・一問一答88頁注2）、遺産分割の対象となる遺産の範囲は他の遺産又は遺産全部に拡張される。一部分割において特別受益や相続開始後処分された財産等のみなし遺産を遺産分割の対象とすることは、制限されていない。

　一部分割の申立ては、遺産の一部を分割することにより他の共同相続人の利益を害するおそれがある場合には不適法となる（民907②ただし書）。当事者の特別受益の内容、代償金の支払による解決の可能性やその資力の有無などの事情を総合考慮して、一部分割をすることにより最終的に適正な分割を達成し得るという明確な見通しが立たない場合は、他の共同相続人の利益を害するおそれがある場合に該当するとされる（金子・一問一答90頁）。一部分割後の残余財産の分割において申

立人にその能力を超える代償金が生じるなど、他の相続人に申立人の無資力の負担を負わせるような場合は、他の共同相続人の利益を害するおそれがある場合となる（金子・一問一答90頁、脇田奈央「遺産分割事件のケース研究第8回事例検討⑧債務名義としての調停に代わる審判の検討を踏まえた研究」家判33号134頁（2021））。一部分割後の残余財産の分割については、**第13章13-6を参照。**

　エ　申立ての取下げ

　　（ア）　遺産の分割の審判の申立ては、審判が確定するまでは取り下げることができるが（家事82②）、相手方が本案について書面を提出し、又は家事審判の手続の期日において陳述をした後にあっては、相手方の同意を得なければ、その効力を生じない（家事199・153）。また、相続開始の時から10年を経過した後にあっては、相手方の同意を得なければ、その効力を生じない（家事199②）。

　　（イ）　家事調停の申立ては、家事調停事件が終了するまで取り下げることができる。ただし、遺産の分割の調停の申立ての取下げは、相続開始の時から10年を経過した後にあっては、相手方の同意を得なければ、その効力を生じない（家事273①②）。

　　（ウ）　なお、審判、調停とも、取下げに相手方の同意を要する場合、家庭裁判所は、取下げが相手方が出頭する期日に口頭でされた場合を除き、申立ての取下げがあったことを相手方に通知し（家事82③・273③）、相手方がこの通知を受けた日、又は相手方が出頭する期日に取下げが口頭でされた場合の期日から2週間以内に異議を述べないときは、申立ての取下げに同意したものとみなされる（家事82④・273③）。

　　（エ）　取下げがあった部分については、初めから係属していなかったものとみなされる（家事82⑤・273③、民訴262①）。遺産分割事件を取り下げた場合、再度の申立ては可能であるが、相続開始から10年を経過した場合には、具体的相続分による遺産分割を求めることができ

第4章　遺産分割の申立て　　99

なくなる。

（2）　管　轄

▶自分の住所地の裁判所に遺産分割調停を申し立てることはできるか

ア　審判事件の管轄

審判事件は、相続が開始した地を管轄する家庭裁判所の管轄に属する（家事191①）。相続が開始した地とは、被相続人の死亡時の住所地である。また、当事者が合意（書面、電磁記録による必要がある。）で定める家庭裁判所も管轄を有する（家事66）。

イ　調停事件の管轄

調停の管轄は相手方の住所地を管轄する家庭裁判所又は当事者が合意（書面、電磁記録による必要がある。）で定める家庭裁判所である（家事245①）。相手方となる者が複数で、かつその住所地が異なる場合、そのうちの一人でも住所のある裁判所に管轄を認めることができる（家事審判規則について、昭和28年5月広島高裁管内家事審判官会同における家庭局見解・執務資料下の一30頁）。

住所とは、実際の生活の本拠であり、必ずしも住民票上の住所とは一致しない（最判平9・8・25判時1616・52）。合意による場合、専属的に定めることも、選択的に定めることも可能である。専属的でない複数の管轄裁判所がある場合、いずれの裁判所に申し立てるかは申立人の選択による。

（3）　手続選別

ア　審判事件

家事審判の申立てがあると、事件係の裁判所書記官（以下、単に「書記官」という。）において事件の受付手続を行うとともに、担当書記官において事前審査を行い、申立書及び添付書類を点検し、申立書の補正や添付書類の追完を要する場合はこれを申立人に促し（家事規38）、

任意の補正がされない場合は、補正を命じ、その補正・追完を経て、申立書の写しを相手方に送付する。また、書記官の事前準備を経て、家庭裁判所調査官（以下、単に「調査官」という。）による事前調査・手続選別（インテーク）が行われる。

　事件は、調停手続によることが相当でないものを除き、申立人の意見を聴取した上で、調停に付する。この場合は、審判手続については、中止決定し、調停期日を指定して、相手方を呼び出す。付調停としないものは、裁判長（官）が、第1回期日を指定し、当事者双方を呼び出す。

　　イ　調停事件

　調停の申立てについては、審判の申立てと同様に、事件の受付、申立書の事前審査、書記官の事前準備を経て、申立書の写しを相手方に送付する。さらに調査官による手続選別（インテーク）を経る。その上で、裁判長（官）が、職権で調停期日を指定し、調停委員会で調停を行う場合は、調停委員を指定する（家事248）。そして、当事者双方に、期日通知書ないし期日呼出状を送付する。

（4）　申立書の写しの送付・当事者の呼出し

　　ア　申立書の写しの送付

　　（ア）　家事審判の申立てがあったときは、家庭裁判所は、申立てが不適法であるとき又は申立てに理由がないことが明らかなときを除き、申立書の写しを相手方に送付しなければならない（家事67①）。この送付は、相手方の住所が不明の場合は公示送達の方法によることができる（家事36、民訴110、裁判所職員総合研修所『家事事件手続法概説』39頁（司法協会、2016））。手続説明書、照会書等をも同封して送付する扱いが多い（立田将隆＝表政則『家事事件手続法下における書記官事務の運用に関する実証的研究』540頁（裁判所職員総合研修所、2017））。

　　（イ）　また、家事調停の申立てがあった場合、家庭裁判所は、

第4章　遺産分割の申立て　　101

申立てが不適法であるとき又は家事調停の手続の期日を経ないで家事
事件手続法271条の規定により家事調停事件を終了させるときを除き、
申立書の写しを相手方に送付しなければならない（家事256①）。この送
付は、相手方の住所が不明の場合は公示送達の方法によることができ
ることは、審判手続と同様であるが（裁判所職員総合研修所・前掲118頁）、
不在者の財産管理人を選任する場合には、同財産管理人の選任を待っ
て進行すればよい。

　　　（ウ）　ただし、審判、調停のいずれも、手続の円滑な進行を妨
げるおそれがあると認められるときは、家事審判又は家事調停の申立
てがあったことの通知をすることをもって、申立書の写しの送付に代
えることができる（家事67①・256①）。

　　イ　送付の方法

　申立書の写しの送付等は、調停期日の通知書（呼出状）とともに送
付される（立田＝表・前掲109頁）。民事事件の訴状と異なって送達までは
要しない。なお、併せて、手続に関する説明書等を送付し、進行に関
する照会回答書、連絡先等の届出書の提出を求める。

　送付は、書類や物を送ることをいい、特段の方式を必要としない。
家事事件手続における書類の送付は、送付すべき書類の写しの交付又
はその書類のファクシミリを利用しての送信によってされる（家事規
26）。

　　ウ　当事者の呼出し

　　　（ア）　家事事件における期日の呼出しは、呼出状の送達、当該
事件について出頭した者に対する期日の告知その他相当と認める方法
によってされる（家事34④、民訴94①）。その他相当と認める方法による
呼出しを簡易呼出しという。

　　　（イ）　送達とは、特定の名宛て人に対し、訴訟上の書類の内容
を了知する機会を与えるため、法定の方式に従い、かつ、同時にその

公証をしつつ行う通知行為をいう（兼子一原著『条解民事訴訟法〔第2版〕』449頁（弘文堂、2011））。その方法は、送達すべき書類の謄本等を名宛人に交付して行う交付送達が原則である（民訴101、民訴規40）。送達の種類としては、他に書留郵便等に付する送達（民訴107）、公示送達（民訴110・111）がある。

　なお、送達場所等の届出が求められる。送付や送達を容易かつ確実にするためである。当事者、法定代理人又は訴訟代理人は、送達を受けるべき場所（日本国内に限る。）を受訴裁判所に届け出なければならない（民訴104①）。この場合においては、送達受取人をも届け出ることができる。この届出があった場合には、送達は、その届出に係る場所においてする（民訴104②）。

　　（ウ）　家事調停事件の期日の呼出しは、通常、簡易呼出しに該当する期日通知書を普通郵便で送付する方法でされている。ただし、簡易呼出しによった場合は、正当な理由なく出頭しない場合の過料の制裁等の不利益を帰することはできない（家事34④、民訴94②本文）。

　　エ　外国における送達

　　（ア）　送達は、国家の裁判権の行使であるから、条約、二国間の取決め、国際慣行等により外国が容認する場合にのみ実施することが可能である。多国間条約として、「民事訴訟手続に関する条約」（民訴条約）と「民事又は商事に関する裁判上及び裁判外の文書の外国における送達及び告知に関する条約」（送達条約）があり、二国間条約としては、日本国とアメリカ合衆国との間の領事条約（日米領事条約）等がある。

　外国においてすべき送達は、外国の容認があることを前提に、その国の管轄官庁に嘱託する方法とその国に駐在する日本の大使、公使若しくは領事に嘱託してする方法がある（民訴108）。これらの方法によることができない場合は、公示送達によるほかない（民訴110①三・四）。

第4章　遺産分割の申立て　　103

　　（イ）　種類としては、許容する外国に駐在する日本の外交官又は領事館に対し嘱託する領事送達、送達条約締結国間で受託国の中央当局に対し送達を要請する中央当局送達、民訴条約に基づき受託国の指定当局に送達を要請する指定当局送達、二国間共助取決め又は個別の応諾がある場合に、相手国の管轄裁判所により送達する管轄裁判所送達がある。

　　（ウ）　いずれの方法も、裁判所長から最高裁へ依頼して実施することになる（下級裁判所事務処理規則27ほか）。

　送達には長期間を要する場合もあり、相当の余裕をもって嘱託する必要がある。また、嘱託については、期日を複数指定するなど、嘱託はできるだけ一度で済むように計画的な進行を心がける必要がある。

（5）　期日の進行

　ア　段階的進行

　　▶段階的進行モデルとは何か

　遺産分割の手続は、①遺産分割の当事者となる相続人を確定し、次に、②分割の客体である遺産を確定し、③その評価をし、④寄与分、特別受益があるときはこれによって各相続人の具体的取得額を確定し、⑤遺産の分割方法を検討するという5段階の過程をたどる。東京家裁家事第5部において始められたこの5段階に従った段階的進行モデルを段階的進行モデルという（小田ほか・東京家裁運用）。

　①家事事件手続法の趣旨（当事者の手続保障、適正・迅速な紛争解決等）を踏まえた公正でわかりやすい手続進行、②遺産分割の法的枠組みを踏まえた段階的進行、③当事者に遺産分割の法的枠組みをわかりやすく説明するための各種資料の活用の3点を柱とするとされる。

　調停委員会は、事前に十分に協議し、見通しを立てて期日に臨み、遺産の範囲の早期確定を図り、裁判官を含めた定期協議を実施して、早期の解決を図るとされる。当事者には、段階的進行について説明を

記載したチャート図を交付し、これにより手続の説明、遺産分割の枠組み等を説明する。各期日の開始時には、手続の説明、期日の進行方針を、終了時には、当該期日で議論した内容、対立点、次回期日までの課題等を説明する双方立会手続説明を実施する。また、各段階において、当事者の主張を容易にかつ明確にするために定型用紙が準備されており、各段階における当事者間の合意は調書に明確化する（その実際的な運用については、家庭と法と裁判第19号から第45号までに遺産分割のケース研究として12回にわたり連載されている。）。

　イ　見通しを立てた早期進行
　　▶前提問題について合意ができないのに、当事者が調停手続にこだわる場合どのような措置がとられるか
　（ア）　遺産分割事件の大半は、調停から出発することになるので、以下は、主に調停を念頭に置いての記述となるが、段階的進行においても、調停委員会は、分割方法を意識した運営が必要である。どの段階の争点も最終的に分割を目指すためのものであるからである。そして、段階的進行において、最初の重要な課題が遺産の範囲の確定である。これを早期に行うことが、早期の解決につながることから、多くの裁判所では、第3回期日までに確定することを目標としている。
　当事者の主張は、様々なものを含むので、これを遺産分割そのものに関する主張（審判でも考慮される主張）、前提問題に関する主張、付随問題に関する主張を分けて考えることが必要である。
　（イ）　付随問題は、相続開始前の使途不明金、葬儀費用など、調停が審判移行した場合に考慮されない問題であるから、遺産の範囲を確定する期日までに当事者間の合意ができないときは、別途解決を求めることになる（使途不明金については、後記第8章8－1参照）。
　（ウ）　前提問題は、遺産分割の手続を進める上で確定していな

第4章　遺産分割の申立て　　　105

ければならない問題であり、相続人の範囲、相続分の割合、遺産の範囲等に関する争いなどがある。これらの前提問題は、その存否を最終的に確定するには訴訟事項として判決手続によらなければならないものである。しかし、家庭裁判所は、前提たる法律関係に争いがあるとき、常に訴訟の判決の確定を待ってはじめて遺産分割の審判をなすべきというのではなく、審判手続において前提事項の存否を審理判断して分割の処分を行うことは差し支えない（最判昭41・3・2民集20・3・360）。とはいえ、争いの内容によっては、遺産分割の前提として判断することができないものもあるし、また、前提問題について審判手続において審理判断して遺産分割の処分をした場合、その後の訴訟判決が家庭裁判所における判断と異なる判断をした場合、審判には既判力はなく、判決の効力が優先するので、困難な問題が生じることもある。

　そこで、現実の前提問題がある場合の進行としては、当該前提問題について現に訴訟が係属しているか、又は訴訟が提起されるのが明らかな場合に、前提問題の種類・内容、争点としての軽重・大小、争いの端緒・程度、判断の難易及び当事者の意向を考慮して、訴訟における解決を優先させるべきか、又は審判手続において前提問題を審理判断して進行すべきかを判断すべきであるといわれる（上原ほか・遺産分割145頁）。

　調停では、前提問題を合意により解決して進行することは可能であるが、合意ができず、訴訟を先行するのが相当であると認められるときは、裁判所から、申立人に対して取下げの勧告をするのが通常の扱いである（上原ほか・遺産分割145頁）。期日を追って指定として延期する方式は、その後、期日指定の申立てもされないまま、事件が長期化することとなり、許されない。当事者が、取下勧告に応じない場合は、分割禁止の審判をすることも考えられる（下方元子「前提問題の審理をめ

ぐる諸問題」判タ215題195頁、上原ほか・遺産分割146頁。遺言の効力に争いがある場合について名古屋家審令元・11・8家判29・133）。また、前提問題の内容によっては調停をしない措置（家事271）により事件を終了させる場合もある。

主なものを、次項以下に述べる。

　ウ　相続人の範囲に争いがある場合

▶相続人か否かが争われている場合にその者を除外してした遺産分割は、後に、除外された者が相続人であると確定したときは、無効となるか

遺産分割には、相続人（包括受遺者を含む。）全員が加わる必要がある。相続人か否か争いがある場合には、遺産分割の前提問題として、この点を解決する必要がある。相続人か否かの紛争の形としては、婚姻、離婚、縁組、離縁、認知などの効力が争われる場合、親子関係の有無が争われる場合、相続欠格事由が争われる場合、廃除事由の有無が争われる場合、相続放棄、相続分の譲渡又は放棄が争われる場合などがある（田中ほか・諸問題14頁）。そのうち、認知無効訴訟、離婚取消訴訟、離縁取消訴訟、嫡出否認の訴え、父を定める訴えによるものは、いわゆる形成訴訟であって、判決によって身分関係が形成されるので、審判手続において判断することはできない。また、廃除については、訴訟事項ではなく、独立した審判事件であるが、これも排除の審判によって相続資格剥奪の効果が形成されるものであるから、廃除の裁判を待たずに、家庭裁判所が遺産分割の審理を進めるには、廃除がないものとして進めることとなる。

上記のように判決等によって身分関係が形成される場合を除けば、審判手続において審理判断し、これを前提に手続を進めることは可能である。

第4章　遺産分割の申立て　　107

　相続人に当たらないとして遺産分割の審判をした場合に、後にその者が相続人であると確定した場合、遺産分割は原則として無効となり、再分割を要する（田中ほか・諸問題24頁）。なお、後の認知については、価額支払による（民910）。逆の場合は、原則的には、審判において相続人とされた者への分与が無効となり、そのものに取得させた財産を再分割すればよい。ただし、それでは公平とならないような特別の事情があれば分割をやり直すことになる（田中ほか・諸問題24頁、東京家審昭34・9・14家月11・12・109）。

　　エ　遺産の範囲に争いがある場合
　　　▶遺産分割前に処分された財産の処分者等について争いがある場合に、その財産を遺産とみなすことを求める訴えは可能か
　　　▶特別受益かどうかが争われている場合に、これを遺産とみなされることの確認を求める訴えは可能か

　遺産の範囲に争いがある場合としては、財産そのものが被相続人に帰属したかどうかが争いとなる場合のほか、遺産分割の対象か否かが問題となる場合がある。遺産か否かという争いは、一般的には、遺産確認訴訟又は遺産でないことの確認訴訟によることとなる。遺贈について、遺言の効力が争われる場合は、遺言無効確認訴訟による。遺産分割前に処分された財産を遺産とみなすためには、当該処分財産が民法906条の2の規律により遺産に含まれることの確認訴訟が可能とされている（金子・一問一答100頁）。なお、特別受益について、みなし相続財産確認訴訟は認められない（東京地判平9・1・31判タ967・254）。

　審判手続において判断の上遺産分割審判をした場合、遺産分割の対象としなかった財産が遺産であるとされたときには、その財産のみを改めて分割するということで処理できることが多いとは思われるが、遺産分割全体が無効となることもないではない。遺産分割の対象とし

た財産が遺産でないことに確定した場合、その財産が遺産分割の対象の唯一の財産、又はこれに準じる財産である場合は、遺産分割全体が無効となるが、そうでない場合は、担保責任によって処理するとの見解が有力である（田中ほか・諸問題26頁）。調停においては、一部の財産について争いがある場合に、当事者全員の合意が得られれば、その財産を除外し、その財産は後の分割によることとして、争いのない財産のみを分割（一部分割）するという方法はあり得る。

4－3　出頭困難な当事者がいる場合の手続の進行

（1）　遠隔地の当事者

ア　遠隔地の裁判所への申立て

▶当事者が遠隔地に居住しており、裁判所に出頭することが難しい場合、どのような手続が考えられるか

申立ては、前述のように、郵便による申立てが可能である（前記4－2（1）イ（ア）参照）。

イ　期日における電話会議の利用

▶外国に居住する当事者と電話会議を利用した調停をすることができるか

（ア）　家庭裁判所は、当事者が遠隔の地に居住しているときその他相当と認めるときは、当事者の意見を聴いて、最高裁判所規則で定めるところにより、家庭裁判所及び当事者双方が音声の送受信により同時に通話をすることができる方法によって、家事審判の手続の期日における手続（証拠調べを除く。）を行うことができる（家事54①）。

家事調停の手続の期日は、原則として当事者全員が出席することが必要であるが、当事者が遠隔地に居住している等の場合、出頭自体が当事者の負担となり、調停手続の円滑かつ迅速な進行の妨げともなる。

第4章　遺産分割の申立て　　109

そこで、家事事件手続法は、電話会議システム等の利用を可能とした。テレビ会議システムの利用も可能である。

　（イ）　この制度を利用できるのは、当事者が遠隔の地に居住しているとき、その他相当と認めるときであり、その他相当と認めるときとは、呼出しを受けた利害関係参加人その他の関係人が遠隔地に居住しているとき、当事者又は利害関係参加人の手続代理人が遠隔地に事務所を有するとき、当事者、利害関係参加人、手続代理人が身体上の理由等で当該期日に裁判所まで出頭することが困難であるとき等が例に挙げられる（金子・逐条解説256頁）。

　この制度を利用するには、当事者の意見を聴取する必要がある（家事54①）。しかし、同意までの必要はない（金子・逐条解説256頁）。利害関係人については意見の聴取は必要ないが、聴取するのが相当な場合もあるとされる（金子・逐条解説257頁）。

　通話先は、手続代理人の事務所などが一般的であろうが、限定されてはいない。この手続の利用に当たっては、通話者及び通話先の場所の確認をしなければならず、利用後は、その旨及び通話先の電話番号を家事審判事件の記録上明らかにしなければならない。また、通話先の電話番号に加えてその場所を明らかにすることができる（家事規42）。

　（ウ）　複数の当事者が、遠隔地に居住する場合、いずれの当事者についても利用できる（金子・一問一答228頁）。当事者が、一人も裁判所に出頭していない期日も、電話会議で開くことができる（金子・逐条解説257頁）。

　利用の方法としては、一時的に回線を切り、出頭当事者のみから事情を聴くという、いわば別席調停も可能である（金子・一問一答229頁）。

　（エ）　この電話会議による方法によった場合、これを利用した当事者は、出頭したものとみなされる（家事258①・54②）。この手続で

は、期日に口頭で可能な手続を行うことが可能であり、申立人は、申立ての取下げや変更をすることができる（金子・逐条解説258頁）。

遺産分割に関しては、この方法により調停を成立させることもできる（家事268③の反対解釈）。

　（オ）　外国居住者との調停に利用できるであろうか。国家がその権力を外国で行使することは、その外国の主権を侵害するものであるから、送達などは、前記4－2（4）エの外国送達の手続をとる必要がある。しかし、申立後の調停期日において協議すること自体は国家権力の行使とはいえないとされ、外国居住者が任意に参加する限りでは、特段の手続を要することなく、電話会議、テレビ会議によって協議することは可能であるとされている。

　ウ　受諾書面による合意

　遺産分割調停では、受諾書面によって調停を成立させることが可能である。当事者が遠隔の地に居住していることその他の事由により出頭することが困難であると認められる場合、その当事者があらかじめ調停委員会（裁判官のみで家事調停の手続を行う場合は、その裁判官）から提示された調停条項案を受諾する旨の書面を提出し、他の当事者が家事調停の手続の期日に出頭して当該調停条項案を受諾したときは、当事者間に合意が成立したものとみなされる（家事270）。当事者が、入院中などで近くの裁判所へも行けず、電話会議システムが利用できない場合なども、この方法が利用できる。

　エ　現地調停

　調停は、特段の事情がなければ、裁判所において行われるものであるが、調停委員会は、事件の実情を考慮して、裁判所外の適当な場所で調停を行うことができる（家事265）。遺産である不動産の現物分割をする場合などで、現地で実施する必要があることはあるが、遠隔地

第4章　遺産分割の申立て　　111

に居住するというだけでは、特段の事情を肯定できない。

（2）　入院中の当事者

　相手方当事者が、入院中であって、自宅への期日通知書の送付が困難な場合、病院を居所と認めることができれば病院へ送付する。裁判所に出頭できない場合、まず手続代理人が選任されれば、その代理人によって、進行が可能である。手続代理人が選任されない場合、電話会議により行うことが可能であればこれにより、これも困難であれば、調査官によってその意向を調査し、これをもとに他の当事者とも意見を調整し、当事者全員の揃わない期日におおむねの合意に至ったときは、受諾書面によって合意し、又は、審判案を作成して意思確認等をした上で調停に代わる審判を行う。

4－4　当事者に所在不明の者がいる場合の手続の進行

（1）　不在者がいる場合

　　▶公示送達によって送達し、出頭当事者間での協議をもとに、審判で遺産分割をするという方法はとれないか

　遺産分割は相続分を有する全ての者を当事者とする必要があるから、当事者となるべき者に所在不明の者（不在者、すなわち、従来の住所又は居所を去り、容易に戻る見込みのない者に当たる。）がいる場合でもその者を関与させずに遺産分割手続を進めることはできないから、不在者財産管理人を選任して進める（多数説、実務。注解家事審判法511頁〔野田愛子〕、片岡＝菅野・遺産分割実務10頁）。不在者が生死不明であっても、失踪宣告を受けていない以上は、生存している者、すなわち不在者として手続を進めることになる。

　不在者について、公示送達によって期日等を告知して出頭当事者間での合意等を参考に審判をすることは手続的には不可能ではないが、

実務では採られていない（山城司「遺産分割事件のケース研究第6回事例検討⑥調停進行の具体的工夫を中心とした研究」家判29号145頁（2020））。

なお、所在等不明共有者の共有持分については、これを他の共有者において取得する方法（民262の2）、これを譲渡する方法（民262の3）が設けられたので、この方法が利用できれば相続人に所在等不明者がいることによる障害はなくなるといえるが（前記第3章3－2（2）オ）、これらの方法は、遺産共有については、相続開始後10年を経過したものについてのみ適用があるので、相続開始後10年以下の遺産分割では、やはり従前どおりの方法によることになる。

（2）　不在者財産管理人

ア　選任手続

不在者財産管理人の申立権を有するのは、利害関係人及び検察官である（民25①）。遺産分割が必要な場合、不在者とともに共同相続人となる者は、利害関係があるといえるから、そのいずれかが利害関係人として申立てをする。管轄裁判所は、不在者の従前の住居所の家庭裁判所である（家事145）。

財産管理人は、その資格に制限はないが、最近では、弁護士が選任されることが多い。相続人は、利益相反の関係にあるので、選任すべきでない。

イ　不在者財産管理人の地位・職務

家庭裁判所が選任した不在者財産管理人は、不在者の法定代理人（我妻榮『新訂民法総則』101頁（岩波書店、1965））であり、申立書の送付や呼出しの相手方となり、代理人として、遺産分割手続に加わる。不在者財産管理人の権限は、保存行為及び利用・改良行為に限定されているので（民28・103）、同財産管理人が遺産分割案に合意するには、家庭裁判所の許可が必要である（民28）。許可なく合意した場合は無権代理となる。

第4章　遺産分割の申立て　　113

　なお、不在者財産管理人の権限は遺産分割に限定されているわけではなく、一般の不在者財産管理人としての職務（財産目録の作成等）を行う必要があり（民27）、かつ、遺産分割後は、不在者が分割で所得した財産の管理を行う必要がある。家庭裁判所は、不在者の財産の中から、相当な報酬を管理人に与えることができる（民29②）。

　　ウ　不在者の財産管理人が関与する遺産分割の内容
　　　▶不在者の取得分をゼロにする合意はできるか
　　　▶不在者に代償金を取得させる遺産分割をする場合、その代償金の支払はどうするか

　不在者の財産管理人は、相続の承認は、家庭裁判所の許可なくできるが、相続放棄については家庭裁判所の許可を要するとするのが多数説である（新版注釈民法（1）599頁〔岡孝〕）。家庭裁判所は、相続放棄については、相続財産が債務超過である等相続放棄を相当と認める特別な事情がある場合に限って許可すべきであるとされる（竹田央「相続の承認及び放棄」岡垣学＝野田愛子『講座・実務家事審判法3相続関係』44頁（日本評論社、1989））。また、家庭裁判所は、相続分を大きく割るような分割案は許可すべきでない。多くの場合、代償分割を行って、不在者に代償金を取得させる方法によるが、不在者への代償金の支払は、不在者が帰来（帰宅）したときに支払うとする（山城・前掲159頁）。不在者財産管理人に支払って保管させる方法もあるが、その場合、不在者財産管理人の業務が増え、報酬を支払う必要が生じる。

　（3）　遺産分割後の問題
　　ア　不在者が死亡していた場合
　遺産分割後、実は、不在者が死亡していたことが判明した場合、その遺産分割は、相続人以外の者を関与させ、かつ、代襲相続人がいる場合には関与させるべき者を関与させずにしたものとなる。

原則的には、遺産分割後に他に相続人がいたことが確定した場合は、無効であり、再分割することとなり、民法910条（相続開始後認知の価額支払）の類推適用はない（審判について最判昭54・3・23民集33・2・294）。

不在者の財産管理人が相続人の代理人として遺産分割に関与した場合に、不在者が死亡していたことが判明した場合、その者に相続人がいなければ、相続人でない者に分割したことになるので、原則としては、その者に対する分割のみを無効とし、その者に分割された財産を再分割すれば足りる（注解家事審判法511・565頁〔野田愛子〕）。不在者に相続人がいる場合、相続開始前に死亡していた場合には、その直系卑属である相続人が代襲相続人となる場合があり、相続開始後に死亡した場合であれば、その相続人が不在者の承継人として遺産分割に関与すべきであったのであるが、財産管理人が代理した場合には、不在者に対する分割内容は、家庭裁判所の許可を得てされたもので、不在者に不利なものとはなっていないはずであるから、不在者が取得した財産を、その相続人（代襲相続人又は承継人）に取得させれば足りる（注解家事審判法511頁〔野田愛子〕）。しかし、このような方法では全体として公平な分割とならないような事情があれば全体の分割をやり直すことになる（東京家審昭34・9・14家月11・12・109、田中ほか・諸問題24頁）。

　イ　不在者が帰宅した場合

不在者の財産管理人が不在者を代理してした遺産分割には、適法な代理人によるものであるから、不在者の意向に沿わないものであったとしても、その効力に問題はない。

相続人が、不在者の所在を知りながらこれを秘し、又は知り得べき状況にありながら、その努力をしなかった場合には、不在者がそれらの相続人に損害賠償請求をなし得る場合はあり得る。

第4章　遺産分割の申立て

4－5　当事者に無能力者、制限能力者がいる場合

（1）　未成年者

未成年者は、法定代理人の出頭による。法定代理人は、通常、親権者であるが、この場合、利益相反になることがあり、その場合、特別代理人の選任が必要となる（民826）。特別代理人は、親権者が、子の住所地の家庭裁判所に選任を申し立てる。親権者の一方のみと利益相反となる場合、特別代理人と他方親権者が共同して未成年者を代理する（最判昭35・2・25民集14・2・279）。他方の親権者のみが未成年者を代理することは、未成年者の利益が十分に保護されないおそれがあるからである。

（2）　被保佐人・被補助人

被保佐人については、遺産の分割は、保佐人の同意が必要である（民13①六）。被補助人についても、補助人の同意が必要とされている場合もある（民17）。

（3）　成年被後見人

成年後見人が代理する。

（4）　能力の制限はないが、現に意思能力がない者

当事者となるべき者に意思能力のない者がいる場合は、成年後見人の選任を求める。他の相続人において、本人の住所地の家庭裁判所に選任を求めることになろう。

意思能力を疑われる者がいる場合、まず、家庭裁判所の成年後見制度用の診断書を取得し、その写しを提出することが求められる。この診断書の判断能力の程度の記載が後見相当であれば、成年後見人選任の手続が必要となり、保佐相当の場合は保佐人の選任が求められる。後見相当でありながら成年後見人の選任が申し立てられない場合は、遺産分割調停は調停をしない措置「なさず」として終了することにな

る（村井みわ子「遺産分割事件のケース研究第3回事例検討③実務上散見される主張を中心とした研究」家判23号123頁（2019））。

4－6　調停事件の終了

（1）　調停の成立

遺産分割の調停において当事者間に合意が成立し、これを調書に記載したときは、調停が成立したものとし、その記載は、確定した審判と同一の効力を有する（家事268①）。事件の一部について当事者間に合意が成立したときは、その一部について調停を成立させることができる（家事268②）。

（2）　調停の不成立による終了

調停委員会は、当事者間に合意が成立する見込みがない場合又は成立した合意が相当でないと認める場合には、調停に代わる審判をする場合を除き、調停が成立しないものとして、家事調停事件を終了させることができる（家事272①）。

審判手続から調停に付された事件は、家事調停事件が終了するまでという期限付で中止されているのが通常であるので（家事275②）、調停が成立しないものとして終了したときは、当然に審判手続に戻る。

申立てによって開始した調停は、これが成立しないものとして終了したときは、調停申立ての時に審判申立てがあったものとみなされる（家事272④）。これを「審判に移行する」ということが多い。移行する裁判所は、調停が係属した裁判所である。遺産分割審判事件の土地管轄は相続開始地であるから管轄のない裁判所に移行することもある。この場合に自庁で処理する（自庁処理）には、「事件を処理するために特に必要がある」との要件を充たす必要があるが、家事調停の手続に当事者が出頭して話合いに応じていたというような事情が存するとき

は、この要件を満たすものと判断される場合が多いとされる（金子・逐条解説957頁）。

（3） 調停をしない措置による事件の終了

▶調停がなさずとして終了するのは、どのような場合か

調停委員会は、事件が性質上調停を行うのに適当でないと認めるとき、又は当事者が不当な目的でみだりに調停の申立てをしたと認めるときは、調停をしないものとして、家事調停事件を終了させることができる（家事271）。この調停をしない措置を「なさず」ということもある。

事件が性質上調停を行うのに適当でないと認めるときとしては、前提問題に争いがあって、これを確定してからでないと調停が困難な場合が挙げられる。後見人の選任が必要であるが後見開始決定がされる見通しが立たない場合とか、遺産の範囲や評価について民事事項としての確定が必要な場合などがその例である。

当事者が不当な目的でみだりに調停の申立てをしたと認めるときには、申立人の欠席が続く場合などが挙げられる。

4−7　胎児が存在する場合の遺産分割手続

（1）　懐胎の推定

胎児は相続については既に生まれたものとみなされるところ（民886①）、この規定が適用されるためには、相続開始時に母親が懐胎していたことが必要である。懐胎の立証は、一般原則によるとの説（中川＝泉・相続法76頁）と、民法772条を援用（新版注釈民法（26）219頁〔阿部浩二〕、新注釈民法（19）96頁〔冷水登紀代〕）ないし類推（本山敦編『逐条ガイド相続法』25頁〔羽生香織〕（日本加除出版、2022））するとの説がある。

（2）　胎児の当事者となる資格

　　▶出生前に胎児が遺産分割に加わることができるか

　　▶母親は、胎児の法定代理人となるか

　死亡して生まれたことを解除条件とする立場からは、胎児の段階で、当事者となる資格を肯定することができ、その場合、母親が法定代理人となるとの説が有力である（新版注釈民法（1）260頁〔谷口知平＝湯浅道男〕）。しかし、この立場は、少数説に止まる。多数説は、生きて生まれることを停止条件とする立場であり、胎児は、当事者となることはできない。そこで、胎児が生まれるまで手続を進めることができないという消極説も唱えられたが（加藤令造『家事審判法講座第2巻』78頁〔岡垣学〕（判例タイムズ社、1965）、昭29・6・15民事甲1188、昭36・2・20法曹会決議）、胎児を参加させないまま手続を進めることができるという積極説が多数といえる。ただ、調停等の実際の運用としては、最終的な段階は胎児の出生を待つことが多いと思われる。胎児を除外して遺産分割を行ったときに、その後、胎児が生きて出生した場合、遺産分割は無効となるからである。民法910条類推説もあるが、相続における胎児の利益保護の視点から無効説が有力である（新版注釈民法（1）260頁〔谷口知平＝湯浅道男〕）。

（3）　胎児の相続分の確保

　　　▶胎児の相続分はどのようにして確保することができるか

　胎児を加えないままで遺産分割が可能であるとすれば、後に、これが無効となったとしても、現実には、胎児の利益が害される場合もあり得ないではない。これを防止する手段も胎児に権利能力が肯定できない以上は、胎児の母から裁判所に事実上期日の延期を上申するなどして、その訴訟指揮に期待するほかない。なお不動産については、胎児について既に生まれたものとみなして法定相続分による相続登記をするという方法がある（令5・3・28民二538）。

第4章　遺産分割の申立て

４－８　設問の検討

（１）　設問１について

遺産分割調停事件の管轄は、相手方の住所地を管轄する家庭裁判所又は当事者が合意で定める家庭裁判所である（家事245①）。本件では、書面による管轄の合意はなく、Ｙ１の住所地は横浜であり、Ｙ２の住所地は不明であり、Ｙ３の住所地は国内にはない。そこで、Ｙ１を相手方とするのであれば、横浜家庭裁判所が管轄裁判所となる。Ｙ２又はＹ３を相手方とする場合、いずれも国内に住所又は居所を認めることができないので、最後の住所地の家庭裁判所に管轄が認められるが（家事４）、いずれについても大阪の家庭裁判所の管轄はない。しかし、Ｘ１がＸ２を相手方とするならば、Ｘ２は、大阪に居住しているので、大阪家庭裁判所が管轄裁判所となる。相手方複数の場合の調停の管轄は、そのうちの一人の住所地の裁判所に管轄が認められるので（前記４－２（２）イ参照）、Ｘ１は、Ｘ２及びＹ１～３を相手方として、大阪家庭裁判所に調停を申し立てることができるとはいえる。

（２）　設問２について

申立ては、郵便ですることもでき、必ずしも、裁判所まで赴くこともない。申立てをするについて不明な点があれば、裁判所に電話で問い合わせればよい。

期日は、電話会議での調停を求めることもできる。

（３）　設問３について

遺産分割における共同相続人は、一般的には、互いに利害が対立する。ただ、実質的には、一部の共同相続人が利害を共通にする場合もある。そこで、利害を共通にする共同相続人が一人の弁護士を共通の手続代理人に委任して、他の相続人を相手に調停の申立てをすることはしばしばある。この場合でも、一人の者が複数の者の代理人となる

ことは双方代理となるが、双方代理も、あらかじめ本人が許諾している場合には有効とされる（民108ただし書）。そこで、本人の許諾書を提出させた上で、進行する。

（4） 設問4について

まず、当事者の病状の把握が必要となる。他の当事者を介して情報を収取するとともに、病院に、病状や退院見込み等を照会する必要がある。

意識不明であるが、治療により回復の可能性があるのであれば、成年後見人を選任することは困難なことが多いと思われる。この場合、症状によっては、数か月程度は経過を見るほかない場合もある。事故後、数か月を経ても意識が回復する見通しが立たないのであれば、成年後見人の選任を求めることとなろう。

意識はあるが、退院の見通しが立たない場合には、その意向を聴取するとともに、電話会議での調停の可能性を検討する。電話会議の利用ができない場合は、しばらくは、入院当事者欠席のまま、事実上期日を開き、入院当時者の意向を考慮して合意の可能性を探り、案が煮詰まり、合意の可能性が出てきた段階で、いくつかの試案を作り、再度、意向を調査して試案についての意見を聴き、最終的に説得等が必要な場合には、調査官による意向調査の中で調整を試み、事情により、受諾書面による可能性を探る。

当事者が、出頭しない場合や出頭できない場合に、他の当事者が合意している調停の内容に、合意までは得られないが、積極的に反対まではしない場合には、調停に代わる審判が活用されている。そこで、当事者が入院しているという事案でも、調停に代わる審判を利用する可能性はある。なお、審判は送達を要するので、送達可能性に配慮する必要がある。

なお、Ｘ1は、相続税の相続税の申告期限を気にしているところ、確

第4章　遺産分割の申立て　　　121

かに、相続税については、相続の開始があったことを知った日（通常
は、被相続人の死亡日）の翌日から10か月以内に、被相続人の住所地
を管轄する税務署長に申告書を提出しなければならないのであるが
（相税27①）、申告期限までに遺産分割ができない場合については、後
発的事由による更正の請求の方法、すなわち、申告期限までに、遺産
の全部又は一部が未分割の場合には、未分割財産については、各共同
相続人又は包括受遺者が民法（寄与分の規定を除く。）の規定する相続
分又は包括遺贈の割合に従って未分割遺産を取得したものとして、相
続税の課税価格を計算して申告し（相税55）、その後、当該財産が分割
され、当初の申告等における課税価格と異なることとなった場合には、
分割により取得した財産に係る課税価格を基礎として、納税義務者に
おいて、遺産分割がされた日の翌日から4か月以内に、後発的事由に
よる更正の請求をすることができる（相税32①一）ので、申告期限まで
に遺産分割ができない場合は、とりあえず法定相続分により相続した
として相続税の価格を算出して期限内に申告することになろう。申告
期限内に遺産分割ができない場合、税額軽減特例等（小規模宅地等の
課税価格の減額特例、配偶者の税額軽減特例）が適用されなくなるが、
遺産分割ができないことにやむを得ない事情がある場合などには救済
措置もあるので、この点は、税理士に相談するのがよい。

（5）　設問5について

　管轄は、外国居住者に国内の住所や居所がなければ、その最後の住
所地が管轄地となる。他に相手方となる共同相続人が存在する場合
は、その相続人の住所地の家庭裁判所にも管轄がある。申立てがされ
た場合、原則的に、申立書の写しと調停期日の通知書（呼出状）が相
手方に送付される。外国居住者に対する調停についても、期日通知書
を送付して進められるところ、その送付は、国際司法共助の手続に基

づく送達の方法によるのが原則であるが、送達条約10条a、民訴条約6条1項1号は、いずれも名宛国が拒否しないことを前提として、外国に居住する者に、直接文書を送付する方法を認めている。家事事件手続法は、送付について相当と認める方法で行うことを認めているところ（家事34）、送達を要しない文書については、各裁判所から、外国居住者に対して直接郵送することが多い（松原正明ほか『渉外家事・人事訴訟事件の審理に関する研究（司法研究報告書第62輯第1号）』43頁（司法研修所、2010）、最高裁判所事務総局民事局「民事事件に関する国際司法共助手続マニュアル」19頁（法曹会、1999））。

　まず、調停期日を相当と認める方法で通知し、相手方が、調停に応じるのであれば、相手の意向を考慮した方法で遺産分割についての意見を確認する。期日ごとに出席するのは困難であろうから、期日の協議は、電話会議等で行う。次回期日は、その際に口頭で合意すれば、送付や送達は必要なくなる。後に、不調となったり、調停に代わる審判をする場合は、送達を要することになるが、日本国内の住所を送達場所、国内居住者を受取人とする到達場所等の届出が得られれば、送達が容易になる。

　審判手続で外国における送達を要する場合、期日を複数指定するなど、送達の回数を減らす工夫が必要である。

第 5 章

相続分の放棄・譲渡、
参加・排除、被認知者の価額請求

第5章 相続分の放棄・譲渡、参加・排除、被認知者の価額請求

> **設　例**　相続分譲渡の効力、認知訴訟係属中の調停手続、遺産分割後の被認知者の価額請求

被相続人Aは、平成29年7月、大阪市内において死亡した。Aは、昭和40年4月、Bと婚姻し、その間に、X1、X2をもうけたが、Bは、昭和45年4月死亡し、その後、Aは、Y1と再婚

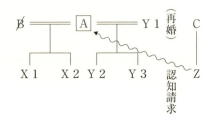

し、その間にY2、Y3をもうけた。X1、X2は、平成29年9月、Aの遺産である不動産について、法定相続分によって相続登記を経由するとともに、Y1～Y3を相手方として、大阪家庭裁判所に遺産分割調停を申し立てた。

Aの遺産は、AがY1と居住し、現にY1が居住する自宅土地建物（評価額3,000万円）のほか、駐車場として利用する土地1筆（2,000万円）、預貯金1,000万円で、自宅取得のために負担した債務1,000万円がある。調停手続では、X2は、相続分をX1に譲渡する旨を申し出、また、Y2は、相続分を放棄する旨を申し出た。これを受けて、「自宅土地建物はY1が取得し、債務はY1が負担する。駐車場は、X1が取得する。預貯金はY3が取得する。」との合意が成立した。

ところで、調停中に、Cの子Zが、亡Aが父であると主張して、検察官を被告とし、死後認知の訴えを提起し、Zの代理人弁護士から、遺産分割手続を認知判決確定まで待ってほしいとの上申書が提出された。しかし、X1、X2は、この認知訴訟に補助参加して争うとともに、認知訴訟の判決を待たずに、上記合意に至った。

調停成立後、Zの認知訴訟について、認知を認める判決がされ、確定したことから、Zは、各相続人に価額請求をし、X1、X2、Y1

第5章　相続分の放棄・譲渡、参加・排除、被認知者の価額請求　125

〜Y3を被告として、積極財産の合計額6,000万円とY1が取得した生命保険金500万円、X1及びX2がそれぞれ生前に贈与を受けた500万円（合計1,000万円）を特別受益として加算した合計7,500万円の10分の1の750万円を連帯して支払うよう求めた。Xらは、Zも生前にAから500万円の贈与を受けているとして、その額を控除すべきであると主張している。なお、遺産の評価額は、相続開始時、価額請求時、分割時とも同額とする。

設　問

1　X2の相続分譲渡とY2の相続分放棄の結果、各相続人の相続分はどのようになるか。
2　相続分の譲渡、放棄により、調停手続の当事者はどのように変化するか。
3　認知の訴訟が係属していることが判明した場合、認知訴訟の判決確定まで手続の進行を待つべきか。
4　調停手続の進行中に認知訴訟の認容判決が確定した場合、どのような手続が必要か。
5　設例の事例では、Zは、誰にいくらの請求ができるか。

解　説

5−1　相続分の放棄・譲渡

（1）相続放棄と事実上の相続放棄

ア　相続放棄の意義等

▶相続放棄と相続分の放棄はどのように違うか

相続放棄は、相続人が遺産の相続を拒否することを可能とする制度

であり、その方式は、厳格に定められ、一定の期間内に、相続人が家庭裁判所に申述し、これが受理されることを要し（民938）、相続放棄をした者は、初めから相続人とならなかったものとみなされる（民939）（第2章2－1参照）。似た表現がされるものに相続分の放棄があるが、これは、相続し、相続分を取得したことを前提に、その相続分を放棄するものである（後記(3)参照）。

　イ　事実上の相続放棄

　　▶事実上の相続放棄はどのように行われるか

　相続放棄の手続によらず、実質的に同じ結果をもたらす、事実上の相続放棄と呼ばれるものがある。共同相続の場合に、一部の相続人に遺産を集中するなどの目的のために利用されている。その手段としてよく用いられるのは、相続人が、相続分皆無証明書、特別受益証明書、相続分不存在証明書等の書面を作成する方法によるものである。名前は異なるが、内容は同一である。被相続人から生前贈与を受けており、具体的相続分はなく、当該不動産について権利がない旨の証明書（印鑑証明付き）を添付して相続登記の申請をすれば、その証明書を作成した者以外の相続人に相続登記が可能となる（昭40・9・21民事甲2821、大阪高判昭49・8・5判タ315・238）（**第15章15－2(3)参照**）。

　特別受益証明書等が、事実に反していても、作成者が自由な意思で作成した以上、実質的に相続分の放棄や贈与がされたものと解され、これによる単独相続やその旨の登記は有効である（大阪高判昭53・7・20判タ371・94、東京高判昭59・9・25家月37・10・83）。

　また、遺産分割手続において、一人の相続人に財産を集中するために、他の相続人は名目的に少しの財産を取得する程度として遺産分割協議を成立させる方法もあり、さらに、相続分の放棄や相続分の譲渡が利用されることもある。

（2） 相続分譲渡

ア 相続分譲渡の意義

相続人は、相続分を他に譲渡することができる（民905）。相続分が譲渡されると、譲渡した相続人はその相続分を失い、譲受人が相続分を取得する。譲受人が第三者の場合は、その者が相続人たる地位、遺産分割の当事者適格を取得する。相続人間で相続分が譲渡された場合、譲受人は、従前から有していた相続分と新たに取得した相続分を合計した相続分を有する者となり、相続分譲渡に伴って、譲渡人から個々の相続財産に対する共有持分の移転を受けたことにもなる（最判平13・7・10民集55・5・955）。相続分は、積極財産、消極財産を含めた包括的な持分であるから、相続分譲渡の対象には相続債務も含む。

相続分の一部の譲渡も、相続分自体が分数的割合の財産権であることを理由に可能とされる（新版注釈民法（27）281頁〔有地亨＝二宮周平〕、片岡＝管野・遺産分割実務118頁。反対、中川＝泉・相続法303頁注三、中川淳『相続法逐条解説上巻』279頁（日本加除出版、1985））。

その譲渡は、単に割合が変動するだけではなく個々の相続財産の共有持分の移転も生ずる。

イ 相続分譲渡の手続

相続分の譲渡は、方式、有償又は無償を問わず、当事者間の合意のみで成立する法律行為（契約）である。相続分の譲渡の合意がされると、譲渡の時点で譲渡人の相続分が譲受人に移転する。譲受人に制限はなく、第三者に対する譲渡も可能である。

相続分の譲渡は、相続開始後、遺産分割完了まで、いつでも可能である。譲受人は、譲渡の通知ないし登記なくして、他の共同相続人にその効力を主張できる（新版注釈民法（27）281頁〔有地亨＝二宮周平〕）。二重に相続分譲渡がされたときは、先の相続分譲渡が有効であれば後の相続分譲渡は無効である（新潟家佐渡支審平4・9・28家月45・12・66）。

128　第5章　相続分の放棄・譲渡、参加・排除、被認知者の価額請求

　ただし、家庭裁判所における遺産分割手続において相続分譲渡をする場合には、手続の明確性から書面によることが求められる。そして、後記のとおり、相続分の譲渡をした者は遺産分割手続から排除されるため、排除決定に対する即時抗告権の放棄の意思表示も併せ求めるのが実務である。

　　ウ　相続分譲渡の効果

　　▶相続分が譲渡された場合、相続債務は誰が負担するか

　　▶相続分の譲渡者は、相続債務を免れるか

　　▶相続分の譲渡者は、遺産分割に参加できるか

　相続分の全部を譲渡した者は、これにより相続人たる地位を失う。相続分の譲受人は、相続人たる地位を取得する。そこで、譲受人は、第三者の場合でも、遺産分割の当事者となることができる。相続分を譲り受けた相続人は、本来の相続分に譲り受けた相続分を加えた相続分を主張できる（最判平13・7・10民集55・5・955）。なお、譲渡人の特別受益も譲受人に考慮されることになる。

　譲渡人は、遺産分割の当事者適格を失う（最判平26・2・14家判1・65、大阪高決昭54・7・6家月32・3・96）。

　なお、債務については、譲受人に移転するが、対外的には、両者が併存的に債務引受をしたとみる見解が有力である（新版注釈民法（27）283頁〔有地亨＝二宮周平〕）。譲受人の債務引受を認めるとしても、相続分譲渡による債務の移転を債権者に対抗することはできないから、譲渡人は、その債務を免れない。

　　エ　相続分の取戻し

　相続分が第三者に譲渡されたときは、他の共同相続人は、1か月以内に、その価額及び費用を償還して、その相続分を譲り受けることができる（民905）。

（3）　相続分放棄

　ア　相続分放棄の意義

　相続分放棄とは、共同相続人が、その相続による取得分を放棄することである。明文規定がないので、その法的性質については、学説が分かれている（松津節子「相続分の譲渡と放棄」現代裁判決大系12巻55頁）。

　　（ア）　民法905条類推説　相続分譲渡の法的根拠である民法905条を類推するが、一方的意思表示によるとする。

　　（イ）　事実上の意思表示説　遺産分割において取得分を零とする事実上の意思表示とする説である。

　　（ウ）　共有持分放棄説　個々の遺産に対する共有持分を放棄する意思表示の集合体とする説である。

　　（エ）　黙示的譲渡契約説　他の共同相続人全員又は特定の共同相続人に対する無償の相続分譲渡であるとする説。放棄した相続分の持分の帰属を放棄者の意思にかからしめる見解に沿う。

　イ　相続分放棄の手続

　　▶相続分の放棄の意思表示は誰に対してするか

　　▶相続分の放棄は撤回できるか

　相続放棄と異なり、期間の制限はない。相続開始後、遺産分割完了までであればいつでも可能である。相続開始前の相続分放棄は無効である。その方式はないが、調停又は審判手続において行われるときは、遺産分割手続に重要な影響を及ぼすことから、その意思を確認する必要もあり、裁判所宛の書面の提出を要する。この場合、後記5－2（3）記載のとおり、放棄者は排除決定によって遺産分割手続から排除されるため、排除決定に対する即時抗告権の放棄の意思表示も併せ求められるのが実務である。

　相続分の放棄の意思表示が調停又は審判手続と関係なく行われた場合、その意思表示は、相手方のない単独行為であるから即時効力を生

130 第5章 相続分の放棄・譲渡、参加・排除、被認知者の価額請求

じ、撤回はできないが、遺産分割の調停又は審判手続の中でされた場合は、手続行為としての性質を有するに止まり、その手続限りの効力しかない（上原ほか・遺産分割295頁）。

　ウ　相続分放棄の効果

　　▶相続分が放棄された場合、放棄された相続分は誰が取得するか

　共同相続人の一人が相続分を放棄した場合、その放棄者は、遺産分割における自己の取得分を失う。ただし、相続人の地位を失うものではなく、債務は免れない。

　相続分放棄者の相続分の帰属は、基本的には放棄者の意思解釈によるべきであるが（東京家審平4・5・1家月45・1・137）、原則的には、他の相続人（相続分譲渡者を除く。）に、その相続分の割合で帰属する。放棄者の意思により、相続放棄と同様に、同系列・順位の相続人にのみ、その相続分の割合で帰属するとすべき場合もある。その違いは、相続人が、配偶者Aと子BCDEの5人の場合にEが相続放棄をしたという例でみると、相続分の割合で帰属するとした場合、相続分（法定相続分）はAが2分の1（8分の4）、BCDが各8分の1であるから、Eの8分の1が、A：B：C：D＝4：1：1：1の割合で分属することになり、A＝1/2＋1/8×4/7＝4/7、B、C、D＝1/8＋1/8×1/7＝1/7となる。同系列・同順位の相続人にのみ帰属するとした場合、Aの取得分は変わらず1/2であり、B、C、D＝1/8＋1/8×1/3＝1/6となる。

　相続分の譲渡後に他の共同相続人の相続分放棄がされた場合、放棄者の相続分のうち、相続分譲渡者の相続分に比例する部分は、相続分譲受人に帰属する（新版注釈民法（27）284頁〔有地亨＝二宮周平〕）。

第5章　相続分の放棄・譲渡、参加・排除、被認知者の価額請求　131

5-2　参加・排除

（1）　遺産分割の当事者

遺産分割の手続は相続分を有する者全員が加わる必要がある。当事者となるべき者を欠く場合は、その申立ては、瑕疵があるものとなり、そのまま手続を進めても、無効なものとなる。そこで、当事者となるべき者が欠けていることが判明した場合、その者を手続に参加させる必要がある。

また、当事者となるべきでない者が手続に関与した場合も、その手続は瑕疵あるものとなる。この場合は、その者を手続から排除する必要がある。

（2）　当事者参加

▶遺産分割調停において、当事者となるべき者が脱漏していた場合、どうするか

▶脱漏していた相続人が、別途新たな遺産分割調停を申し立てたが、その扱いはどうなるか

当事者となる資格を有する者は、当事者として家事審判事件、家事調停事件の手続に参加することができる（家事41①・258①）。また、家庭裁判所は、相当と認めるときは、当事者の申立てにより、又は職権で、当事者となる資格を有する者を当事者として家事審判事件、家事調停事件の手続に参加させることができる（家事41②・258①）。これらの参加を当事者参加という。

そこで、遺産分割事件において、当事者となるべき者が脱漏していたり、新たに当事者となるべき者が現れた場合、その者は、自ら当事者参加することができ、自らしない場合には、申立て又は職権によって強制的に参加させることができる。

新たに当事者となるべき者としては、認知が認められた者、相続分の譲渡を受けた者が挙げられる。再転相続によって当事者資格を取得

した者は、参加ではなく、受継手続によって、手続に加わる。

なお、脱漏していた相続人が、新たな遺産分割調停を申し立てた場合、この申立ては二重申立てであり、瑕疵あるものであるが、これを前件申立てと併合することによって、すべての当事者がそろうのであれば、これを却下して、参加を命じるまでのことはない。

（3）　手続からの排除

▶相続人が相続分を他に譲渡し、譲受人が当事者として手続に参加した場合、譲渡相続人は必ず排除されるか

家庭裁判所は、当事者となる資格を有しない者及び当事者である資格を喪失した者を、家事審判事件、家事調停事件の手続から排除することができる（家事43①・258①）。排除は決定（排除決定）による。

相続を放棄した者が当事者とされている場合、相続放棄者は当事者となる資格を有しない者であり、相続分の放棄者、相続分譲渡人は、遺産分割の当事者適格を失うので、当事者である資格を喪失した者に当たる。そこで、これらの者は、遺産分割の手続から排除されることになる。ただし、既に、共同相続登記がされている場合には、遺産分割が成立した場合に遺産分割を原因とする移転登記をする必要から排除せず、当事者にとどめるのが実務であった。なお、法定相続分による共同相続登記が経由された後に共同相続人間で遺産分割が成立した場合、これにより所有権を取得した者は単独で所有権の更正登記を申請できると登記所の運用の見直しがされたことから（**第15章15－3（2）ア（ウ）**）、相続分の放棄者を当事者にとどめておく必要はなくなったとはいえるが、従来どおりの移転登記にも可能であるので、上記の運用を不相当とすることもないであろう。

排除決定後の遺産分割の手続は、排除決定が確定した後に行う必要がある。それ故、前記のとおり、排除決定に対する即時抗告権の放棄の意思表示を求めるのが実務である。排除決定確定前に被排除者を除

第 5 章　相続分の放棄・譲渡、参加・排除、被認知者の価額請求　133

外して手続を進めた場合、瑕疵ある手続であるが、後に排除決定が確定すれば、その瑕疵は治癒される。

5－3　遺産分割後の認知

（1）　認知の意義等

ア　認知の意義

認知とは、婚姻外に生まれた子（嫡出でない子。非嫡出子ともいう。）について、父又は母が、その子を自己の子と認めることをいい、その子と父親との法律上の親子関係は認知によって成立する（民779）。なお、母との親子関係は、分娩の事実によって当然に生じる（最判昭37・4・27民集16・7・1247）。母子関係の成立に認知は必要ないとするのが、現在の通説であり、実務である。以下の認知に関する記述は、父子関係に限定する。

認知は、父が任意に行う場合を任意認知といい、子から父に対する判決手続によって求める場合を強制認知又は判決認知という。認知は、調停における合意に相当する審判によってされる場合があり、これを審判認知という。判決認知と審判認知を併せて裁判認知という場合もある。

イ　認知能力等

認知は、身分行為であるから、意思能力があれば認知能力はあるとされ、未成年者又は成年被後見人も、認知に法定代理人の同意を要しない（民780）。ただし、次の場合には、他の承諾が必要となる。

①　父の認知は、子が成年に達した後は、子の承諾が必要である（民782）。

②　子が胎内に在るときは、母の承諾を要する（民783①）。なお、令和4年の民法改正（令和4年法律第102号、令和6年4月1日施行。施行日前に生まれた子については従前の例による。）によって民法772

条が改正され、これによれば、女性が婚姻前に懐胎した子で婚姻後に生まれた子は夫の子と推定されることになった（民772①後段）。そこでこの推定と胎児認知とが相反する場合が生じ得るので、改正法は、胎児が出生した場合に、民法772条の規定によってその子の父が定められるときは、その認知は効力を生じないこととした（令和4年改正後の民738②）。ただし、民法772条による嫡出推定が否認された場合には胎児認知は有効なものとして胎児認知をした者が子の父になる（佐藤隆幸『一問一答令和4年民法等改正親子法制の見直し』98頁（商事法務、2024））。ただし、認知した者には原告適格はない（民775①）。

③　子の死亡後は、その子に直系卑属があるときに限って認知することができるが、この場合、その直系卑属が成年者であるときはその承諾を必要とする（民783③）。

　　ウ　認知の方式

認知は、戸籍法上の届出によってするが（民781①、戸籍60以下）、遺言によることもできる（民781②）。遺言による認知は、遺言執行者において届け出ることを要する（戸籍64）。

　　エ　認知の効力

認知は、出生の時にさかのぼってその効力を生じるが、第三者がすでに取得した権利を害することができない（民784）。

（2）　裁判認知

　▶死後認知の訴えがされていることを知ったが、その原告が相続人となると相続分に影響を受ける者は、訴訟に加わることができるか

　　ア　判決認知と審判認知

子、その直系卑属又はこれらの者の法定代理人は、認知の訴えを提起することができる。ただし、被告となる父又は母の死亡の日から3

第 5 章　相続分の放棄・譲渡、参加・排除、被認知者の価額請求　135

年を経過したときは、この限りでない（民787）。

　また、認知は、調停事項であり（家事244）、調停前置（家事257）によって、調停手続を経ることとなって、合意に相当する審判の対象となるから（家事277①）、審判による認知がされることもある。

　認知の効力は、認知の判決又は審判の確定によって生じる。認知の裁判が確定したときは、訴を提起した者が、裁判が確定した日から10日以内に、戸籍の届出をしなければならない（戸籍63①）。訴えを提起した者がこの届出をしないときは、その相手方において届け出ることができる（戸籍63②）。

　　イ　死後認知の訴え

　被告となるべき父又は母が死亡している場合、検察官を被告として提訴する（人訴12③、検察 4 ）。検察官は、法定訴訟担当として、当事者となる。ここでいう検察官は、国家機関としての検察官であり（吉村徳重＝牧山市治編『注解人事訴訟手続法〔改訂版〕』58頁〔河野正憲〕（青林書院、1993））、具体的に被告と表示されるのは、係属すべき裁判所に対応する地方検察庁の検事正であり、その庁の検察官が担当するのが通常である。

　なお、検察官は、実質的に原告と利害が対立する立場になく、事実関係の把握にも限界があるから、原告の主張を積極的に争う訴訟活動をすることは期待できない。検察官には、当該訴訟手続における審理を充実させ、もって検察官に与えられた公益的任務を果たすことが求められ、そのために、利害関係人に人事訴訟の係属を通知し、これらの者が当該訴訟手続に参加するための情報を提供することが求められる（吉村＝牧山・前掲59頁〔河野正憲〕）。利害関係のある親族が認知を争う場合には、補助参加するなどし、実質的な当事者となって訴訟活動を行うことは多い。認知が認められると相続分に影響を受ける者には利害関係を肯定できる。

136 第5章 相続分の放棄・譲渡、参加・排除、被認知者の価額請求

（3） 遺産分割後の認知の遺産分割への影響

▶死後認知によって相続人であることが確定したが、他の相続
人らによって遺産分割が終了している場合に、その相続権は
どのように確保できるか

▶認知によって相続人となった者が、価額による支払を求める
場合、誰にどのように請求するか

ア 被認知者の価額請求権

相続開始後に認知によって相続人となった者が遺産の分割を請求す
る場合、他の相続人が既にその分割その他の処分をしたときは、価額
のみによる支払の請求ができるにすぎない（民910）。

相続開始後に強制認知がされた場合がこれに該当する。遺言による
認知についても、遺言書が遺産分割後に発見された場合は、この規定
の適用があるとされている（新版注釈民法（27）435頁〔川井健〕）。

認知前に遺産分割が成立した場合が典型であり、その他の処分とし
ては、不分割の合意がされた場合にこの規定の適用があるかどうかは
学説が分かれている。家庭裁判所の審判による分割禁止については、
適用を否定する見解が多いとされる（新注釈民法（19）520頁〔副田隆重（藤
巻梓補訂）〕）。遺言による分割禁止については、適用を否定する見解が
多数である（新注釈民法（19）520頁〔副田（藤巻補訂）〕）。

イ 請求し得る額

請求し得る額は、遺産中の積極財産から消極財産を差し引いた純遺
産額に対する被認知者の相続分の価額とする説（神戸家審昭53・4・28家
月31・11・100（大阪高決昭54・3・29判時929・83で維持）、我妻榮＝立石芳枝『法
律学体系コンメンタール篇4親族法・相続法』454頁（日本評論新社、1952））と、
被認知者は債務についての責任も引き受けるべきであるとし、積極財
産のみを算定の基礎とする見解（東京地判平29・9・28判タ1451・206、東京
地判平25・10・28金判1432・33、福岡高判昭54・12・3高民32・3・250、中川＝

第5章　相続分の放棄・譲渡、参加・排除、被認知者の価額請求　137

泉・相続法332頁、新版注釈民法（27）438頁〔川井健〕）とがあったが、最高裁は、「民法910条に基づき支払われるべき価額の算定の基礎となる遺産の価額は、当該分割の対象とされた積極財産の価額である」とした（最判令元・8・27民集73・3・374）。

　請求の基礎となる財産には、特別受益財産を含み、寄与分は控除される。請求者についても、その特別受益は考慮され、その具体的相続分によって請求額は算定される（東京高判昭61・9・9家月39・7・26）。

　価額の支払を請求する場合における遺産の価額算定の基準時は、価額の支払を請求した時とするのが多数説であるが（新注釈民法（19）523頁〔副田（藤巻補訂）〕）、現実に支払がされた時とする説もある（大阪高決昭54・3・29判タ389・139）。価額の支払債務は、期限の定めのない債務であり、履行の請求を受けた時に遅滞に陥る（最判平28・2・26民集70・2・195）。

　　ウ　価額請求の相手方

　　（ア）　認知によって相続人に変動があったことにより影響を受ける他の相続人が相手方となる。すなわち、他の相続人が配偶者と直系卑属の場合、被認知者の存在によって配偶者の相続分は影響を受けないから、請求の相手方とならない（東京地判平28・10・28判時2335・52、新版注釈民法（27）438頁〔川井健〕）。

　　（イ）　他の相続人が、配偶者と直系尊属又は兄弟姉妹の場合、直系尊属又は兄弟姉妹は被認知者の出現によって相続権を有しなかったこととなるので、被認知者は、相続回復請求権（民884）によって全面的に遺産の回復を請求することができる（中川・註釈相続法214頁〔加藤一郎〕、我妻榮『判例コンメンタールⅧ相続法』147頁（日本評論社、1966））。民法910条の適用を認め、価額請求にとどめるとの説もあるが、少数説である。この場合、配偶者についても、その相続分割合が減少するので、

138　第5章　相続分の放棄・譲渡、参加・排除、被認知者の価額請求

請求の相手方となる（新版注釈民法（27）439頁〔川井健〕）。

　　（ウ）　相続人不存在のため相続財産が国庫に帰属した場合、相続財産は相続人捜索等の一定の手続を経て国庫に帰属したものであって、国は、共同相続人という立場にないので、国を相手方として価額請求をすることはできないとするのが多数説である（新版注釈民法（27）439頁〔川井健〕）。特別縁故者として財産の分与を受けた者についても、同様に請求の相手方とできない（新版注釈民法（27）439頁〔川井健〕）。

　　（エ）　請求の相手方が複数の場合、連帯債務ではなく、分割債務となる（中川・註釈相続法213頁〔加藤一郎〕、新注釈民法（19）525頁〔副田（藤巻補訂）〕）。請求の割合は相続分に応じ、現実の分割において取得財産がゼロであった者に対しても請求は可能である（中川・註釈相続法214頁〔加藤一郎〕）。

　　エ　請求の手続

　請求は訴訟事項であり、地方裁判所の管轄である。

（4）　死後認知請求者による遺産分割事件への関与等

　　▶死後認知の訴訟中であるが、遺産分割に参加する方法はあるか

　　ア　利害関係人としての関与の可否

　死後認知の訴えを提起した者は、他の相続人らの遺産分割事件が係属中である場合、これに関与することができるか。後日の法律関係の複雑化を避けるために、死後認知請求者を利害関係人として参加させることが可能であるとの見解がある（旧家事審判法に関し、注解家事審判法513頁〔野田愛子〕、岡垣学「死後認知と分割禁止」島津一郎ほか『新版相続法の基礎』199頁（青林書院新社、1986））。しかし、参加したとしても、認知の訴えが認容されるとは限らないので、参加を認めない場合よりいっそう複雑となるし、審判では、認知の裁判が確定するまでは、相続人でな

第5章　相続分の放棄・譲渡、参加・排除、被認知者の価額請求　139

いものと扱わざるを得ないし、調停で合意ができたとしても、裁判の結果次第では、後に紛争の種となる可能性もある。死後認知の訴えを提起したというだけでは、実体法上何の権利もなく、期待権さえないのであるから、利害関係は肯定できないと考える。

　イ　遺産分割禁止の審判

　家庭裁判所の審判による分割禁止については、民法910条の適用がないという立場に立てば（新注釈民法（19）520頁〔副田隆重（藤巻梓補訂）〕）、死後認知の裁判が確定するまで、遺産分割を禁止することが考えられる（民908④）。死後認知請求の認容される可能性が十分にあり、遺産分割によって著しく不公平な遺産分割がされるおそれがある場合には、前提問題としての当事者の範囲に争いがある場合に準じて、遺産分割禁止の審判をすることは考えられなくはない。

　ウ　価額請求権の保全処分

　価額請求権を保全する方法は、いまだ相続人であるといえない以上は、被保全権利を肯定できず、認められないと思われる。

　エ　事実上の調停等の中止申立て

　なお、調停委員会に、死後認知請求の認容される可能性が十分にあり、遺産分割によって著しく不公平な結果になることを証する書面を添付して、事実上調停手続の進行の調整を求めることは可能である（岡垣・前掲200頁）。

5－4　設問の検討

（1）　設問1について

　各相続人の相続分は、相続分の放棄・譲渡がない場合、Ｙ1が2分の1、Ｘ1、Ｘ2、Ｙ2、Ｙ3は、各8分の1である。

　Ｘ2は、相続分をＸ1に譲渡したので、Ｘ1は、Ｘ2の相続分を取得し、Ｘ2は、相続分を失う。

140 　第5章　相続分の放棄・譲渡、参加・排除、被認知者の価額請求

　Y2の相続分放棄については、その意思を確認する必要がある。相続分放棄の結果、その相続分については、原則的には、他の相続人に、その相続分の割合で帰属するが、同順位の相続人に帰属するとされる場合もある。また、本件の身分関係からすると、Y2の意思が、その相続分を腹違いの兄弟に帰属させるものかどうか疑問もある。あるいは、Y3に帰属させる趣旨かもしれない。その場合は、相続分譲渡として処理する必要も生じる。しかし、設問に特段の説明がないので、原則通りに処理することとすると、Y2の相続分8分の1は、その2分の1（16分の1）がY1に、48分の2がX1に、48分の1がY3に帰属する。その結果、各相続分は次のとおりとなる。

　X1 ＝ 1/8＋1/8＋2/48＝14/48
　Y1 ＝ 1/2＋1/16＝27/48
　Y3 ＝ 1/8＋1/48＝7/48

　（2）　設問2について

　相続分の譲渡がされた場合、第三者が譲受人である場合は、その第三者は、当事者となる資格を有する者となるので、当事者として遺産分割の手続に参加する必要が生じるが、本件の場合、譲受人は相続人であるので、その相続分が増加したとして扱うことで足りる。相続分を譲渡した者及び相続分を放棄した者は、いずれもその相続分を失うので、遺産分割の当事者となる資格を失う。X2、Y2は、相続分の譲渡、放棄によって、遺産分割の当事者となる資格を失ったが、本件では、既に相続登記がされている。遺産分割が成立した場合、その結果に従って、これを原因とする移転登記手続をする場合があり、X2、Y2は、その登記手続において登記義務者となる関係にあるから、当事者ないし利害関係人として残し、排除をしないこととなろう。

　（3）　設問3について

　認知訴訟において認知の判決がされ、被認知者が相続人となった場

第5章　相続分の放棄・譲渡、参加・排除、被認知者の価額請求　141

合、相続分の範囲に変更が生じる。本件では、認知前の相続人は、配偶者Y1と子X1、X2、Y2、Y3であるから、認知によって相続人としての子が1人増加することとなる。しかし、いまだ認容判決がない段階では、Zは、相続人でなく、遺産分割手続の当事者となる資格はないから、この段階で遺産分割を行えば、Zは存在しないものとして遺産分割が行われ、Zは後に認知が認められれば、価額請求をすることになる。この場合、現物分割を求めることは不可能であるので、被認知者としては、遺産分割を認知の判決以後とすることに利益を有する。

　しかし、遺産分割事件において、認知訴訟が係属しているからといって、その判決を待たなければならないということはない。判決を予測することは多くの場合困難であるし、これにより手続が遅延することは好ましくないから、当事者が、判決を待たないということであれば、裁判所又は調停委員会としては、通常通りに進行することになろう。ただし、遺産を認知請求者が使用していること等から現物分割の必要性が高く、認知請求者を除外した遺産分割が被認知者にとって非常に不公平な結果となる可能性がある場合や、遺産分割の当事者である相続人が後順位の相続人で、認知の裁判がされた場合には相続人たる資格がないこととなる場合には、当事者の意向に関わりなく、これを待つのが相当な場合はあろう。遺産分割の一日前でも、認知の判決の確定が早ければ、遺産分割が無効となることも考慮を要する。ただし、裁判所、調停委員会の裁量の範囲である。

（4）　設問4について

　調停手続の進行中に認知訴訟の認容判決が確定した場合、Zは、相続人となるから、遺産分割手続に当事者として参加する資格を取得する。そして、遺産分割手続は、そのままでは、当事者となるべき者を欠いた状態となるので、その手続を適法に進めるためには、Zの参加を要

142　第5章　相続分の放棄・譲渡、参加・排除、被認知者の価額請求

する。Ｚが自ら参加しない場合には、他の相続人は、Ｚの参加を申し立て、裁判官において、Ｚに対し、当事者参加を命じることとなる。

（5）　設問5について

　価額請求に係る債務は、相手方が複数である場合、分割債務となる。そして、被相続人の子Ｚが相続人となったとしても、被相続人の配偶者Ｙ1の相続分は変わらないから、Ｙ1は請求の相手方とならない。Ｘ1、Ｘ2、Ｙ2、Ｙ3は、被相続人の子であり、Ｚの出現によってその相続分は減少するから、価額請求の相手方となる。請求すべき額の算定については、積極財産から消極財産を控除した純遺産とする見解もあるが、実務は最高裁判例に従い、積極財産のみを算定の基礎となる財産とする。

　算定の基礎となる財産としては、自宅土地建物、駐車場、預貯金に、Ｘ1、Ｘ2の特別受益1,000万円も加えることとなる。Ｙ1が取得した死亡保険金は、原則として持戻しを要する財産ではなく、保険金受取人である相続人とその他の共同相続人との間に生ずる不公平が民法903条の趣旨に照らし到底是認することができないほどに著しいものであると評価すべき特段の事情が存しない限り、持戻しの対象とならない（最決平16・10・29民集58・7・1979、東京高判平26・3・19金判1493・19）。設例の事例では、持戻しの対象とならないであろう。Ｚが生前贈与を受けた500万円は、特別受益財産であるから、加算する必要がある。以上によれば、（3,000万円＋2,000万円＋1,000万円＋1,000万円＋500万円）×1/10－350万円＝400万円がＺが請求できる額であり、Ｘ1、Ｘ2、Ｙ2、Ｙ3に対し、各100万円を請求できる。債務1,000万円については、その10分の1をＺも負担するので、これを支払った者（本件では、Ｙ1となろう。）において、Ｚに不当利得として支払を求めることとなる（東京地判平25・10・28金法2004・96）。

第 6 章

再転相続・受継・渉外遺産分割

第6章　再転相続・受継・渉外遺産分割

> **設　例**　受継の必要、外国籍の被相続人の遺産分割手続

日本国籍の被相続人Aは、平成28年8月1日に死亡した。その相続人は、韓国籍の夫であるY1、その間の長女X1、二女X2、長男Y2である。子らは、いずれも、日本国籍で成年に達している。X1、X2は、平成30年8月、Y1、Y2を相手方として、遺産分割の調停を申し立てた。Aの遺産は、預金500万円である。第3回調停期日が、平成31年2月20日開かれたが、そのとき、X1から、平成31年2月1日に、Y1が死亡した旨の報告がされた。そして、Y1には、先妻Bとの間に、Y3ないしY5の3人の日本国籍の子があること、Y1は、平成27年9月1日作成の自筆証書遺言を遺しており、これには、その遺産については、妻Aが4、その余の相続人は各1の割合で分けるようにと記載されていたことが判明した。

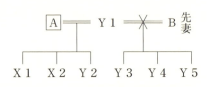

> **設　問**
>
> 1　Y1が死亡したことにより、遺産分割調停手続は、どのように進むか。
> 2　X1、X2は、その後、Y2ないしY5を相手方として、Y1についての遺産分割の調停を申し立てた。各相続人の相続分はいくらとなるか。
> 3　Y1の遺言の内容が、その全ての遺産をY2に相続させるというものであった場合、異なる進行となるか。

第6章　再転相続・受継・渉外遺産分割　　145

```
┌─────────┐
│ 解　説 │
└─────────┘
```

6－1　遺産分割手続中の相続人の死亡

（1）　第1次相続に生じる問題

▶遺産分割の手続中に、相続人の一人が死亡した場合、誰がどのような手続をとるべきか

▶再転相続が共同相続の場合、第2次相続について遺産分割申立てが必要か

▶再転相続において、第1次相続人が、その遺産を他に遺贈した場合、遺贈の対象となった第1次相続の遺産の持分又は相続分は、遺産分割の対象か

ア　再転相続における相続分の承継

相続（第1次相続という。）開始後、その共同相続人の一人に更に相続（第2次相続という。）が開始した場合を再転相続といい、第2次相続の相続人を再転相続人という。

相続人は、共同相続においては、被相続人の権利義務をその相続分に応じて承継する（民899）。相続人が遺産分割前に死亡した場合、死亡した相続人（第2次被相続人）の有した相続分は、第2次相続の相続人に（共同相続の場合はその相続分に従って）承継される。そして、遺産共有の状態にある遺産の共有持分も、同様に第2次相続の相続人に承継される。なお、この共有持分は、具体的相続分による持分である（井上・理論と審理286頁）。さらには、遺産分割の手続が進行中の場合、その当事者たる地位も、実体的権利の承継に伴って、承継すべきこととなる。

イ　遺産分割手続への影響

（ア）　受継の必要

遺産分割の手続中に共同相続人の一人が死亡すると、共有者の一人

が遺産分割に関与できなくなるわけであるから、その手続を適法に進めることができなくなる。そこで、当事者が死亡し（なお、相続人たる資格の喪失の場合も同様）、これによって家事審判の手続を続行することができない場合には、法令により手続を続行する資格のある者は、その手続を受け継がなければならない（家事44①）。これを、受継と呼ぶ。

法令により手続を続行する資格のある者とは、遺産分割の当事者たる地位を承継した者であるが、これは相続分を承継した者、通常、第2次相続の相続人がこれに当たる。

民事訴訟手続係属中に当事者等について死亡・資格喪失等の事由が生じた場合、民事手続では、原則として手続は中断し、受継手続を要するものとされている（民訴124）。しかし、家事事件手続法は、中断制度を設けず、法令により手続を続行する資格のある者がいる場合には、中断せずに手続を受け継ぐものとした。同じ「受継」というものの、民事訴訟法上の受継とは異なる概念である。訴訟手続では、死亡当事者に訴訟代理人がある場合には、中断せず（民訴124②）、したがって受継もないが、家事手続では、手続代理人の有無にかかわらず、受継を必要とする。

　（イ）　受継手続

遺産分割の当事者たる地位の承継人は、受継事由が生じたときは、受継の申立てをすることができる（家事44①）。受継の申立ては、書面でする（家事規29①）。裁判所は、申立てに理由があれば、受継決定をする。申立てに理由がない場合には、却下決定をするが、申立人は、これに即時抗告をすることができる（家事44②）。

また、家庭裁判所は、他の当事者の申立てにより又は職権で、法令により手続を続行する資格のある者に家事審判の手続を受け継がせることができる（家事44③）。他の当事者の受継申立てを、裁判所が却下した場合は、その申立人は、即時抗告することはできない（家事99）。

また、受継決定についても、即時抗告することはできない（家事99）。

裁判所書記官は、受継があったときは、その旨を当事者及び利害関係参加人に通知しなければならない（家事規29③）。

　　ウ　死亡した第１次相続の相続人が取得した未分割遺産の分割

第１次相続において、死亡した第１次相続の相続人が取得する遺産については、その承継人、すなわち第２次相続の相続人（再転相続人）に取得させることになる。そこで、第２次相続が共同相続である場合には遺産分割の申立てを要する場合がある。

　　（ア）　第２次相続の相続人が一人の場合

第２次相続の相続人が一人の場合、その者が被相続人の権利義務を全て承継するのであるから、その相続人が受継すれば、後は、受継した者を加えて遺産分割の手続を進めればよく、第２次相続の遺産分割の申立ては必要ない。その遺産分割では、再転相続人が承継した相続分が例えば不動産持分の場合には、これを他の相続人が取得して、再転相続人は代償金を取得するという分割もあり得るが、その場合でも、第２次相続の被相続人の遺産を分割したのではない。

　　（イ）　第２次相続が共同相続である場合

これに対し、第２次相続が共同相続である場合は、第１次相続によって第２次相続の被相続人が共有として取得する権利を第２次相続の相続人らに分割するために、第２次相続の遺産分割の申立てが必要である。

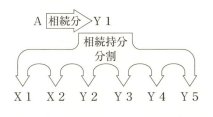

従来、実務は、第２次被相続人に固有の遺産がある場合とそうでない場合を区別し、固有の遺産がある場合には、新たな申立てを要するが、これがない場合には新たな申立ては必ずしも必要がないとしてきた（松田亨「再転相続と遺産分割手続」現代裁判法大系11巻230頁）。現在でも、

東京家裁は、固有財産がない場合は、第2次被相続人についての遺産分割申立ては必要ないとしている（村井みわ子「遺産分割事件のケース研究 第3回事例検討③実務上散見される主張を中心とした研究」家判23号128頁(2019)）。しかし、その遺産が第1次相続人の遺産のみであっても、第2次被相続人が取得した相続分に応じた共有持分権は、実体上の権利であって第2次被相続人の遺産として遺産分割の対象となるものであり（最決平17・10・11民集59・8・2243）、これを第2次相続の相続人に分属させるためには遺産分割を必要とするというべきである。したがって、第2次相続について、遺産分割の申立てを要する。

　なお、遺産分割の結果として、例えば、第2次相続の遺産について、その相続人全員の共有とするにとどめる場合など、第2次相続の遺産分割をしない場合は、申立ては不要であると考える余地はないではないが、この結果は、共有とする分割であって、これによって生じた共有状態は、遺産共有ではなく、その共有状態の解消は、共有物分割手続によるべきものとなるから、やはり、遺産分割がされたものと考えるべきであろう。ただし、相続人全員の共有とした場合、なお、遺産共有のまま残るとの見解もある（下方元子「再転相続と遺産分割手続」判タ215題199頁）。

　エ　第2次相続の被相続人に遺言がある場合
　（ア）　特定物を遺贈する遺言がある場合
　第1次相続の相続人が、遺産を処分した場合と同様に考えればよい。遺産分割前に特定の財産の共有持分が第三者に譲渡された場合には、その持分は、遺産分割の対象から逸出する（最判昭50・11・7民集29・10・1525）。特定物遺贈は、この譲渡と同様に考える。第三者が、相続人である場合も、同じである。

　ただし、再転相続人による全財産の遺贈については、第1次相続により取得する相続分の遺贈と考えることができ、このように考えるこ

第6章　再転相続・受継・渉外遺産分割　　　149

とができる場合は、その持分が遺産分割の対象財産から逸出すること
はない。

　（イ）　全部包括遺贈の場合

　全部包括遺贈の場合、遺贈財産は特定されるから、特定物遺贈と同
じであるが、対象が全財産であるから、全財産の遺贈と同様である。
つまり、再転相続の場合は、第1次相続において被相続人が取得した
相続持分は、遺産分割の対象財産から逸出することはない（大阪高決平
29・12・22家判19・54）。受遺者は、相続分の承継者として、第1次相続
の遺産分割に関わることになる。

　（ウ）　割合的包括遺贈の場合

　割合的包括遺贈は、これによって受遺者が取得する権利は、未分割
の遺産の割合にすぎない。そこで、受遺者は、その取得した割合で第
1次相続の遺産分割に加わる。受遺者に移転する部分は、第2次相続
の被相続人の財産の一部であり、その余の財産を再転相続人と分割す
る必要が生じるから、第2次相続の遺産分割申立てが必要となる。

　（エ）　特定財産承継遺言がある場合

　特定の遺産を特定の相続人に「相続させる」趣旨の遺言がされた場
合、当該遺言において相続による承継を当該相続人の意思表示にかか
らせたなどの特段の事情のない限り、何らの行為を要せずして、すな
わち、遺産分割をするまでもなく、当該遺産は、被相続人の死亡の時
に直ちに相続により承継される（最判平3・4・19民集45・4・477）。それ
故、当該遺産は、遺産分割の対象財産から逸出する。このような遺言
を特定財産承継遺言というが、この遺言により特定された財産は、特
定物の遺贈と同様に、遺産分割対象財産から逸出するので、第1次相
続の遺産分割は、その特定財産の第2次相続の被相続人の持分を除い
た持分のみを分割することとなる。

　なお、全ての遺産を特定の相続人に相続させるとの趣旨の遺言も、

相続させる遺産が特定しているから、特定財産承継遺言に当たるが、この場合、全ての遺産を遺贈した場合と同様に、第1次相続により取得する相続分の遺贈と考えることとなり、その持分は遺産分割の対象財産から逸出しない。遺言によってその持分を取得した者は、相続分の譲受人と同様に第1次相続の相続人たる地位を承継した者として、遺産分割に加わる。なお、この場合、承継人は一人であるから、第2次相続の遺産分割の申立ては必要ない。

　　（オ）　第2次相続の他の相続人が遺留分減殺請求をした場合

　遺留分が侵害された場合、従前の遺留分減殺制度は、平成30年7月の改正により、遺留分権利者は、受遺者（特定財産承継遺言により財産を承継し又は相続分の指定を受けた相続人を含む。）又は受贈者に対し、遺留分侵害額に相当する金銭の支払を請求することができる制度に改定された（民1046①）。そこで、遺留分減殺請求（改正法では遺留分侵害額請求）は、遺産分割に影響を与えないこととなった。この改正は、令和元年7月1日以後に開始した相続に適用があるが、それより前の相続についての遺産分割事件もなお珍しくはないので、これに触れておく。

　改正前においては、遺留分減殺請求権が行使されると、遺贈・贈与の目的が特定物である場合は、遺贈・贈与は、遺留分を侵害する限度において失効し、受遺者又は受贈者が取得した権利は、その限度で当然に減殺請求をした遺留分権利者に帰属する（最判昭51・8・30民集30・7・768）。特定財産承継遺言についても、同様に、遺留分を侵害する限度で当然に減殺請求をした遺留分権利者に帰属することになる。すなわち、特定物遺贈や特定財産承継遺言がされると、その特定財産は、遺言者の遺産分割の対象財産から逸出し、遺留分減殺請求がされても、減殺された財産は遺産に戻ることはない。

　これに対し、遺言が、相続分の指定をするものである場合、遺留分

第6章　再転相続・受継・渉外遺産分割　　151

を侵害する限度で相続分が修正され（田中ほか・諸問題55頁、矢尾和子「遺留分減殺請求による取戻財産の性質と遺産分割事件の運営―最高裁第二小法廷平成8年1月26日判決を中心として―」家月49巻7号25頁（1997）、最判平24・1・26判タ1369・124）、遺産は、修正された相続分による遺産共有となり、その結果、その遺産は遺産分割の対象となる。

　相続人に対する割合的包括遺贈も、実質的に、相続分の指定であり、同様の結論となる（田中ほか・諸問題62頁、矢尾・前掲23頁）。なお、全部包括遺贈は、財産が特定されているので、特定財産承継遺言と同じく、遺産分割対象財産はないこととなる（田中ほか・諸問題64頁、最判平8・1・26民集50・1・132）。

　遺産分割手続中に再転相続が生じた場合、第2次相続の被相続人に全財産についての特定財産承継遺言があり、これに他の相続人が遺留分減殺請求をした場合、特定財産承継遺言により、遺言者の持分が遺産分割の対象から逸出するとの結論を採る場合には、遺留分減殺請求がされたとしても、減殺された財産が遺産分割の対象となることはないから、特段問題は生じない。

　しかし、全財産の特定財産承継遺言に対する遺留分減殺の相手方に属した権利は、遺産共有状態にある不動産の持分割合、つまりは相続分であることからすると、遺留分減殺請求によって、遺留分権利者が取得した権利も遺産共有状態にある権利といわなければならない。そこで、遺留分の割合が遺留分権利者に移転すると考えることになる（大阪高決平29・12・22家判19・54、村井・前掲127頁）。そうすると、遺留分の割合は、第1次相続の相続分となり、特定財産承継遺言の対象財産は遺産分割の対象から逸出しないこととなる。

　　オ　第2次被相続人の固有財産を遺産分割対象財産とする場合

　遺産分割において第2次被相続人の固有財産を第1次被相続人の遺産と合わせて分割する場合は、第2次相続の遺産分割の申立てを要す

ることは争いがない。

（２）　第２次相続に生じる問題

　ア　第２次相続の遺産分割の申立て

　申立ての要否については、既に述べた。第２次相続について遺産分割が申し立てられた場合、通常は、第１次相続の遺産分割事件に併合して進められる。

　イ　特別受益

　再転相続人が再転相続前に第１次相続の被相続人から受けた贈与は特別受益となるか。この贈与は、第１次相続の被相続人がした贈与であるから、これは第１次相続において考慮されるべき問題である。第１次相続において、再転相続人がその相続人でない場合には、第三者への贈与ということになり、特別受益とならない。

（３）　分割の方法

　第１次相続の遺産分割を行い、次いで第２次相続の遺産分割を行う。第２次相続の遺産分割では、その被相続人が第１次相続において取得すべき具体的相続分による取得額とその固有財産が分割の対象財産となる。

　審判の主文には、第１次相続と第２次相続のそれぞれについて分割結果を記載するのが好ましい。もちろん、第２次相続の被相続人に属する部分は、これを主文に記載することはない。ただし、第１次相続、第２次相続とも、特別受益も寄与分もなく、また、第２次相続に新たな相続人もなく、法定相続分によって処理する事案では、第２次相続の結果、各相続人が取得する相続分によって分割し、第１次相続の遺産分割と第２次相続の遺産分割の別を明示しない例も多い。必ずしも不相当とすることはないと考える。ただし、この場合、第２次相続については、その固有遺産を取得するのは第２次相続人に限られる点は注意を要する。

第6章　再転相続・受継・渉外遺産分割　　153

6-2　渉外遺産分割

(1)　国際裁判管轄と準拠法

外国人が当事者となる渉外家事事件については、まず、我が国の裁判所がその事件を扱うことが可能か否かという国際裁判管轄の有無が問題となる。国際裁判管轄については、明確な条約や法律はなく、当事者間の公平、裁判の適正・迅速を期するという理念により、条理に従って、解釈によって決定するのが相当とされており（最判昭56・10・16民集35・7・1224）、遺産分割事件の国際裁判管轄については、被相続人の最後の住所地国に原則的な管轄があり、遺産の所在地国にも当該遺産に関する事件について例外的な管轄があると解されている（司法研修所『渉外家事・人事訴訟事件の審理に関する研究』169頁（法曹会、2010）、福岡高決平4・12・25家月46・3・50、神戸家審平6・3・25家月47・8・59）。

国際裁判管轄が肯定されて、次に、どの国の法が適用されるかという、準拠法が問題となる。準拠法が、外国法となっても、準拠法所属国の国際司法が我が国の法を準拠法として指定している場合は、我が国の法が準拠法となる（法適用41）。これを反致という。

(2)　遺産分割事件の準拠法

ア　相続準拠法

相続準拠法には、不動産の相続、動産の相続を問わず、相続関係を一体として被相続人の属人法、すなわち被相続人の本国法又は住所地法によって統一的に規律する相続統一主義と、不動産の相続と動産の相続を区別し、不動産についてはその所在地法を、動産については被相続人の本国法又は住所地法を適用する相続分割主義がある。我が国や2015年のEU相続規則施行前のドイツ、イタリアは前者であり、後者として、同施行前のフランスがある。そして、我が国は、相続は、被相続人の本国法によると定める（法適用36）。被相続人の本国法とは、被相続人の死亡当時の国籍のある国の法律である。

ただし、被相続人の本国の国際私法が我が国の法を準拠法として指定している場合は、反致により、我が国の法が準拠法となる。

英米法系の国は相続分割主義をとることが多いが、相続財産である不動産が我が国にあれば反致により我が国の相続法が準拠法となる。上記EU相続規則は、相続に関する準拠法を原則として、被相続人が死亡時に常居所を有して国の法とし（EU相続規則21①）、この常居所を有していた国はEU加盟国でなくてもよいので、日本に最後の常居所があれば、原則として我が国の法が準拠法となる。

　イ　遺産分割手続における準拠法

遺産分割事件は、相続としての法律関係であり、原則として、相続準拠法による。相続開始原因、相続開始時期、相続開始場所、相続人の範囲、相続順位、代襲相続の可否、相続人の廃除、相続欠格事由、相続分、遺留分などは、相続準拠法による。

遺産分割の前提問題となる親族関係の成立・喪失については、法の適用に関する通則法に個別に規定がある。

（3）　遺言の準拠法

　ア　法の適用に関する通則法の原則

遺言の成立及び効力は、その成立の当時における遺言者の本国法による（法適用37①）。

　イ　遺言の方式の準拠法に関する法律

ハーグ国際私法会議による遺言の方式に関する法律の抵触に関する条約（昭和36年10月5日発効）の批准（昭和39年6月3日）に伴い、遺言の方式の準拠法に関する法律が制定されている。法の適用に関する通則法の特別法と位置付けられる。これは、遺言を方式上なるべく有効にしようとする立場に立脚して制定されたものである。同法は、遺言の方式の準拠法に関し必要な事項を定めるものである（遺言準拠法1）。方式とは、例えば、自筆証書遺言、公正証書遺言などの方式の種

第6章　再転相続・受継・渉外遺産分割　155

別の問題、遺言書の訂正の方法、遺言書への署名などであるが、遺言者の年齢、国籍その他の人的資格による遺言の方式の制限、並びに、遺言が有効であるために必要とされる証人が有すべき資格については、方式の範囲に属するものとされる（遺言準拠法5）。その内容は、以下のとおりである。

　　　（ア）　遺言は、その方式が次に掲げる法のいずれかに適合する
　　　　　ときは、方法に関し有効とする（遺言準拠法2）。

①　行為地法
②　遺言者が遺言の成立又は死亡の当時国籍を有した国の法（本国法）
③　遺言者が遺言の成立又は死亡の当時住所を有した地の法（住所地法）
④　遺言者が遺言の成立又は死亡の当時常居所を有した地の法（常居所地法）
⑤　不動産に関する遺言について、その不動産の所在地法

　　　（イ）　二人以上の者が同一の証書でした遺言の方式についても、（ア）の規律が適用される（遺言準拠法4）。

　　　（ウ）　遺言者が地域により法を異にする国の国籍を有した場合には、（ア）②の適用については、その国の規則に従い遺言者が属した地域の法を、そのような規則がないときは遺言者が最も密接な関係を有した地域の法を、遺言者が国籍を有した国の法とする（遺言準拠法6）。

　　　（エ）　（ア）③の適用については、遺言者が特定の地に住所を有したかどうかは、その地の法によって定められる（遺言準拠法7①）。また、遺言の成立又は死亡の当時における遺言者の住所が知れないときは、遺言者がその当時居所を有した地の法を遺言者がその当時住所を有した地の法とする（遺言準拠法7②）。

　　　（オ）　遺言を取り消す遺言については、（ア）の規律によるほか、その方式が、従前の遺言を（ア）により有効とする法のいずれかに適合

するときも、方式に関し有効とする（遺言準拠法3）。

　（カ）　外国法によるべき場合において、その規定の適用が明らかに公の秩序に反するときは、適用されない（遺言準拠法8）。

6－3　設問の検討

（1）　設問1について

ア　Y1の相続人

　Y1は、韓国籍であるので、その相続については、本国法たる韓国の法律が適用となる。韓国法では、反致が生じる場合はあるが、そのためには、遺言によって相続準拠法を指定する必要があるところ、設例では、これがあるようには見えない。そこで、Y1の相続人の範囲は、韓国の相続法によって決まる。韓国の相続法では、配偶者は常に相続人となり、第1順位の相続人は、配偶者と直系卑属である。この点は、我が国の相続法と共通する。そこで、Aとの間のX1、X2、Y2と先妻Bとの間のY3、Y4、Y5のいずれもが相続人となる。

イ　受　継

　遺産分割の手続中に再転相続が開始した場合であるから、Aの遺産分割については、Y1の相続人が受継する必要がある。Y1の相続人は、Aとの間のX1、X2、Y2と先妻Bとの間のY3、Y4、Y5である。Y1の子らは、いずれもが、手続を続行する資格のある者であり、受継の申立てをなし得るし（家事44①）、そのうちの一人が、他の当事者として受継の申立てをすることができる（家事44③）。申立てには、手続を続行する資格のあることを明らかにする資料、すなわち相続人であることを証する資料を添付する必要があり、裁判所は、理由があると認めることができれば、受継決定をする。なお、相続人が確定するのは、通常、熟慮期間の経過によるが、相続人が手続を続行する資格のある者として申立てをした場合には、相続を承認したものと

第6章　再転相続・受継・渉外遺産分割　　157

して、熟慮期間を経過する前に、受継決定をすることが可能である。しかし、他の当事者として申立てをした場合には、受継を命じる者に手続を続行する資格があるといえるためには、熟慮期間内に相続放棄をしなかったことが必要である。

　ウ　Ｙ１の遺産分割の必要

　Ｙ１の相続人が複数であるから、第１相続におけるＹ１の取得分をＹ１の相続人らに分属させるためには、Ｙ１について遺産分割が必要である。そこで、相続人らにおいて、そのいずれかから遺産分割の申立てをする必要がある。なお、Ｙ１に固有の遺産がない場合には、遺産分割の申立ては必要ないとする見解及び実務の運用はあるが、設例では明確でないものの遺言書もあることから、固有の遺産が存在すると考えられ、その場合は、上記立場でも申立てを要することになる。

（２）　設問２について

　ア　Ａの相続についての相続分

　Ａは、日本国籍であるから、その相続における相続分は、相続開始の時点では、Ｙ１が２分の１、Ｘ１、Ｘ２、Ｙ２が各６分の１であったところ、Ｙ１が死亡したので、その相続分は、前記のとおり、その子である、Ｘ１、Ｘ２、Ｙ２、Ｙ３、Ｙ４、Ｙ５に承継される。その相続分は、Ｙ１の遺言があるので、これによることとなる。

　Ｙ１の遺言は自筆証書遺言である。前記の遺言の方式の準拠法に関する法律が行為地法を認めているので、その方式が日本の法律に適合していれば、有効である。我が国における自筆証書遺言については、平成30年の改正により、その方式について一部改定され、従前は、遺言に添付される目録を含めて自書することを要したが、目録については、自書を要しないこととなった。ただし、この改正は、施行日である平成31年１月13日以後に作成される遺言に適用される。Ｙ１の遺言は、平成27年９月１日作成であるから、目録を含めて自書することが

必要であった。なお、仮に、目録について自書していなくても、Ｙ１の本国である韓国の相続法に適合していれば、遺言書は有効であるが、大韓民国民法1066条は、自筆証書遺言について全文の自書を必要としているので、韓国の相続法でも目録の自書は必要と思われる（なお、特別法、裁判例の有無は検討していない。）。この点は、設例に記載がないので、遺言は有効なものであったとして進める。

　Ｙ１の遺言は、妻Ａが４、その余の相続人は各１の割合で分けるようにとの相続分を指定するものであるが、Ａは、Ｙ１の相続が開始した時点では既に死亡していたので、Ａに遺産の４割を取得させる旨の遺言部分は効力を生じない（大韓民国民法1089①）。この場合、Ａが取得するはずであった部分は、誰が取得するか。遺言者が遺言で意思表示をした場合にはこれによるが、これがない場合は、その部分は、相続人に帰属する（同法1090）。そして、相続人が複数の場合は法定相続分によることとなる。直系卑属たる子の相続分は均等と定められているから（同法1009）、子らは、Ｙ１の遺産を、６分の１ずつ承継する。そこで、相続分は、

　Ｘ１、Ｘ２、Ｙ２は、各、６分の１　＋　12分の１　＝　12分の３である。

　Ｙ３、Ｙ４、Ｙ５は、各12分の１である。

　イ　Ｙ１の固有財産に対する相続分

　上記のとおり、その相続人は、Ｘ１、Ｘ２、Ｙ２、Ｙ３、Ｙ４、Ｙ５の６人であり、相続分は均等であるから、各６分の１である。

（３）　設問３について

　Ｙ１の相続持分がＡの遺産分割の対象財産から逸出するかという問題である。前記解説のように、逸出しないという結論になる。そして、その相続分はＹ２が、Ｙ１の固有遺産とともに取得する。Ｙ１の遺産の承継人は１人ということになる。

第6章　再転相続・受継・渉外遺産分割　　159

　以上から、Aの遺産分割については、Y2のみが受継することになる。そして、Y1の取得分を相続人に分属させるということはないから、遺産分割の調停申立ては必要ない。

　相続分は、X1、X2が各6分の1、Y2が6分の4となる。

　Y1の遺産分割も必要ない。

　なお、Y2以外の相続人が遺留分減殺請求をした場合、直系卑属の遺留分は、法定相続分の2分の1とされている（民1112一）ので、その割合で、Y2が取得する相続分は修正される。

　Y2以外の相続人の遺留分は、各12分の1である。そこで、Aの遺産に対する相続分は、次のとおりとなる。

　X1、X2は、各、　6分の1　＋　24分の1　＝　24分の5である。

　Y2は、　　　　　6分の1　＋　24分の7　＝　24分の11である。

　Y3、Y4、Y5は、各24分の1である。

第 7 章

遺産分割対象財産

設例　遺産分割前に増減した預貯金の遺産分割における扱い

被相続人Aは、令和2年4月1日、死亡し、その相続人は、妻Y1、長男Y2、二男B（平成29年12月1日死亡）の子Y3、Aの婚外子（平成10年4月1日認知）Xである。Xが、Yらを相手方として、遺産分割調停の申立てをした。申立書によると、

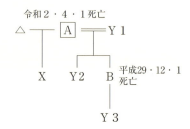

遺産は、①土地建物（Aの自宅）、②賃貸家屋1棟（敷地を含む。）、③預金（1）1,000万円（相続開始時残高）、④預金（2）2,000万円（相続開始時残高）、⑤株式500株（A経営の個人会社の株式）、⑥借家の賃料（月額30万円）とある。第1回期日において、Y2は、株式500株は、Aの生前にAから有償で取得したから、遺産ではないと主張した。また、預金（1）については、相続開始後の賃料が入金され、遺産分割の段階で残額は1,300万円となっていた。また、預金（2）は、相続開始後に500万円がY2において払い戻され、残額は1,500万円であり、Y2の説明では、100万円は葬儀社への支払、80万円は葬儀の際の布施と戒名料、100万円は仏壇購入費用、そのほかは、Aの治療費の支払、賃貸物件の固定資産税、管理費用に支出したとのことであった。

設問

1　預金（1）の遺産分割の対象となる額はいくらか。
2　預金（2）の遺産分割の対象となる額はいくらか。
3　葬儀社への支払、布施と戒名料、仏壇購入費用は誰が負担すべきか。

第7章　遺産分割対象財産　　163

解　説

7−1　相続対象性と遺産分割対象性

相続における権利義務の承継は、包括承継であるが、相続開始時に被相続人が有していた財産の全てが承継されるわけではない。

次に、相続対象性を有する財産であっても、遺産分割を必要とする財産のみが遺産分割の対象となる。これを遺産分割対象性という。

他方、遺産でない財産であっても、遺産分割の対象とすべきものがある。

（1）　相続対象性

ア　一身専属財産

▶離婚に伴う財産分与請求権を相続の対象とすることはできるか

相続の対象とならない財産は、遺産分割の対象とならない。相続対象性がないものとしては、一身専属財産が挙げられる（民896ただし書）。

慰謝料請求権は、一身専属と考えられた時代があるが、相続可能な財産権であることに確定している（最判昭42・11・1民集21・9・2249）。ただし、可分債権として遺産分割の対象にならない（後記（2）ウ（イ）参照）。

元配偶者の財産分与請求権は、その請求後は、相続可能な財産権となる（名古屋高決昭27・7・3高民5・6・265）。ただし、その扶養的要素については、学説に争いがある。

イ　祭祀財産

▶純金の仏像は祭祀財産か

系譜、祭具及び墳墓の所有権は、相続の対象ではなく、慣習に従って祖先の祭祀を主宰すべき者がこれを承継する。ただし、被相続人の指定に従って祖先の祭祀を主宰すべき者があるときは、その者が、こ

れを承継する（民897）。系譜、祭具及び墳墓を、祭祀財産という。仏壇は高価なものであっても、祭祀財産といってよい。仏像は原則的には祭具に当たるが、純金の仏像は、その由来や遺産の額のうちに占める割合等にもよるが、財産的価値という面が強いときは、遺産分割の対象となる場合もある。

（2）　遺産分割対象性

相続対象となる財産であっても、分割を要しないものは、遺産分割の対象から外れる。

遺産分割対象性が認められるためには、①被相続人が相続開始時に所有し、②遺産分割の時点で存在し、③未分割の、④積極財産であることが必要である。

　ア　相続開始時に存在すること

被相続人が相続開始時に所有しなかったものは、遺産ではないから、相続の対象とならない。

　イ　遺産分割時に存在すること

　▶特定の不動産について、相続人の一人に相続させる旨の遺言がされている場合、その不動産は、遺産分割の対象となるか

　▶相続人の一人が、遺産である不動産を他の相続人に無断で第三者に譲渡した場合、その不動産は遺産分割の対象とできるか

　（ア）　遺産分割の対象となる財産は、原則として分割時に存在するものに限られる（分割時説。多数説）。分割時に存在しないものは分割できないからである。

　（イ）　特定物の遺贈又は特定財産承継遺言あるいは死因贈与の対象財産は、相続開始と同時にその帰属が決まるから、遺産分割時には、存在しない財産である。ただし、相続分の計算において特別受益として持戻しを要する場合はある。

特定の遺産を特定の相続人に「相続させる」趣旨の遺言（相続させる旨の遺言）は、その趣旨が遺贈であることが明らかであるか又は遺贈と解すべき特段の事情のない限り、遺産の分割方法を定めた遺言であり（最判平3・4・19民集45・4・477）、基本的には、特定財産承継遺言であるとされる（堂薗＝野口・一問一答117頁注2）。そして、この遺言において、相続による承継を当該相続人の意思表示にかからせたなどの特段の事情のない限り、何らの行為を要せずして、遺産は、被相続人の死亡の時に直ちに相続により承継される（上記最判平3・4・19）。それゆえ、この遺言の対象となった財産は、遺産分割の対象とならない。

　（ウ）　相続開始後に滅失した財産も、同様である。

　相続開始後に処分された財産についても、原則として、分割の対象とならない。共同相続人全員の合意によって遺産分割前に遺産を構成する特定不動産を第三者に売却したときは、その不動産は遺産分割の対象から逸出する（最判昭52・9・19家月30・2・110、最判昭54・2・22家月32・1・149）。

　遺産分割未了の間に、一部の相続人がその遺産の持分を第三者に譲渡した場合、その持分は遺産から逸出し、遺産分割の対象とならない。その遺産は持分取得者と相続人の共有となり、その共有状態の解消は、民法258条に基づく共有物分割訴訟によることになる（最判昭50・11・7民集29・10・1525）。譲渡されない持分についての共有関係の解消は遺産分割手続によることになるが、相続開始から10年を経過したときは、原則として、遺産共有部分及び通常共有部分を含めて共有物分割の手続によることになる（民258の2）。相続人の持分が、第三者によって差し押さえられた場合は、その処分禁止効は相対的な効力を有するにすぎないから、遺産分割の対象財産から逸出しない（東京家裁・新実務運用17頁）。なお、一部の相続人が、他の相続人に無断で、遺産に属する不動産を第三者に譲渡した場合、他の相続人は、その法定相続分を登記

なくして第三者に対抗することができるから、第三者が取得するのはこれを処分した相続人の持分の範囲にとどまり、相続人がその遺産の持分を第三者に譲渡した場合と同様となる。

　（エ）　なお、平成30年の改正により、相続開始後に処分された財産を、相続人らの合意により遺産分割の対象とすることが可能となった（改正後の民法906条の２）（後記**第８章８－１（３）イ**参照）。

　ウ　未分割の財産であること

　▶一部分割の効力が争われる場合どうするか

　（ア）　遺産は、遺産分割がされれば、これによってその帰属が決まるから、もはや遺産分割をする必要がない。一部の遺産について、相続人間でその帰属について合意がされた場合も、それは遺産の一部分割として有効であり（民907①②。従前からこのように考えられてきたが、平成30年の相続法改正によって、明文化された。）、その財産は遺産性を失う。ただし、その後、その分割合意が合意解除された場合（最判平２・９・27民集44・６・995、法学教室254号17・18頁注13（有斐閣、2001））や解除事由があって解除された場合（解除を認めなかった例として、最判平元・２・９民集43・２・１）、また、錯誤による無効（なお、錯誤については、平成29年法律第44号による民法改正により取消事由となった。）の場合などは、その財産は遺産性を回復し、遺産分割の対象となる。一部分割の効力が争われる場合、前提問題として処理される必要がある。

　（イ）　可分債権は、相続開始とともに当然に分割されるので、未分割財産ではなく、遺産分割の対象とならない（最判昭29・４・８民集８・４・819、最判平16・４・20裁判集民214・13）。

　エ　積極財産であること

　遺産分割の対象は、積極財産であり、債務は、遺産分割の対象財産ではない。債務を遺産分割の対象とすると、資力のない者がこれを承継した場合には、債権者が不測の損害を被ることとなるからである。

第7章　遺産分割対象財産　　167

（3）　遺産ではないが、財産分与の対象となるもの
　　▶遺産である家屋が隣家の重過失による失火によって焼失した
　　　場合に、いまだ支払われていない火災保険金及び隣家に対す
　　　る損害賠償金は遺産分割の対象となるか
　本来は分割対象財産ではないものでも、遺産と同視でき、同様の共
有状態にあるものについては、遺産分割の対象財産とすべきものもあ
る。遺産の代償物、例えば、換地処分による換地などは、遺産分割の
対象とすることができる。代償物が可分債権である場合は、対象とな
らないが、合意により、これを遺産分割の対象とすることができる。

７－２　遺産分割対象財産の範囲

　遺産分割審判において対象とする財産については、①当然に分割の
対象となるもの（不動産、株式、現金、預貯金債権など）と、②当事
者の合意があれば分割の対象にできるもの（相続開始後の遺産からの
収益など（東京高決昭63・1・14家月40・5・142））がある。他方、③調停
手続で協議の対象とすることは可能であるが、当事者の合意があって
も分割審判の対象となし得ないもの（相続債務、葬儀費用、遺産管理
費用など）もある。以下、具体的に検討する。
（1）　不動産・動産
　所有権の対象となる物権は、前記７－１（2）のアないしウの要件を
満たせば、分割対象となる。
（2）　借地権等
　　▶公営住宅を使用する権利は相続の対象となるか
　ア　賃借権
　賃借権は、財産的価値があり、不可分債権であるから、相続され、
遺産分割の対象となる。
　なお、公営住宅を使用する権利については、当然に相続されるもの

ではない（最判平2・10・18民集44・7・1021）。

イ　使用借権

使用借権は、借主の死亡により消滅するから（民597③）、遺産分割の対象とならない。

（3）　現　金

▶遺産を処分した代金である現金は遺産分割の対象となるか

現金は、遺産分割の対象となる（最判平4・4・10家月44・8・16）。遺産たる不動産を相続人らが売却し、その代金を現金で保管している場合、その現金は、代償物として、遺産分割の対象となる。金銭の所有権者は、特段の事情のない限り、その占有者と一致すると解すべきものであるが（最判昭39・1・24判時365・26）、相続開始時に存した金銭を遺産として保管している場合は特段の事情に当たると解説される（道垣内弘人「遺産たる金銭と遺産分割前の相続人の権利（最二小判平4・4・10）」『民法判例百選Ⅲ〔第2版〕』別冊ジュリスト239号129頁（2018））。

（4）　金銭債権

ア　可分債権と不可分債権

▶損害賠償債権は遺産分割の対象となるか

（ア）　債権には、可分なものと不可分なものとがある。可分債権は、相続開始と同時に当然に相続分に応じて各相続人に分属する（民427、最判昭29・4・8民集8・4・819）。したがって、遺産分割の対象とはならない。金銭債権は、原則として可分であるが、預貯金債権のように性質上不可分とされるものもある。

（イ）　なお、不可分の遺産も、相続開始後に可分債権に変化すると、その時点で、相続分に応じて各相続人に分属し、遺産分割の対象から外れることになる。例えば、遺産たる家屋が重失火で焼失し、代償物である損害賠償債権に代わると、これは可分債権であり、各相続人に分属するから、損害賠償債権は遺産分割の対象とならない。

第7章　遺産分割対象財産　　169

　（ウ）　可分債権であっても、遺産である以上、相続人らがこれを遺産分割の対象とすることに合意すれば、これを遺産分割の対象とすることができる。

　　イ　預貯金債権
　　▶銀行預金債権が遺産分割の対象となるのはなぜか
　　▶銀行預金に相続開始後に振り込まれた遺産である貸家の賃料は遺産分割の対象となるか

　（ア）　従来、銀行等の預貯金債権についても、可分債権であり、共同相続においては、相続開始とともに当然相続人に分属し（大判大9・12・22民録26・2062、最判平16・4・20家月56・10・48）、当然には、遺産分割の対象財産とならないとされてきた。しかし、預貯金債権を遺産分割の対象とならないとした場合の不都合として、①遺産分割の実質的公平が阻害される、②預貯金を遺産分割の調整要素とすることができず、遺産分割の指針（民906）に沿った柔軟な分割を阻害するなどが指摘され、実務では、共同相続人の合意を得て、これを遺産分割の対象とする扱いがされてきた。

　これらを受けて、最高裁判所は、従前の判例を変更し、預貯金債権について、不可分債権であり、遺産分割の対象となるとした。すなわち、まず、ゆうちょ銀行の定額貯金債権について（最判平22・10・8民集64・7・1719）、次いで、普通預金債権、通常貯金債権及び定期貯金債権について（最決平28・12・19民集70・8・2121）、定期積金債権について（最判平29・4・6判時2337・34）、いずれも各共同相続人に分割されることはないとした。現在では、金融機関に対する預貯金債権は、全て不可分債権となるものと解せられる。

　預貯金債権が分割されない理由は、定額貯金債権、定期貯金債権、定期積金債権については、法規上（郵貯7①等）又は契約上、分割払いをしないとの条件の付された債権であるという点にある。なお、この

条件は、単なる特約ではなく定期貯金契約等の要素であり、当事者間で払戻しの合意をしている場合でも、可分債権となることはない。普通預金債権、通常貯金債権については、一旦契約を締結して口座を開設すると、以後預金者がいつでも自由に預入れや払戻しをすることができる継続的取引契約であり、口座に入金が行われるたびにその額についての消費寄託契約が成立するが、その結果発生した預貯金債権は、口座の既存の預貯金債権と合算され、いずれも、1個の債権として同一性を保持しながら、常にその残高が変動し得る債権であって、預金者が死亡した場合は、共同相続人全員に帰属し、共同相続人が全員で預貯金契約を解約しない限り、同一性を保持しながら常にその残高が変動し得るものとして存在し、各共同相続人に確定額の債権として分割されることはないという点にある。

　（イ）　相続開始後の入金分を遺産分割の対象財産とすることができるか

　前記の判決は、預貯金債権は出入金があっても一個の債権であって不可分であるとするから、これによれば、相続開始後に入金された金額部分も、遺産分割の対象となる。

　遺産から生じた果実が、相続開始後に被相続人名義の預貯金口座に入金される例はしばしばある。遺産から生じた果実は、後述のとおり、遺産ではないが、遺産とは別個の財産であることと、遺産分割の対象とすることとは矛盾しないとされる（前掲最決平28・12・19鬼丸補足意見。齋藤毅・判解（平成28年度）546頁）。入金部分が遺産分割の対象とならないとした場合、その部分が、準共有である場合には、共有物分割の手続によらなければならないこととなって、同じ1個の口座に管理される預貯金でありながら、異なる裁判所で異なる手続で処理する必要があって、甚だ困難な事態を生じる。この点を考えると、遺産ではないことを前提に遺産分割の対象財産とすることは、合理的な方法とも思

える。

入金部分を遺産分割の対象とする場合、これが相続分に応じて各相続人に帰属する場合には、遺産と扱っても、結論的には変わらない。入金部分の分割すべき割合が相続分と異なる場合があるが、その場合は、分割の方法において考慮することとなる。

（5）　投資信託・国債等

　ア　投資信託受益権

　　▶投資信託を遺産分割の対象とすることができるか

　投資信託は、簡単にいうと、多数の投資者から集めた資金を主として有価証券等に対する投資として集合して運用し、その成果を投資者に分配するという金融商品であり（投信1）、これには、委託者指図型投資信託と委託者非指図型投資信託がある（投信2①～③）。委託者指図型と委託者非指図型との主な違いは、委託者でもある投資者が運用の指図をせず、受託者が自ら運用を行うことにあるが、委託者指図型が主流である。その仕組みは、投資信託委託会社と信託銀行が、委託会社を委託者、信託銀行を受託者とする信託契約を締結し、委託会社は信託契約に基づいて発生した受益権を均等に分割し、販売会社を通じて投資者に販売される。

　投資信託の種類は多様であり、買付単位が1口1円で、換価（解約）も1口1円で行えるもの（MMF、MRF）もあり、このような態様のものは普通預金に類似している。そこで、従前は、この態様の投資信託上の権利を可分債権として、これが共同相続された場合は当然に分割されるとした裁判例もあった（大阪地判平18・7・21金法1792・58）。しかし、この問題は、最高裁平成26年2月25日判決（民集68・2・173）が、共同相続された委託者指図型投資信託の受益権は、相続開始と同時に当然に相続分に応じて分割されることはないとしたことによって決着し、現在の実務では、遺産分割の対象とされている。なお、上記

判決は、その理由に、受益権には、金銭支払請求権のほかに委託者に対する監督的機能という可分給付を目的としない権利が含まれていることを挙げているので、委託者非指図型投資信託についても、同様の結論となると思われる。

なお、投資信託の中には、販売会社等において分割債権として認める商品もあるという指摘もある（片岡武「遺産分割事件のケース研究第12回・完　遺産分割の設例検討－平成30年・令和３年民法改正を踏まえた検討」家判45号123頁（2023））。

イ　公社債投信

公社債投信も、相続開始と同時に当然に相続分に応じて分割されることはない

ウ　国　債

共同相続された個人向け国債も、相続開始と同時に当然に相続分に応じて分割されることはない（最判平26・２・25民集68・２・173）。

（6）　株　式

株式は、株主たる資格において会社に対して有する法律上の地位を意味し、株主は、株主たる地位に基づいて、剰余金の配当を受ける権利（会社105①一）、残余財産の分配を受ける権利（会社105①二）などのいわゆる自益権と、株主総会における議決権（会社105①三）などのいわゆる共益権とを有するから、このような株式に含まれる権利の内容及び性質に照らせば、共同相続された株式が相続開始と同時に当然に相続分に応じて分割されることはない（最判昭45・１・22民集24・１・１、田中ほか・諸問題252頁）。

（7）　営業権

営業権については、権利性が否定される（通説）。しかし、現実には価値がある場合がある。そこで、遺産分割においては、特定の相続人が被相続人の営業を引き継ぐ場合、当該相続人が営業用財産を一括し

て相続し、それとともに事実関係である営業権をも事実上承継するのが通常であるが、そのような場合に、営業権が相当な価額と評価されるときは、これを遺産分割上考慮する必要があるとされる（片岡＝菅野・遺産分割実務202頁）。しかし、分割の対象とすることはできず、そのような場合、営業用財産の評価の際に営業権の価額を考慮する方法によることとなろう（田中ほか・諸問題253頁）。酒類販売業免許について相続の対象となるものではないとした裁判例がある（名古屋高決平18・3・27家月58・10・66）。

（8）　遺産から生じた果実

　　　▶遺産である賃貸物件から得られた賃料は、遺産分割の対象となるか

　相続開始後遺産から生じた果実は相続財産ではない。共同相続における遺産は、相続開始から遺産分割までの間は共同相続人の共有に属するものであり、この間に遺産から生じた債権たる果実は、遺産とは別個の財産であって、各共同相続人がその相続分に応じて分割単独債権として確定的に取得する（最判平17・9・8民集59・7・1931）。遺産分割は、相続開始の時にさかのぼってその効力を生ずるが、各共同相続人がその相続分に応じて分割単独債権として確定的に取得した果実の帰属は、後にされる遺産分割の影響を受けない。

　遺産から生じた果実については、従前、これを遺産と同視する遺産同視説、遺産分割の遡及効により元物を取得した者に帰属するとする元物帰属説、遺産とは別の財産として共有物分割によるとする準共有説、相続分により当然に分割帰属するとする当然分割説があったが、上記判決は可分債権たる果実について当然分割説を採ったものである。

　ただし、相続人全員の合意があれば、遺産分割の対象とすることもできる（東京高決昭63・1・14家月40・5・142）。なお、賃料が、相続財産である預貯金の口座に入金された場合について、前記（4）イ（イ）参照。

第7章　遺産分割対象財産

（9）　債　務

債務は、相続人らに相続分に従って分割され、遺産分割の対象とならない（東京高決昭37・4・13家月14・11・115）。ただ、考慮を要する場合はある。

（10）　相続財産の管理費用

ア　相続財産管理費用の意味

相続財産管理費用とは、相続財産自体の保存、利用及び改良に要した費用である。具体的には、相続財産である不動産の固定資産税などの公租公課、相続財産が賃借権である場合の賃料、相続財産が賃貸中である場合の賃料債権の取立費用、同賃借人に対する立退料の支払、相続財産である建物の修理・改築費用等、相続財産である土地の改良費や分筆費用、第三者による無効な登記の抹消登記手続費用、相続財産管理人及び遺言執行者に対する報酬、相続財産を換価するために要した諸経費、相続財産の火災保険料の支払、新株払込金などがこれに当たる（田中ほか・諸問題265頁、東京家裁・実情と課題94頁）。

イ　相続財産管理費用の負担者

▶遺産である不動産の相続開始後の固定資産税は誰が負担するか

▶遺産である建物の敷地の相続開始後の借地料は誰が負担するか

相続財産管理費用は、民法885条の相続財産に関する費用であり、同条により、相続財産の中から支弁されることになる。しかし、その意味については、相続債務と同様に扱う趣旨とされる（新版注釈民法(26)137頁〔泉久雄〕）。結局のところ、各相続人が相続分に応じて負担することになる。そして、それは債務であるから、各相続人に分割承継され、遺産分割の対象とはならない（大阪高決昭58・6・20判タ506・186）。遺産を占有している相続人も相続分の割合しか負担しないのは一見公平で

第7章　遺産分割対象財産　　　175

ないように見えるが、権原のない持分を超えた遺産の利用は不当利得
となるから、公平は害さないであろう。

　一部の相続人が、立替弁済している場合は、他の相続人に求償する
ことになり（前掲大阪高決昭58・6・20）、遺産分割前においても、その清
算を他の相続人に求めることができるが、清算に応じない相続人につ
いて民法253条2項（義務を果たさない者の持分の取得）の適用はない
（新版注釈民法(27)115頁〔宮井＝佐藤〕）。

　ウ　遺産管理費用の遺産分割審判における対象性

　遺産管理費用は、民法885条の相続財産に関する費用に当たるので、
相続財産の負担として、遺産分割に際し、相続財産から清算されるべ
きであるとする積極説（新版注釈民法(24)60頁〔山畠正男〕）、遺産管理費用
は、相続開始後に生じたものであるから遺産分割の対象とはなり得ず、
共同相続人が相続分に応じて負担すべきであり、管理費用を支出した
者と相続人との間では、民事訴訟により解決すべきであるとする消極
説（近藤英吉『相続法論下』532頁（弘文堂、1938）等）、遺産管理費用は、遺
産分割の手続の中で考慮することもできるし、別途民事訴訟で解決す
ることもできるとする折衷説（加藤令造『家事審判法講座第2巻』92頁（判
例タイムズ社、1965）、田中由子「遺産分割の対象財産性」岡垣学＝野田愛子『講
座・実務家事審判法(3)』220頁（日本評論社、1989））がある。

　実務は、必ずしも固まってはいないが、消極説を基本としながら、
事案に応じ、管理費用の内容について、深刻な対立がなく、これを遺
産分割手続の中で清算する旨の合意が相続人間であれば、これを遺産
分割の手続において考慮することができると解されている（田中ほか・
諸問題257頁、清水節「遺産の管理費用」判タ688号109頁、雨宮＝石田・遺産実務
236頁、梶村＝徳田・家事法412頁、金澤秀樹「遺産の管理費用」判タ245題346頁）。

（11） 葬儀費用

　ア　葬儀費用の意味等

　葬儀費用は、一般には、狭義の葬式、すなわち追悼儀式及び埋葬行為に要する費用と解される（民306・309、東京家裁・実情と課題93頁）。ただし、葬儀は、被相続人の生前の社会的地位、宗教、葬式主催者や相続人の宗教、被相続人と家族との生活状況、地方における慣習などにより多様であり、その費用も上記の範囲に必ずしもとどまらない。仏式の葬儀では、棺柩その他の祭具、葬式場の設営、読経、火葬、墓標の費用等のほか、通夜・告別式の参列者の飲食代は含まれ、墓地の代価、葬儀後の見舞客の接待費用は含まないという点ではおおむね争いはなく、初七日、四十九日の法要の費用については、争いがあるとされる（東京家裁・実情と課題93頁）。

　葬儀費用の負担については、これを相続財産に関する費用とみて相続財産の負担とする考え方（東京家審昭33・7・4家月10・8・36）、喪主の負担とする考え方（東京地判昭61・1・28家月39・8・46）、相続人とする考え方（東京高決昭30・9・5家月7・11・57）などがある。

　イ　葬儀費用の負担者

　▶葬儀費用は誰が負担すべきか

　▶喪主が香典を受け取っている場合でも、他の相続人は葬儀費用を負担すべきか

　喪主が、香典を取得している場合、香典は、喪主に対する贈与とされるが、遺族の経済的負担を軽くするための相互扶助に基づく贈与と考えられるので、香典から香典返しの費用を控除したその余の部分は当然に葬儀費用に充てられるべきものである（東京家裁・実情と課題94頁）。そこで、香典の額が葬儀費用及び香典返しの費用の合計額を超える場合は、葬儀費用は喪主が負担する。原則的には、香典の額と葬儀費用及び香典返しの費用の合計額はおおむね同額と見て、特段の立

第7章　遺産分割対象財産　　177

証がない場合は、葬儀費用は喪主が負担すると扱われる。

　香典を取得していない場合や香典を取得しても、その額が葬儀費用及び香典返しの費用の合計額に不足する場合の不足額は、実際の葬儀の態様によって負担者を決めることとなる。

　その負担について、相続人間に合意があればこれにより、相続人全員が参加した葬儀で、その葬儀の規模が、被相続人及び相続人の社会的地位及び遺産からみて相当といえる範囲内のものである場合には、黙示の合意が認められる余地はある。相続人全員が協力して実施した葬儀であれば、相続人全員の負担となる。喪主が、葬儀を中心となって仕切っている場合は、原則的に、喪主の負担であり、また、被相続人の社会的地位や遺産の額に照らして相当と認める範囲を超えるものは喪主の負担となる（東京家裁・実情と課題94頁）。

　　ウ　遺産分割における対象性

　負担者については、以上のようにいい得るが、遺産分割の対象となるかどうかという点では、原則的に遺産分割の対象とならないとするのが多数である（田中ほか・諸問題253頁、片岡＝菅野・遺産分割実務60頁）。ただし、調停手続では、相続人全員の合意があれば、これを遺産分割において考慮することは可能である。

　(12)　その他

　　ア　生命保険金請求権

　　　▶一時払いの生命保険の給付金は遺産分割の対象となるか

　　　▶被相続人が受領していない満期保険金債権は遺産分割の対象となるか

　　　（ア）　保険契約は、当事者の一方が一定の事由が生じたことを条件として財産上の給付（これを「保険給付」という。）を行うことを約し、相手方がこれに対して当該一定の事由の発生の可能性に応じた

ものとして保険料（共済掛金を含む。）を支払うことを約する契約をいい、生命保険契約は、保険契約のうち、保険者が人の生存又は死亡に関し一定の保険給付を行うことを約するものをいう（保険法2八）。保険契約の当事者のうち保険給付を行う義務があるものを保険者といい、保険料を支払う義務のある者を保険契約者という。また、生命保険において、その者の生存又は死亡に関し保険者が保険給付を行うこととなる者を被保険者といい、保険給付を受ける者として保険契約で定める者を保険金受取人という。保険金受取人は保険契約者が指定する。

　生命保険契約には、被保険者の死亡を保険事故とする死亡保険契約と所定の期間終了まで被保険者が生存していることを保険事故とする生存給付保険契約、両者を組み合わせた生死混合保険契約（養老保険など）がある。この項において問題とするものは、死亡保険契約による保険給付金である。

　　（イ）　保険金受取人が保険契約者と指定されている場合を自己のためにする生命保険契約といい、保険契約者が意図的に自己を指定した場合のほか、その指定が無効の場合などにも生じるとされる。これに対し、保険金受取人を第三者に指定する場合を第三者のためにする生命保険契約という。

　　（ウ）　自己のためにする生命保険契約では、被保険者が死亡した場合、理論上、保険金請求権は保険者契約者兼被保険者兼保険金受取人の責任財産となり、保険金は相続財産となる。しかし、実際には、保険約款に保険金受取人の指定がない場合は被保険者の相続人を保険金受取人とする旨の規定が置かれているのが一般であり、自己のためにする生命保険解約はほとんどない。

　　（エ）　保険金請求権は、保険契約の効力発生と同時に保険金受

取人に指定された者の固有財産となる。一時払いの生命保険金も異ならない。保険金受取人が相続人と指定されていても、相続人である個人を受取人と指定したものであり、遺産となって相続されるというものではない（最判昭40・2・2民集19・1・1、最判平4・3・13判時1419・108、最判平6・7・18判時1511・138）。保険者が自己を受取人に指定し、保険金受取人を指定しなかった場合も、その場合は相続人に支払うとの約款の適用を受けるので、相続人と指定した場合と同様となる（最判昭48・6・29民集27・6・737）。なお、最近の保険会社の運用では、受取人を相続人としたり、指定しないという契約はないようである。

（オ）　保険金受取人が保険事故の発生前に死亡したときは、その相続人の全員が保険金受取人となる（保険法46）。死亡した保険金受取人の相続人として新たな保険金受取人となった者が保険事故が発生するまでにに死亡した場合、普通保険約款において、保険金受取人は死亡した保険金受取人の死亡時の法定相続人に変更されたものとする旨定められているときは、その条項の趣旨は、死亡した保険金受取人の法定相続人又は順次の法定相続人で保険金の支払理由が発生した当時において生存する者を保険金受取人とすることにあると解することになる（最判平4・3・13民集46・3・188、最判平5・9・7民集47・7・4740）。代襲相続人も保険金受取人の地位を取得する（遠山聡「保険金受取人の地位と相続との関係」自由と正義2023年9月号22頁）。保険金受取人の相続人が被保険者である場合についても、同様に、被保険者の相続人が保険金受取人となる（前掲最判平4・3・13）。

（カ）　なお、特段の事情がある場合に持戻しの規定の適用があることは、後記第10章参照。

（キ）　保険期間満了時に支払われる満期保険金を契約者の被相続人が受領せずに死亡した場合、満期保険金債権は相続財産であるが、これについては、可分債権として遺産分割の対象とならないとの見解

（田村洋三＝小圷眞史『実務相続関係訴訟〔第3版〕』41頁（日本加除出版、2020））
と遺産分割の対象となるとの見解（片岡前掲124頁）とがある。

　イ　死亡退職金

　▶死亡退職金は遺産分割の対象財産となるか

　死亡退職金については、個別具体的に、支給目的、基準、受給権者の範囲などを検討して、遺産性を判断するが、一般的には、社員・職員の収入に依拠していた遺族の生活保障を目的として受給権者が定められており、遺産性は否定される（国家公務員（退職手当2）につき、田中ほか・諸問題249頁。地方公務員（滋賀県職員）につき、最判昭58・10・14判時1124・186。特殊法人につき、最判昭55・11・27民集34・6・815。財団法人につき、最判昭62・3・3家月39・10・61、最判昭60・1・31家月37・8・39）。

　ウ　遺族給付金

　厚生年金基金及び確定給付企業年金において、加入員（加入者）及び受給権者等が死亡した場合に、その遺族に支給される年金又は一時金などは、遺産性は否定される（田中ほか・諸問題250頁）。

　エ　高額療養費

　▶高額療養費の払戻金は遺産分割の対象財産となるか

　医療費が高額となり限度額を超えたときは、支払額を自己負担限度額の範囲に減額し、又は支払後にその額の払戻しを受けることができる制度がある（健保115ほか）。被相続人が支払った医療費について、その払戻しを相続開始後に相続人において申請することになるところ、その請求権は被相続人の債権であり、遺産であるが、可分債権であるから、原則として、遺産分割の対象とはならない。

7－3　設問の検討

（1）　設問1について

　預金（1）については、分割時の額は1,300万円であるが、うち300万

第7章　遺産分割対象財産　　181

円は相続開始後の賃料が入金されたものであり、遺産から生じた果実
である。遺産から生じた果実は、遺産とは別個の財産であって、これ
が債権である場合は、各共同相続人が、当然にかつ確定的に、その相
続分に応じて分割取得する。しかし、遺産である預貯金に入金されこ
れと一体となっている場合は、当然に分割されるものではなく、遺産
分割の対象となる。ただし、実質的には、その入金部分に相当する額
は遺産ではないから、遺産分割においては、この額を遺産から除外し
て計算して分割することとなろうが、当該果実についても、相続分に
応じて分割されるべきものであるから、多くの場合、遺産と分割割合
は同じであるから、遺産として扱っても、結論的には違いは生じない。
そこで、本件では、1,300万円を遺産として処理することで足りよう。
　（2）　設問2について
　遺産分割は、現に存在する遺産を分割するものである。したがって、
遺産分割の対象とすることができるものは、残額の1,500万円のみと
一応はいい得る。Ｙ2が、払い戻した500万円については、その払戻し
が適正なものでない場合、他の相続人は、これを不法行為による損害
賠償金ないし不当利得返還金として、その相続分に相当する額を民事
訴訟によって請求することができる。払い戻された預貯金債権を遺産
分割の対象とすることは、従前から相続人全員が合意をすれば不可能
ではなかったが、平成30年の改正により、処分をした相続人を除く相
続人全員の同意によって処分財産を遺産とみなすことが可能となっ
た。そこで、払い戻された500万円をＹ2を除く相続人らの同意によっ
て遺産とみなすことは可能である。この制度を利用した場合は、預金
（2）は残額を2,000万円として遺産分割の対象とすることができる。
払い戻した額のうちに、他の相続人らが一部を負担してしかるべきも
のが含まれるとしても、その額を当然に除外する方法はない。Ｙ2と
しては、他の相続人が負担すべきものは、立替金等として、別途、支
払を求めるほかない。

なお、Ｙ２が、500万円を遺産でないと争う場合には、これがみなし遺産であることの確認訴訟を提起する必要があり、この訴訟は、遺産確認訴訟と同様に共同相続人全員を当事者とすべき固有必要的共同訴訟である。Ｙ２以外の相続人にとっては、結局訴訟が必要であるなら、必要的共同訴訟ではなく、相続分に応じた損害賠償請求等の給付請求をした方が、効率的で、遺産分割手続も判決確定を待つ必要がなく遅滞なく進行できる。その場合は、預金（２）の遺産分割の対象となる額は1,500万円である。

（３）　設問３について

法律的に葬儀費用の負担者を考える場合、これは、相続開始後に発生するものであり、合意（黙示の合意を含む。）がある場合を除き、これを当然に相続人全員で負担すべきものとすることは難しい。

しかし、被相続人を弔う儀式の費用であるから、それが被相続人や相続人の社会的地位や遺産の額等から見て相当と認められる範囲のものは、葬儀に参加した相続人が一部を負担することは条理に沿うことと思われる。そこで、遺産分割における調停では、多くの事例で、葬儀費用として適正な額を考慮することは多い。

葬儀費用の範囲としては、葬儀社への支払は、その内容は設例では明らかではないが、葬儀の規模が被相続人及び相続人らの社会的地位や遺産の額から見て相当であれば、その額を葬儀費用としてよいであろう。僧侶に対する布施は、葬儀の費用であり、戒名料も墓標に記載されるものであるから、葬儀費用に含めることができる。これに対し、仏壇は、葬儀に必ず要するものではないし、これを設置する場所も特定の相続人の住居となるのが普通で、相続人の共有財産となるものではないから、その購入費用は葬儀費用とはならないというべきである。

第 8 章

遺産分割前の被相続人の
財産の処分・遺産の調査

| 設　例 | 被相続人の預貯金の一部相続人による払戻金の扱い |

被相続人Aが、調停申立ての5年前の1月、93歳で施設で死亡し、その長女Xが調停の申立てをした。相続人は、長男YとXの2人である。

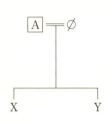

Aは、調停申立ての13年前（死亡の8年前）の1月、認知症により要介護3と認定され、その2年後（調停申立ての11年前）の1月から病院に入院し、帰宅せずに死亡した。

遺産として不動産数筆があり、評価額は合計1億円である。預貯金は、A死亡時においては1,020万円であったが、現在額は300万円である。他に遺産はない。

Xは、Aの死亡する15年前からA所有の建物においてAと同居し、Aから毎月30万円の交付を受けて、これをAとXの生活費に充ててきた。そして、Aが認知症と診断された頃、Aから預金の通帳と登録印の交付を受け、その後A死亡の2年後まで、Xにおいて毎月30万円を払い戻してこれを生活費（その具体的な内容は明らかでない。）に充ててきた。また、その預金から、車両購入代300万円（Xは、Aの通院等に使用するため必要であったと主張する。）、建物の改修代300万円（XはAの退院に備えて改修したと主張する。）が支出されている。

Yは、Aが入院した後の6年分の預金払戻金2,160万円、車両購入代300万円、建物の改修代300万円、A死亡後の預金払戻金720万円はAの不当利得であると主張した。

| 設　問 |

1　Aが入院した後の6年分の預金払戻金2,160万円、車両購入代300万円、建物の改修代300万円を遺産分割手続で考慮できるか。

第8章　遺産分割前の被相続人の財産の処分・遺産の調査　185

> 2　A死亡後の預金払戻金720万円を遺産分割手続で考慮できる
> 　か。

解　説

8－1　遺産分割前の被相続人の財産の処分
（1）　相続開始前に払い戻された預貯金

　▶被相続人と同居していた相続人が被相続人の預貯金債権を払い戻して使用していた場合、その額は、遺産分割で考慮できるか

　▶一部の相続人が被相続人の預金を払い戻して費消していたが、これは費消した相続人の特別受益となるか

ア　使途不明金

　遺産分割においては、被相続人の有した預貯金債権が遺産分割前に払い戻されてその使途が不明であるという主張がされることは多い。これを、使途不明金問題という。これが主張された場合は、①払戻しの時期はいつか、②払戻しをした者が確定できるか、③払戻しをした相続人が自己の取得分（既に遺産として取得済みの分）として認めるか、④払戻者以外の相続人全員が、払い戻された預金を遺産分割の対象とすることに同意するかがポイントとなるとされている（岩田淳之「遺産分割事件のケース研究第7回事例検討⑦配偶者居住権を中心とした研究」家判31号122頁（2021））。

　払戻しの時期及び金額は、金融機関の発行する取引履歴によって確認できるが、これが相続開始前のものか、相続開始後のものかを分けて考える必要がある。この項では、相続開始前のものについて検討する。

186　第8章　遺産分割前の被相続人の財産の処分・遺産の調査

　使途不明金は、これに争いがある場合は後記のように遺産分割の対象となるものではないから、付随問題と呼ばれる。これについても、遺産分割とともに解決できれば、紛争の1回解決という意味では好ましいので、遺産の範囲を確定することが求められている3回程度の期日のうちに、その額を「預り金」などとして、遺産の範囲に含めることで合意できれば、遺産分割の手続に乗せることは可能であるが、そうでない場合は、民事訴訟等による別途解決を促されることになる。

　　イ　不法行為又は不当利得としての主張

　被相続人の預貯金債権の払戻しについて、これが被相続人の承諾なくされたとして、不法行為又は不当利得と構成されて主張される場合がある。前者は不法行為による損害賠償債権を、後者は不当利得返還債権を相続財産であると主張するものであるところ、これらの債権は、相続が開始した場合に存在すれば相続財産となるが、可分な債権であり、原則的に相続開始とともに相続分に応じて各相続人に分属する。そこで、これらの債権は遺産分割の対象とはならない。

　なお、一方の相続人から、預貯金の払戻しが不法行為であるなどと主張された場合に、相手方相続人がこれを被相続人からの贈与であると反論することはしばしばある。贈与であれば、特別受益の問題であるから、家事事件として扱うことができそうであるが、このような反論は、不法行為の主張を否認するもので、これによって、この問題が家事事件の対象となるものではない。

　　ウ　特別受益としての主張

　　（ア）　しかるところ、払戻金を不法行為による損害賠償債権等として法定相続分で分割しても、これを特別受益である贈与として持ち戻しても、他の遺産の多寡にもよるが結論的には変わりないことも多いことから、不法行為等の主張を撤回して、特別受益の主張に変更することがある。原告となる者にとっては、贈与に持戻し免除が認め

第8章　遺産分割前の被相続人の財産の処分・遺産の調査　　187

られない限り、主張を変更しても不利益はないし、立証方法に差はあるが、家事事件としての処理は実質的公平を得られる場合もある上、民事訴訟を提起して払戻しを贈与と認定された場合には、既に遺産分割が終了していれば特別受益の主張をする機会を失うし、家事事件で不利な判断をされた場合には、家事審判に既判力がないから、改めて地裁に不法行為による損害賠償請求をすることも原則としては妨げられないからである。ただし、損害賠償請求をすることについては、家庭裁判所での主張と異なる主張をすることになる点が、手続上又は事実認定上、不利益に働く場合はあり得ないではない。ただし、不当利得ないし不法行為と特別受益となる贈与とは、事実としては全く異なるもので選択の問題ではないとはいえる。相手方が贈与を認めればよいが、争われれば、贈与でなければ裁判所が特別受益を認めることはない。

　（イ）　特別受益と認められるためには、当該相続人が被相続人の預貯金債権を払い戻したことが生計の資本としての贈与であると認められることが必要であり、これを主張する者は、①被相続人の預貯金が払い戻され、払戻金が当該相続人に渡っていること、②これが被相続人の当該相続人に対する生計の資本としての贈与の意思に基づくことの主張立証が必要である（東京家裁・実情と課題92頁）。

　被相続人の預貯金債権を管理していた相続人は、指摘された当該預貯金の払戻しの経緯とその使途をできる限り速やかに開示しその資料を提出する必要がある。被相続人の預貯金債権を管理する相続人には、他の相続人らに対して、その内容を明らかにすべき義務があると考えられるからである。それでも明らかにならない場合、特別受益の存在を主張する者が、その裏付けとなる資料を提出しなければならない（調査の方法については、後記8－2参照）。

　（ウ）　相続人による預貯金債権からの払戻しの額が明らかにな

188　第8章　遺産分割前の被相続人の財産の処分・遺産の調査

った場合、そのうち被相続人のために使用されたものは、贈与の額から除外されることになる。贈与か否かを判断するについて、被相続人の意思を直接証するものはないことが多いから、従前からの被相続人と受贈者との関係、支出の目的、支出の額及び支出に至る経緯などから判断するほかない。例えば、被相続人と当該相続人が被相続人所有家屋に同居していた場合に同建物の修繕費用を支出した場合は、被相続人の財産の価値を高めることになり、贈与とならないことは多いと思われるが、その修繕箇所が専ら相続人の利用する部分であるようなときは、贈与となることもあろう。

（2）　相続開始後、遺産分割前の預貯金の払戻し

　ア　原則的な処理

　共同相続開始後に被相続人名義の預貯金債権が共同相続人全員の同意なく払い戻された場合、遺産分割の対象という観点からは、対象財産は既に存在せず、原則としては、これを遺産分割の対象とすることはできない。その使途が不明の場合や使途に納得しない相続人は、これを不法行為による損害賠償又は不当利得として主張することになるが、これらは可分債権であるから、相続人全員の合意がない限り、遺産分割協議の対象とすることはできず、これも付随問題といわれるが、多くの場合、その合意を得ることは困難であり、結局、遺産分割ではなく、民事訴訟で解決することとなる。

　イ　遺産分割前の預貯金の払戻しの制度

　▶遺産分割前に、相続人の一人において、被相続人の債務を支払うため、被相続人のキャッシュカードを利用して預貯金の払戻しを受けることは、預貯金額の3分の1に法定相続分を乗じた額以下であれば可能か

　（ア）　平成30年の改正において、遺産分割前の預貯金の払戻し

の制度が設けられた。各共同相続人が、遺産に属する預貯金債権のうち一定の額について、単独で払戻しをすることができるとしたものである（民909の2）。令和元年7月1日以降に開始した相続に適用される。

（イ）　これは、最高裁平成28年12月19日決定（民集70・8・2121）が従来の判例を変更し、預貯金債権が相続開始とともに相続分に従って当然に分割されるものではなく、遺産分割の対象に含まれるとしたことによって、相続開始後の被相続人の預貯金の払戻しには共同相続人全員の同意を要することになったことから、被相続人が負っていた債務の弁済をしたり、被相続人から扶養を受けていた共同相続人の当面の生活費を支出する必要がある場合などの払戻しをする必要がある場合に、共同相続人全員の同意を得ずに払戻しができるようにしたものである（堂薗＝野口・一問一答68頁）。

（ウ）　払戻しの対象となる預貯金債権は、遺産に属するものであることを要し、相続させる旨の遺言の対象となった預貯金債権は、遺産に属しないから、払戻しの対象とならない（堂薗＝野口・一問一答79頁）。

払戻しができる額は、相続開始の時の預貯金の額の3分の1に法定相続分を乗じた額である（民909の2）。払戻しができる額は、個々の預貯金債権ごとに判断され、かつ、同一の金融機関から払戻しを受けることができる額は、150万円を上限とする（平30法務省令29号）。

（エ）　相続人がこの規定による払戻しを受けるためには、金融機関に、①被相続人が死亡した事実、②相続人の範囲、③払戻しを求める者の法定相続分が分かる資料（戸籍の全部事項証明書、法務局による認証のある法定相続情報一覧図など）を提示する必要がある（堂薗＝野口・一問一答79頁）。

190　第8章　遺産分割前の被相続人の財産の処分・遺産の調査

　（オ）　この制度によって払い戻された預貯金債権については、当該共同相続人が遺産の一部の分割により取得したものとみなされる（民909の2後段）。なお、払戻しの額が、上記の金額の範囲内であっても、ＡＴＭなどで、金融機関においてこれらの資料を確認することなく払い戻されたものは、この制度によって払い戻されたといえない（堂薗＝野口・一問一答77頁）。

　この制度によらずに、共同相続人の同意を得ずに払い戻された預貯金債権については、他の相続人からの損害賠償請求又は不当利得返還請求の対象となり、あるいは、次項（3）の遺産分割前に処分された相続財産として遺産分割の対象とされることになり得る。

　ウ　仮分割仮処分
　▶遺産分割前の預貯金の払戻しの制度による払戻しによって十分な額が得られない場合どうするか

　（ア）　家庭裁判所は、遺産の分割の審判又は調停の申立てがあった場合において、相続財産に属する債務の弁済、相続人の生活費の支弁その他の事情により遺産に属する預貯金債権を当該申立てをした者又は相手方が行使する必要があると認めるときは、その申立てにより、遺産に属する特定の預貯金債権の全部又は一部をその者に仮に取得させることができる。これを仮分割仮処分又は仮分割の仮処分という。ただし、他の共同相続人の利益を害するときは除かれる（家事200③）。

　（イ）　この規定は、平成30年の改正において、前記イの遺産分割前の預貯金の払戻しの制度とともに設けられたもので、被相続人が負っていた債務の弁済をしたり、被相続人から扶養を受けていた共同相続人の当面の生活費を支出する必要があるなどの払戻しをする必要がある場合など、遺産分割前に当事者に預貯金債権を行使する必要が

第8章　遺産分割前の被相続人の財産の処分・遺産の調査　　191

生じた場合に、払戻しを可能とするために設けられたものである。遺産分割前の預貯金の払戻しの制度によって十分な資金を確保できないという資金需要に利用されることが考えられる。家事事件手続法200条2項によっても仮分割は不可能ではないが、同項は、急迫の危険を防止するため必要がある場合に認められるもので、上記の資金需要に柔軟に対応することが困難と考えられたことから、要件を緩和して規定されたものである（堂薗＝野口・一問一答69頁）。

　（ウ）　遺産の分割の審判又は調停の申立てがあった場合という本案係属が要件であるとともに、遺産に属する預貯金債権を行使する必要性があることが要件である。必要性が認められる場合として、相続財産に属する債務の弁済、相続人の生活費の支弁が例示されている。

　この仮処分は、仮の地位を定める仮処分であるから、裁判所は、原則として、審判を受けるべき者、すなわち相続人全員の陳述を聴く必要がある（家事107）。

　（エ）　この仮分割は、他の共同相続人の利益を害する場合は認められない。一般的には、当該預貯金債権の額に申立人の相続分を乗じた額の範囲内とされているが（澤野真未「遺産分割事件のケース研究第9回事例検討⑨分割方法を意識した調停運営に関する研究」家判35号169頁（2021））、額の判断では、各相続人の特別受益の有無なども考慮事項となる。申立人が早期に資金を必要とする場合には、一部分割を求める方法もあるが、これも他の共同相続人の利益を害する場合は認められない（民907②ただし書）。

　（オ）　この規定によって相続人が払戻しをした場合、遺産分割では、払い戻しされた預貯金債権は存在するものとして分割されるが、これは払戻人に取得させる方法で考慮されることとなろう（堂薗＝野口・一問一答84頁）。

192　第8章　遺産分割前の被相続人の財産の処分・遺産の調査

（3）　遺産分割前に処分された相続財産

　ア　遺産分割前に処分された遺産の遺産分割対象性

　遺産に属する財産が遺産分割前に処分されると当該財産は原則的に遺産分割の対象でなくなる（前記8-1（1）イ参照）。

　当該財産が預貯金債権である場合、これを一部の相続人が共同相続人全員の同意を得ずに払い戻すと、民法909条の2が適用になる場合を除き、預貯金債権そのものは遺産分割の対象から逸出する。これに代わる無断払戻者に対する損害賠償請求権や不当利得債権を相続財産の代償財産ということはできるが、これらは可分債権であるから、原則として遺産分割の対象とならない。

　当該遺産が不動産である場合、これを共同相続人全員の合意で処分すると、その財産は遺産分割の対象から逸出し、これに代わる代金債権は、可分債権であるから、原則として遺産分割の対象とならない（最判昭54・2・22家月32・1・149）。相続人の一人が、無断で遺産に属する財産を処分した場合、買受人が取得できるのは当該相続人の持分だけであるから、その持分が遺産分割の対象から逸出する。買受人が取得した持分は遺産分割の対象とならない。他の相続人が無断売買を追認すると、売買対象不動産全体が相続財産から逸出し、その代金は、可分債権であるから原則として遺産分割の対象とならない。

　ただし、その売却代金は、これを一括して共同相続人の一人に保管させて遺産分割の対象に含める合意をするなどの特別の事情があるときは、遺産分割の対象とすることは可能である（最判昭54・2・22家月32・1・149）。

　イ　平成30年の改正

　一部の相続人が遺産を処分した場合に前記アの原則的な処理では、実質的に共同相続人間の公平を図ることが困難な場合も生じる。そこで、平成30年の改正において、遺産の分割前に遺産に属する財産が処

分された場合であっても、共同相続人は、その全員の同意により、当該処分された財産が遺産の分割時に遺産として存在するものとみなすことができるとの規定が設けられ（民906の2①）、さらに、共同相続人の一人又は数人により上記財産が処分されたときは、当該共同相続人については、同意を得ることを要しないと規定された（民906の2②）。令和元年7月1日以降に開始した相続に適用される。

これは、遺産分割前に遺産に属する特定の財産を共同相続人の一人が処分した場合に、処分をしなかった場合と比べて利得をすることがないようにする趣旨である。

　ウ　適用の要件

▶被相続人が所持していた現金が相続開始後不明となり、同居していた相続人がこれを領得したことが疑われるが、同相続人は知らないと言い張る。この場合、その現金を遺産とみなすことができるか

▶相続人全員で分担すべき葬儀費用を被相続人の預金から支出した場合に、その支出額が遺産とみなされた場合、葬儀費用の負担を他の相続人に求めるにはどうするか

　（ア）　遺産分割がされる場合であることを要する。遺産分割前に全ての遺産が処分された場合は、民法906条の2の適用はない（堂薗＝野口・一問一答97頁、東京家裁・新実務運用18頁）。

　（イ）　遺産の分割前に遺産に属する財産が処分された場合に適用があり、処分には、預貯金の無断払戻し、遺産の共有持分を第三者に譲渡する行為、遺産に含まれる動産等を現実に毀損・滅失する行為を含む（東京家裁・新実務運用16頁、堂薗幹一郎＝神吉康二『概説改正相続法』76頁（きんざい、2019））。現金を無断で領得した場合も含まれよう。

　処分は相続人以外の第三者によって行われた場合も含む。この場合は、実質的には、第三者に対する請求権を対象とするものといえる（東

京家裁・新実務運用17頁）。第三者が、遺産の持分を差し押さえ、売却許可がされ、代金が納付されれば、この規定の適用がある（東京家裁・新実務運用17頁）。

　　（ウ）　処分が第三者による場合は、共同相続人全員の同意が必要であり（民906の2①）、処分者が共同相続人である場合、当該共同相続人以外の相続人の同意で足りる（民906の2②）。

　　（エ）　民法906条の2により払戻金を遺産とみなして進行するには、処分者が特定されていることが必要である。この点に争いがある場合、多くの場合調停では困難であるが、審判では、裁判所において、この点について事実認定をした上で、審判することは可能である（東京家裁・新実務運用18頁、片岡武「遺産分割事件のケース研究第12回・完　遺産分割の設例検討─平成30年・令和3年民法改正を踏まえた検討」家判45号119頁（2023）、最判昭41・3・2民集20・3・360）。ただし、その判断には、既判力がないので、先行して、民法906条の2により処分された財産が遺産に含まれることの確認の判決を得ることが望ましいとされる（東京家裁・新実務運用22頁）。

　　（オ）　同意は、共同相続人全員（民法906条の2第2項の場合は一部）の同意がそろった段階で処分財産を遺産とみなすとの実体法上の効果が生じ、この同意は、一般条項による取消しはあり得るものの、撤回することはできない（堂薗＝野口・一問一答99頁）。しかし、相続人全員の合意で、遺産分割の対象から除外することは可能であろう。

　処分者が相続人である場合に他の相続人全員（一人の場合もある。）が処分された財産を遺産に含めるように求めれば、これによってその処分財産は遺産とみなされる。例えば、一相続人が葬儀費用として支出した金額について、他の相続人がこれを遺産分割の対象とするように求めると、その支出した金額は遺産分割の対象となり、支出した葬儀費用に他の相続人が負担すべき部分があれば、支出した相続人は、

第8章　遺産分割前の被相続人の財産の処分・遺産の調査　195

民事訴訟によって請求するほかない（岩田・前掲123頁）。

　　エ　処分された財産を遺産分割の対象とする手続

　　（ア）　当事者の合意については、特別な様式はない。合意ができた場合には、これを中間合意として、期日調書に記載するとされる（東京家裁・新実務運用28・29頁）。

　　（イ）　民法906条の2により、遺産とみなされた財産の分割方法は、その処分をした相続人に取得させる方法をとるのが相当である（東京家裁・新実務運用23頁）。預貯金の場合は、これにより、民法909条の2による処理（一部分割と扱う。）と同じになる。

　不動産の場合、その評価は、処分時の評価となる。

　なお、この方法による場合に、当該相続人に代償金を支払う能力がない場合があるが、この場合でも、その支払能力を有することは、要件とならない（東京家裁・新実務運用23頁）。

　　（ウ）　処分された財産について、遺産とみなさない場合は、前記アの手続による処理となる。共同相続人が2人である場合に、一方の相続人が財産を処分した場合には、他の一方の意思で、処分財産を遺産とみなすことが可能になるが、この場合、その相続人は、処分財産を遺産とみなすか、不法行為又は不当利得を主張して訴訟を起こすかは、その選択に任されることになる。

8-2　遺産の調査

（1）　事実の調査

　ア　当事者主義的運用

　　▶裁判所は、遺産の有無を職権で調査するか

　家事事件の審理は、いわゆる職権探知主義がとられており、裁判所は、審判をするために必要な資料を、職権により、事実の調査又は証拠調べによって収集することができる（家事56①）。証拠調べについて

は、当事者にも申立権がある（家事56①）。事実の調査は、非方式的で強制力のない資料収集方法であるが、家事事件では、主たる収集方法となっている。一般的には、裁判所が期日を開いて当事者等を審問する方法によるほか、家庭裁判所調査官に調査を命じる方法（家事58）、官公署等への調査の嘱託や銀行等への報告を求める場合（家事62）など、いくつかの手段がある。証拠調べは、民事訴訟法の準用による手続であり、実務では、事実の調査の補充的な役割として機能している（金子・逐条解説262頁）。

　ところで、家事事件のうち、別表第2の事件は、基本的に当事者が任意に処分できる権利又は利益に関する事件であり、公益性もそれほど高くないとされており、審判のための資料の収集についても、当事者の手続追行に委ねるのが合理的である部分があり、これを裁判所が積極的に収集することは、場合によっては、公平を害し、又はそのような疑念を生じさせることになるとされ、そのような点の資料収集については、いわゆる当事者主義的運用が合理的であるとされる。そこで、手続上の要件に関わるような部分を除き、職権による事実の調査や証拠調べは、限定的である。

　遺産分割事件は、私的な財産をめぐる紛争であって、民事事件に近い性質を有するから、当事者主義的運用を行い（田中ほか・諸問題197頁以下、上原ほか・遺産分割147頁）、遺産の範囲の調査という部分では、民事事件と同様に、裁判所が職権で証拠を収集するということは原則としてない。裁判所が積極的に介入して、一方に有利な資料の収集に加担することは裁判所の中立性にも反すると考えられている（村井みわこ「遺産分割事件のケース研究第3回事例検討③実務上散見される主張を中心とした研究」家判23号132頁（2019））。

　　イ　調停手続における事実の調査

　調停手続においても、事実の調査及び証拠調べに関する規定が準用

第8章　遺産分割前の被相続人の財産の処分・遺産の調査　197

されている（家事258）。この場合の事実の調査、証拠調べの権限は、調停委員会が家事調停を行う場合には調停委員会にある（家事260）。

特定の事件において、これらを採用するかどうかは、審判手続の場合と同様である。ただし、調停手続では、弁護士である手続代理人が委任されていない事例も多いことから、当事者の公平を考慮して、後見的な配慮を必要とする場合も生じる。

（2）　遺産の調査方法

　ア　弁護士会照会

前記のように、遺産分割事件における遺産の有無の立証については、当事者主義的運用がされ、原則的に当事者がその責任で収集すべきである。

当事者が弁護士である手続代理人を選任している場合は、調査の手段として、弁護士法23条の2による照会制度を利用できる。受任した弁護士が受任事件について所属弁護士会に対し、公務所又は公私の団体に照会して必要な事項の報告を求めることを申し出ることができ、弁護士会は、この申出に基づき、公務所又は公私の団体に照会して必要な事項の報告を求めるという制度である（弁護士23の2①②）。この制度による照会を、弁護士会照会とか23条照会と呼ぶ。金融機関等への取引関係や保険契約の有無等の調査に使われる。ただし、金融機関等が回答を拒否することもあり、その拒否は照会した弁護士会に対する不法行為を構成することはない（最判平28・10・18民集70・7・1725）。

　イ　調査の嘱託

家庭裁判所は、必要な調査を官庁、公署その他適当と認める者に嘱託し、又は銀行、信託会社、関係人の使用者その他の者に対し関係人の預金、信託財産、収入その他の事項に関して必要な報告を求めることができる（家事62）。嘱託先には自然人を含む。家事調停手続におい

ても行うことができる（家事258・62）。遺産の範囲に関し、預貯金口座の有無、取引履歴、株式の異動状況等の調査について用いられることが多い。調査の嘱託は、事実の調査として行われるものであるが、当事者の申出（上申）に基づくのが通常である。この申出は、職権発動の申出である。なお、調査の嘱託には、証拠調べとしての調査の嘱託があり（家事64①、民訴186）、これは当事者に申立権があるが、嘱託先が団体に限定されている。家事手続では、事実の調査として実施されることが多い。いずれの申出・申立てであっても、資料収集は当事者の責任において行われるものであるから、裁判所がこれを採用するのは、必要性があり、当事者が前記弁護士会照会など、できる限りの調査を尽くしたことが前提であり（村井・前掲132頁）、かつ、探索的調査は認められない。

　家庭裁判所は、別表第二に掲げる事項についての家事審判の手続において、事実の調査をしたときは、特に必要がないと認める場合を除き、その旨を当事者及び利害関係参加人に通知しなければならない（家事70）。この点は調停手続には準用されていない。

　　　ウ　文書提出命令

　当事者は、必要と認める証拠調べを求めることができ（家事56）、文書提出命令も可能である（家事64・258①）。

　なお、民事訴訟手続において文書提出命令に当事者が従わない場合の効果として認められている真実擬制（民訴224・229④）は、家事事件では準用されない。ただし、家庭裁判所は、真実擬制に代えて、過料に処することができる（家事64③④）。

　　　エ　対象財産ごとの調査方法

　　　▶相続人は金融機関に対し、単独で被相続人の預貯金の取引履歴の開示を求めることができるか

　　　▶解約された被相続人の預金契約について、銀行に対して、取引経過の開示を求めることができるか

第8章　遺産分割前の被相続人の財産の処分・遺産の調査　　199

▶遺産が秘匿されて明らかにならなかった場合、その遺産はどうなるか

▶税務署が所持する相続税申告書の提出を求める文書提出命令は可能か

　　（ア）　預貯金

　被相続人の預貯金の残額、取引履歴は、相続人において取得するのが原則である。相続人は、金融機関に対し、単独で被相続人の預貯金の取引履歴の開示を求めることができる（最判平21・1・22民集63・1・228）。預金契約が解約されている場合、銀行が解約後に元預金者に従前の取引経過及び解約の結果を報告した後は、銀行は、過去の取引経過について開示する義務を負わない（東京高決平23・8・3金法1935・118）。

　当事者において明らかにできない場合、当事者からの上申に基づいて、必要が認められる場合には、家庭裁判所が金融機関に対し、一定期間の入出金の状況についての調査の嘱託等をする（東京家裁・実情と課題92頁）。必要性が認められるためには、預貯金等の存在について、ある程度の蓋然性があることが必要とされる。前記のように、探索的な調査嘱託は認められない。嘱託先については、具体的な金融機関の支店が特定されることを要する。嘱託事項としては、口座の名義人名の特定を要する。また、被相続人以外の名義の預貯金についての調査嘱託は、原則として当該名義人の同意がある場合に限るとされている（東京家裁・実情と課題92頁）。

　相手方当事者の非協力によって明らかにならなかった預貯金等の遺産は、未分割の遺産として残るので、後に判明した時点で、遺産分割の対象とすることになる。

　　（イ）　不動産

　被相続人が所有した不動産については、市区町村から送付される固定資産税の納税通知書、不動産所在地の市区町村で閲覧・交付可能な

名寄帳によって把握できる。名寄帳には、固定資産税が課税されていない不動産の記載もある。名寄帳は、土地家屋課税台帳と呼ばれることもある。

個々の不動産の内容は、法務局で、土地又は建物の全部事項証明書により把握できる。その評価の資料としては、固定資産評価証明書、国税庁発行の路線価図が入手可能である。

　　（ウ）　その他

相続税申告書には、遺産の記載があるので、その範囲を判断する資料となり得るが、税務署に対する調査嘱託は、回答を拒否される実情にある。そこで、文書提出命令の可否が問題となったが、相続税申告書及び添付資料は、その記載内容からみて、その提出により公務の遂行に著しい支障を生ずるおそれがあるもの（民訴220四ロ）に該当する書面であり、文書提出命令は認められないとされる（福岡高宮崎支決平28・5・26判時2329・55）。また、確定申告書も民事訴訟法220条4号ロ該当文書とされる（東京高決平18・11・7税資256・順号10566、仙台高決平17・4・12税資255・順号9989）。

8－3　設問の検討

(1)　設問1について

　　ア　付随問題として調停の対象とするか否か

設問1の各債権は被相続人の死亡前に生じた不当利得債権であり、可分債権であるから、遺産分割の対象とはならない。しかし、解決できるのであれば、遺産分割とともに解決することが、当事者にとっても有益である。付随問題ではあるが、短期間で合意ができるのであれば、協議の対象とすることが望ましい。ただし、これについて話し合う期日は3回程度とされ、その間に解決方法の目処が立たないようであれば、民事訴訟等による別途解決を促されることになる。

イ 不当利得についての検討事項

被相続人の預貯金口座からの払戻金についてこれを払戻人の不当利得であるとの主張がされた場合、まず、取引履歴により、いつ、いくらが払い戻されたかという払戻状況を確認し、次いで、同口座の通帳、登録印、キャッシュカードの保管状況を確認することにより、払戻人が、被相続人の承諾を得ずに払戻しをすることが可能であったか、個別の払戻しに承諾を得る必要があったかを検討する（森宏司ほか『争点整理の手法と実践』220・221頁以下〔松本展幸〕（民事法研究会、2021））。

払戻人が、払戻しに個別に承諾を得た場合は、払戻金が、承諾の意図に基づいて使用されたかどうかが問題となり、その意図に従って使用されていれば、不当利得は成立しない。その使途が、払戻人のためのものである場合には、特別受益となる贈与といえる場合はある。払戻しについて包括的に承諾をしていた場合、その承諾は多くの場合は、必要な費用の拠出のためにしているのであって、現実の払戻金の使途が、その趣旨に沿ったものかどうかが問題となる。使途が、被相続人の必要のため、又は、被相続人の意図に沿っている場合は、不当利得とはならないであろう。この場合も、特別受益となる贈与といえる場合はある。

払戻しが、被相続人の承諾なく行われた場合は、法律上の原因がなく、不当利得を構成する要件の一つを満たすことになる。

ウ Xの払戻し

設問では、Y主張の不当利得債権は、払戻しの時期及び額がおおむね明らかにされており、使途もおおむね明らかになっている。Aの預貯金口座の通帳と印章はXが所持しており、払戻しの権限は、Aが通帳等をXに交付したのが、Aが認知症と診断されたことを契機とし、その後の払戻しの額は従前Aが生活費に充てるために交付していた額と同額であることからみて、包括的に授与されていたとみることが可

能であろう。また、払戻しの趣旨・目的は、AとXの生活費に充てることにあったと推測される。Yが不当利得として主張するのは、Aの入院後の払戻金であり、Aの生活費部分が不要となったのに、同額を払い戻していた点を問題とするものと推測できるが、入院後も、病院への支払は必要であり、Aの生活費が全く不要となったとはいえない。また、月々30万円という額には、もともとXの生活費部分（扶養の趣旨か、面倒を見てもらうことへの感謝の意味があったかどうかは明らかでない。）を含み、これはAが入院したとしても、Aがこの部分の負担を止める意思であったとみることはできないであろう。なお、Aが認知症の進行でその時々に応じた判断をすることができなくなっていたとしても、包括的に払戻しの承諾を与えた場合には、特段の事情がない限りは、当初の承諾の趣旨は生きているといってよいであろう。そうすると、Xの月々の払戻金については、その全額を不当利得とすることは難しいであろう。

　ただし、月々の払戻金について生活費等に費消した後に余剰金が生じた場合、これをXが取得する理由はないかもしれない。余剰金は、AとXが同居していた場合でも生じたはずで、その場合にどのようにされていたのかを含めて、なお検討の余地はある。そこで、払戻金のうち、Xのために使用された部分、余剰金をXが取得した部分は、Xへの贈与とみる余地はある。しかし、これが扶養の範囲であったり、感謝のための贈与であれば、特別受益とならない。

　次に、建物改修費は、その払戻しについて、Aが承諾していたかどうかは明らかでないが、遺産である建物の改修費であるから、これをXの不当利得とすることには無理があるように思われる。車両の購入費は、Aが払戻しを承諾していた可能性はあり得るが、車両の購入者がXである以上は、Xへの贈与ということになろう。ただし、実際に、必要があってAの通院に用いられていたのであれば、持戻し免除の可

第8章　遺産分割前の被相続人の財産の処分・遺産の調査　203

能性はある。調停の手続としては、Xが若干の額を特別受益と認め、Yがこれを受け入れ、Yが不当利得の主張を撤回するのであれば、その方向で調停を進めればよいが、3回程度の期日のうちに合意ができないのであれば、この点は、民事訴訟等による別途解決によることになる。

（2）　設問2について

相続開始後の月々の払戻しは、相続が開始した以上、適法なものではない。Xが被相続人の預貯金債権を適法に払い戻すには、遺産分割前の預貯金の払戻しの制度を利用するか、仮分割仮処分によるほかないが、設例では、その手続によって払戻しがされたのではない。そこで、Yが、Xが払い戻した額のYの相続分に相当する部分の不当利得返還を請求することは可能である。これを、Xが争うのであれば、民事訴訟で解決することになろう。ところで、遺産分割前に相続人の一人によって処分された遺産は、処分した相続人を除く相続人全員の合意によって、これを遺産分割時に遺産として存在するものとみなすことができるところ、設問の遺産である預貯金債権を払い戻したXを除く相続人はYのみであるから、Yの判断で、遺産とみなすことができる。そこで、Yは、Xが払い戻した額を遺産とみなすという方法をとることができる。民事訴訟により不当利得返還請求をするか、払戻金を遺産とみなす方法をとるかは、Yの選択による。

第 9 章

遺産の評価

| 設　例 | 担保権・利用権付の不動産の評価、評価が変動する株式の評価 |

被相続人Aは、株式会社M（観光会社。資本金1,000万円、発行済株式数2万株。株式は、Aが1万5,000株、Xが3,000株、Y1、Y2が各1,000株を所有）を経営してきたが、平成26年3月12日死亡した。相続人は、兄弟姉妹である申立人X（長兄）と相手方Y1（弟）、Y2（妹）の3人であり、法定相続分は、各3分の1である。遺産は、次のとおりであり、特別受益・寄与分の主張はない。M社は、A死亡後は、引き継ぐ者もなく、休眠状態となっている。

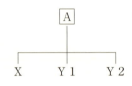

（1）　不動産1（土地及び地上建物）

　2階建ての建物とその敷地であり、1階は、M社に賃貸され、その営業所として使用され、2階は、Aの住居とされてきた。土地の評価額は2,000万円であるが、建物は、もはやほとんど無価値である。M社及びAを連帯債務者とする債務1,500万円を被担保債務とする根抵当権が設定されている。

　これの取得を望む者はいない。ただし、Xは、建物の解体費用として500万円を控除した額（1,500万円）の評価であるなら、これを取得し、抵当債務を引き受けてもよいと主張する。

（2）　不動産2（土地及び地上建物）

　Y1経営の株式会社Nが使用。N社のために、Y1所有物件と共同担保として、極度額3,000万円の根抵当権が設定されている。

　固定資産評価：土地1,000万円。建物500万円。

　Y1主張：価値以上の根抵当権が設定されているから、評価額は0円である。0円で取得したい。

第9章　遺産の評価　　207

（3）　不動産3（土地）

地上に、隣接のY1所有名義の土地とまたがって、Y1名義の建物がある。Y1が取得を希望する。

（4）　上場株式5,000株

市場価額は、相続開始時には1株1,000円であったが、その後、1株600円まで下がっている。

X主張：相続開始直後に処分しようとしたところ、Y2が反対したので、Y2が1株1,000円で引き取るべきである。

（5）　M社の株式1万5,000株

M社は休眠会社となっている。

┌─ 設　問 ─────────────────────────────┐

1　遺産評価を要する場合、調停ではどのように進行するか。

2　不動産1、2の評価において、抵当権の存在をどのように考慮するか。

3　不動産3の評価において、地上建物の存在はどのように考慮するか。

4　株式の評価はどのようにするか。

└──────────────────────────────────┘

┌─ 解　説 ─┐
└──────┘

9－1　遺産評価の必要性及び遺産評価の基準時

遺産については、これを公平、適切に分割するためには、その評価が必要となる。また、特別受益等の主張がされた場合には、具体的相続分算出のためにも、遺産の評価が必要となる。

遺産を評価する基準時は、遺産分割が相続開始より相当程度後に行われる場合には、相続開始時と分割時の二時点における評価が必要と

なる。相続開始時の評価は、具体的相続分を算出するためであり、分割時の評価は、分割時点での公平な分割を実現するためである。ただし、分割時といっても、審判では審理終結の時点になるし、鑑定では鑑定時となる。

なお、特別受益及び寄与分がなく、分割割合が確定し、全ての遺産を換価し、又は共有とする分割方法をとる場合は、評価が不必要となることもある。

9－2　遺産評価の方法
（1）　評価の方法
▶遺産の評価についてした合意は、その後、覆すことができるか

調停では、評価について合意ができれば、これによる。審判では、職権探知主義であるから、裁判官は当事者の合意に拘束されないが、その合意された評価が不相当なものでなければ、いわば弁論の全趣旨による認定として、これを基礎として判断することも可能である。遺産分割は、財産の紛争であるから、当事者の合意を可能な限り尊重する当事者主義的運用が許容されるからである。

当事者には、調停、審判を問わず、遺産評価のために必要な資料の提出が求められる。そして、評価について合意が調ったときは、調書に記載される。この合意を後に覆すことは、信義則に反し、原則として許されない。後に覆しても合意の内容が判断の資料となる（片岡＝管野・遺産分割実務5頁、東京高決昭63・5・11家月41・4・51）。なお、合意に上記のような効力を認める点から、調停委員会が当事者の合意を得るに当たっては、それが調停又は審判の基礎となるという点を説明し、提出資料の持つ意味を検討させた上で意見を聴取することが必要であるといわれている（上原ほか・遺産分割330頁）。

第9章　遺産の評価　209

　評価は、精度の高いものを求めるとすれば、専門家による鑑定を必要とするが、これには相当の費用を要することも多い。そこで、調停の場面では、その意見の相違が大きくない場合は、簡易の評価方法により、合意の可能性を探ることになる。

（2）　不動産の評価

　鑑定による評価方法は後述するが主として、簡易の評価方法を遺産の類型ごとに概観する。

　ア　土　地

　▶不動産を評価する資料にはどのようなものがあるか

　▶土壌汚染などが主張されている土地の評価はどうするか

　▶地上に老朽化した建物がある場合に、土地の評価額から建物解体費用を控除できるか

　（ア）　まず、評価対象が土地のみの場合、その土地については、被相続人が使用していた場合（これを自用という。）と他に貸していた場合がある。他に貸していた場合は、収益物件の項（後記オ）で述べる。

　土地（更地）の評価については、その評価の資料として、固定資産評価証明書、相続税評価額、相続税申告書、大手不動産業者の査定書等があり、調停などでは、その提出を求められる。簡易の評価方法として、これらの書類から推認する方法がとられる。個々にどのように利用されるかみる。

①　固定資産評価額

　地方税法381条による土地家屋課税台帳などに登録された基準年度における価格又は比準価格である。3年ごとに評価替えされる。評価替え時期との関係で実勢価格との格差が出やすく、価額は、公示地価の約7割を目安に設定されているといわれているので、この7分の10とするなどして調整される。

② 相続税評価額

　相続税賦課の基礎となる財産評価基本通達によって、対象地の地目ごとに路線価方式（道路に定められた路線価に、土地の形状などに応じた調整計算をして評価する。）、比準方式（付近の宅地に比準して評価する。）のいずれかによるべきことが指定されている。路線価による場合、路線価のある道路に面していない土地や形状の悪い土地では、個別的要因に即して修正するが計算が複雑である。特に修正を要しない場合は、路線価が公示地価の80％を目安に設定されているので、この8分の10とすることが多い。

③ 公示地価

　地価公示法により、国土交通省が正常価格として毎年1月1日を基準に公示される価格をいう。毎年4月1日前後の官報、日刊紙に掲載される。比較的実際の取引価格に近いといわれるが、対象となる標準地・基準地が少なく、これらに基づいて対象土地の評価を算出するのは困難なことが多い。

④ 基準地標準価格

　都道府県内地価調査価格ともいう。国土利用計画法施行令により、都道府県が毎年7月1日を基準日として評価し、10月1日に市町村役場で公表される。比較的実際の取引価格に近いといわれるが、対象となる標準地・基準地が少なく、これらに基づいて対象土地の評価を算出するのは困難なことが多い。

⑤ 大手不動産業者の査定

　当事者から異論が出る場合、対立当事者から査定書を提出してもらい、査定額の上限と下限の間にそれほど差がなければその中間値を基にするなどの方法で利用される。

　（イ）　特殊な土地、高圧線下の土地、無道路土地、崖地、埋蔵

第9章 遺産の評価

文化財がある土地などは、相応の減価を要することもある。土壌汚染が主張されることもあるが、その有無、原因や程度が判明しないと評価は難しい。過去の利用の状態等から汚染の蓋然性が認められる場合もあるが、その場合であっても、評価のためには、土壌の改良の要否や費用等を考慮することになって、簡易に評価することは困難な場合が多い。信頼できる不動産業者の査定が得られる場合はないではないが、当事者間に合意ができない以上はこれを採用することは困難であろう。手続上どうしてもその評価が必要ということであれば、鑑定によるほかない。

土地を分筆して分割する場合、相続人各人単位の取得額が相続分に応じて公平に分配されるべきであるから、分筆後の評価により分割されるべきである（福岡高決昭58・2・21家月36・7・73、田中ほか・諸問題311頁）。

（ウ）　地上に遺産である自用の建物がある場合の評価は、土地の評価額と建物の評価額を単に合計する。建物が老朽化しており、取壊しを要する場合であっても、一般的な鑑定の評価としては、取壊し費用を土地評価額から控除することはない。しかし、土地の市場価額としては、その建物の存在が減価要因となることはあろう。

（エ）　地上の遺産である建物が他に賃貸されている場合、その敷地（貸家建付地）の評価は、自己使用の場合の土地評価額から、借地権割合と借家権割合とを乗じた価格を控除した額とする（上原ほか・遺産分割335頁）。

イ　利用権が設定された土地（底地）
　▶相続人の一人に使用借権が設定されている土地の評価はどのようにするか

　（ア）　他人の借地権が設定された土地の評価は、原則的には、土地（更地）の評価額から借地権の価額を控除したものとなる。借地権価格は、更地価格に借地権割合を乗じる。借地権割合はおおむね6割から8割程度で、実務上は、国税局の路線価図に記載された借地権割合を参考にすることが多い（上原ほか・遺産分割335頁）。

③土地を賃貸している場合

　なお、親族間の借地契約で、権利金の授受もなく地代も低く抑えられている場合には、適宜借地権割合を低く評価することが相当な場合もあるとされる（上原ほか・遺産分割335頁）。また、借地権が設定された土地は、相続人において取得を希望する者がいないという場合があり、そのような場合には、実質的公平を図る趣旨で評価額を低くするのが合理的であるとされる場合もある（小林崇「遺産の評価」新家族法実務大系3巻322頁）。

　（イ）　土地の利用権が使用借権である場合、明渡しを求めることは比較的容易な場合もあるが、これによってその客観的な評価は下がるので、1～3割の減価となる。減価の程度は、地上の物件の除去の難易や構造、状況等によって異なる。

　（ウ）　利用権者が相続人である場合、利用権の設定に当たって、対価の支払がない場合もある。そのような場合には、減価をしないという扱いもあるが（大阪高決昭49・9・17家月27・8・65、福岡高決昭58・2・21家月36・7・73、井上・理論と審理410頁）、一応減価をして、減価分は贈与（特別受益）と考えるのが多数といえる。

第9章 遺産の評価

ウ 建物

▶すべての相続人が取得を求めず、将来取壊しを要することが予想される建物の評価はどのようにするか

（ア）　自用の建物の評価は、原則的に、固定資産評価額による（評基通89）。相続人が取得を希望しない物件も原則は客観的に評価するが、近い将来取壊しを要するような建物は、評価はゼロとなることが多かろう。

（イ）　敷地が他人所有の場合、敷地利用権が借地権であれば、その建物の評価額は、建物自体の評価額に借地権の価額を加えたものとなる。

（ウ）　建物が貸家である場合、その建物の評価は、建物価格（固定資産評価額）から借家権割合として3割（地域によっては4割）を減価するが、収益物件と見る場合は、収益還元法に従った算定をすることになろう（上原ほか・遺産分割335頁）。

（エ）　第三者所有建物に対する借家権は、理論上は遺産分割の対象となるが、借家権譲渡には貸主の承諾が必要であり、事実上は譲渡不能で市場価格はないとされる（上原ほか・遺産分割336頁）。

エ 抵当権設定の不動産

▶遺産である不動産に第三者の債務のための抵当権が設定されている場合の評価はどのようにするか

▶遺産である不動産に相続人の債務のための抵当権が設定されている場合の評価も同様か

（ア）　被相続人の債務のために抵当権が設定されている場合
債務も相続の対象であり、相続開始とともに、各相続人に法定相続

分に従って分属するので、抵当権が設定された不動産の評価において
は、これを考慮する必要はない。抵当権の設定がないものとして評価
する（小林・前掲324頁）。

　ただし、調停では、当該不動産を取得する相続人が当該債務を弁済
することを他の共同相続人と合意することを前提に、その債務額を控
除した評価とすることもある（田中ほか・諸問題310頁）。

　　（イ）　第三者の債務のために抵当権が設定されている場合

　債務の弁済がされれば、抵当権の負担はなくなるし、実行されても
求償権が生じるから、これを考慮する必要はない（抵当権の設定がな
いものとして評価する。）。抵当権が実行されたときは、担保責任（民
911）の問題として処理するとの考え方（小林・前掲324頁）と、第三者が
破産手続開始決定や取引停止処分を受けているなど無資力であること
を示す明白な事情がある場合には、被担保債務額を控除した評価額と
する考え方がある（田中ほか・諸問題329頁）。抵当権実行の可能性が高い
場合には、当事者間の合意で遺産分割の対象から除外するか、これが
困難な場合には、競売分割や共有分割によって当事者間の公平を図る
必要があるとされる（上原ほか・遺産分割338頁）。

　　（ウ）　相続人の債務のために抵当権が設定されている場合

　その不動産を当該相続人に取得させる場合は、抵当権の存在を考慮
する必要はない。

　　オ　収益用不動産の評価

　　▶いわゆる収益物件とは何か。その評価はどうするか

　　▶遺産である土地が他に賃貸されているが、その賃料が非常に
　　　低廉である場合も収益還元法による評価を採用できるか

　収益物件又は収益用不動産とは、所有者がその不動産を他に賃貸等
をして、賃料等の収入を得る目的の不動産をいう。投資用不動産とも

いう。土地では、貸地、駐車場、建物では、賃貸アパート、賃貸マンション、貸しビル、貸し倉庫などがその例である。

収益用不動産の価格については、収益力の比重が大きいことが否定できないので、その評価においては、多くの場合、収益還元法が考慮されるが、市場価格は、不動産の収益力だけで決まるものではないので、他の要素も合わせ考慮されることになる。

収益還元法は、当該不動産が将来生み出すであろうと期待される純収益を期待利回りで除して資本還元することにより価格を算定する方法である。

算出方法には、対象不動産の一定期間の純収益を還元利回り（還元率）で除する直接還元法と、対象不動産の保有期間中に得られる純利益と期間満了後の売却によって得られると予測される価格を現在価格に割り戻して合計するというＤＣＦ法（Discounted Cash-Flow）という方法がある。計算方法としては、直接還元法が比較的容易であり、一般に１年を単位として総収益から総費用を控除したものを純利益としてこれを還元率で除するが、賃貸物件では賃料が適正でなければ、計算結果も適正なものとならないし、採用すべき還元率の決定が容易でない。数％の違いも、結論に大きく影響する。ＤＣＦ法は、直接還元法より精度が高いといわれるが、これによる算定は一層難しい。収益還元法は、調停などで簡易にする評価のためには使えないと考えた方がよい。

（3）動　産

被相続人が集めた骨董品など、本物か否か問題になる物も多く、鑑定は、費用も高額であるから、相当高額なもの以外では、利用できない。当事者の評価に従い、高額の評価の者に帰属させるという方法がとられることもあるとされる（上原ほか・遺産分割342頁）。換価可能な物

は、相続人合意の上で、換価し、その代金を遺産分割の対象とするという方法で処理することもあり得る。

（4） 投資信託

投資信託については、相続開始後に分配がされることがある。その分配には、前決算期から当決算期までの利益を分配する部分（普通分配金）のほか元本から払い戻される部分（元本払戻金又は特別分配金）があり、分配によってファンドの純資産が減少し、投資信託の基準価額が減少する。そこで、相続開始時における評価は、相続開始時の投資信託の口数にその時期の基準価額を乗じた額となるが、相続開始時から時を経た分割時の評価は、相続開始後に資産が分配されていることがあるので、相続開始時の投資信託の口数に分割時の基準価額を乗じた額とすることは必ずしも正当ではない。この額を用いる場合は、特別分配金を、遺産分割までに処分された財産として考慮しなければならない。

（5） 株式の評価

　　▶非上場の株式の評価はどのようにするか
　　▶株式の評価が相続開始後変動した場合の評価はどのようにするか

　ア　上場株式

公表された株価による。株価は日々変動することから、分割時の評価額については、実務上、調停又は審判の日に近接した基準日を合意し、その基準日の終値を当該株式の評価とすることが多いが（田中ほか・諸問題313頁、井上・理論と審理417頁、北野俊光＝北新居良雄＝小磯治『詳解遺産分割の理論と実務』312頁〔間史恵〕（民事法研究会、2016））、一定期間の平均値を用いる場合もあるとされる（上原ほか・遺産分割340頁）。

　イ　非上場株式

評価の方式としては、①純資産方式（会社の総資産価額から債務と

法人税などを控除した純資産価額を発行済株式数で除した額とする。）、②配当還元方式（会社の配当金額を基準として、これを発行済株株式数で除した額とする。）、③類似業種比準方式（会社と類似する業種の事業を営む会社群の株式に比準して評価する。）、④収益還元方式（将来の予想年間税引後利益を資本還元率で除したものを発行済株式数で除して評価する。）があり、これを会社の性質や規模で使い分ける（収益還元方式を排した例として、東京地判平10・5・29判タ1002・144、東京高決平元・5・23判タ731・220）。

　税務上は、当該相続人がいわゆる同族株主になる場合、大会社は類似業種比準方式（選択により純資産方式も認める。）、中会社は類似業種比準方式と純資産方式との併用方式、小会社は純資産方式によるとされている。同族株主にならない場合は、配当還元方式によるとされている。

　実務でも、税務上の評価の方式によることが多い。

（6）　鑑　定
　　　▶不動産鑑定士による鑑定による場合に考慮を要することは何か
　　　▶鑑定の手法にはどのような方法があるか
　　　▶鑑定に反対する当事者がいる場合どうするか
　ア　鑑定の採用
　不動産鑑定士を鑑定人に選任して実施する。調停委員会が調停を行う場合には、鑑定人の選任、鑑定の採用は調停委員会が行う（家事260①六）。

　鑑定を行う際には、鑑定の条件等を確認する必要があり、その確認事項は、調書に残す。この点は、調停、審判、同じである。実務では、鑑定人の候補者を調停や審判の期日に同席させ、そこで鑑定実施の前

提条件の詰め、当事者に提供させる資料の確認などを行った上で鑑定を採用する（上原ほか・遺産分割331頁）。

　鑑定に反対する当事者がいる場合でも、必要があれば、鑑定は採用することになる。当事者間の評価についての争いが深刻で鑑定が必要であるのに、全ての当事者が鑑定を望まず、手続が一向に進まないという場合、調停手続は「なさず」として終了される場合はある（山城司『Ｑ＆Ａ遺産分割事件の手引き』207頁（日本加除出版、2002））。また、鑑定の前提条件に争いがある場合、鑑定費用増加覚悟で場合分けした鑑定をすることもあるが、前提となることが利用権の有無など民事事件としての確定を要するような場合には、調停をなさずとして、終わらせることもある（山城・前掲211頁）。

　　イ　鑑定の際に確認を要する事項

　　（ア）　鑑定対象の合意

　鑑定の対象としての不動産に建物と土地がある場合、建物と土地を別々に評価する必要性がない場合には、これを一体として評価することとし、その旨の合意をする（村井みわ子「遺産分割事件のケース研究第3回事例検討③実務上散見される主張を中心とした研究」家判23号130頁（2019））。

　　（イ）　評価時点の合意

　評価の時点としては、通常、二時点が必要であるが、当事者間で二時点における評価に差がないことを合意しているときは、一時点の評価で足りる。

　　（ウ）　鑑定条件の合意

　対象不動産に利用権が設定されている場合、利用権の種類等（地上権、賃借権、使用借権、建物所有目的か否か、存続期間など）を確認し、合意を得ておく必要がある。ただし、当事者が合意をした事柄でも、鑑定の視点から不合理なものは条件とすべきではない。

第9章　遺産の評価　　219

　　（エ）　鑑定費用についての合意
　鑑定費用は予納を要する。法定相続分に従って予納するのが一般であるが、その旨の合意が困難な場合は、一当事者（通常は申立人）が全額予納し、最終的には、分割合意の中で調整することもある。審判の場合には、手続費用の負担の裁判において、公平を図る。
　　（オ）　鑑定意見尊重の合意
　調停では、「鑑定結果に対して異議を述べない」、あるいは「鑑定意見を尊重する」との合意を求めることが多い。この合意は、必ずしも当事者を拘束するものではないが、鑑定結果が不利であったというだけで、これに異議を述べることは、不誠実と評価されよう。
　　（カ）　その他
　鑑定のために必要な資料で、当事者が所持するものは、その提出の約束を取り付ける。収益用不動産の場合には、収益状況を明らかにする資料が必要となる。
　　ウ　鑑定における評価方法
　不動産鑑定で用いられる評価方法には、取引事例比較法、原価法、収益還元法がある。実際の鑑定では、これらの方法を併用することが多い。
　取引事例比較法は、対象不動産と同種、同規模の物件の市場での取引価格との比較で価格を算定する方法である。取引事例がない又は少ない地域の物件には適さない。
　原価法は、対象不動産がどの程度の費用で造成ないし建築されるかを考慮し、そこから経過年数などによる減価修正を行い、現在価格を求める方法である。再調達原価を把握しやすい建物の評価に向くが、市街地内の宅地等の評価には適していない。
　収益還元法については前述した（前記（2）オ参照）。収益物件の評価に用いられる。専門家の評価なので、ＤＣＦ法が用いられる。

9－3　設問の検討

（1）　設問1について

ア　段階的進行における位置付け

遺産分割の調停を段階的に進めるという方式においても、遺産の評価は、原則的に、遺産の主張とともにすることになる。遺産の範囲についての合意ができた段階では、その評価についての主張やその根拠を示す資料が提出されているのが好ましい。

イ　遺産評価における当事者的運用

遺産評価は、当事者の合意ができれば、これを尊重する。そして、調停委員会は、できるだけ合意を目指す。当事者間で評価が異なるものについても、評価方法についてある程度のルールができているものは、それによる合理性を説明して、了解を得られれば、その方法による評価で合意をすることになる。不動産などについて、相続税の申告において税理士が評価した価額を利用する場合などである。

有価証券や一部の動産などの評価、場合によっては不動産の評価においても、当事者全員が取得を希望しないものは、これをできるだけ有利に売却して代金を分割の対象とすることが考えられ、これによって評価の必要がなくなる。分割から除外し、又は、共有で残す物件も評価は必要ない。不動産1は、取得を希望する者はいないし、抵当権が設定されているので、処分して弁済に充てることが考えられるが、そのような方法をとるのであれば、調停手続中に、当事者の合意によって任意に処分するということは十分に考えられる。

ウ　鑑定採用の時期

不動産や非上場の株式などで鑑定を要する場合、鑑定の条件等を詰めておく必要があるとともに、鑑定を実施する時期も考慮する必要がある。早ければ早い方がよいというものでもない。鑑定後、合意等が

第9章　遺産の評価　　221

できるまでに年月がかかると再度の鑑定を要するという事態となることもあるからである。

（2）　設問2について

ア　不動産1

不動産1は、その土地の評価額は2,000万円であるが、根抵当権の設定がある。その債務者は、Aが経営してきたM社とAであるところ、M社は休眠状態となっているので、もはやその弁済は期待できない。そうすると、Aの債務として、相続人が法定相続分に従って相続することとなる。そこで、不動産1の評価において、抵当債務の存在は考慮を要しない。ところで、土地の評価において、地上建物の解体費用を控除できるかどうかについては、控除しないのが原則である。ただし、土地の評価は、地上建物の存在を前提としての時価の評価となるから、解体するほかない建物が存在することは、その評価に影響するとはいえる。本件建物が、解体するほかないものであれば、これは土地の評価を減じる可能性はある。ただし、評価額は、2,000万円とされており、おそらくは、建物の存在を考慮してのものと思われるから、解体費用の控除は難しい。ただし、誰も引き取り手のない不動産について、ある程度評価を減じるということはあるし、調停であれば、評価についても、合意が可能である。建物の利用価値、交換価値の有無を考慮して、公平な評価を考慮することになる。

イ　不動産2

不動産2は、N社のための根抵当権が設定されている。第三者の抵当権が設定された不動産については、その第三者の資力がないような場合には、競売されるおそれが大きいことから、実質的には、抵当債務を控除しただけの価値しかないと考え、その債務を控除した額を評価額とするという考え方がある。しかし、N社の経営者は、Y1であり、そのような処理をすることは、実質的にY1に利益を与えること

になる。N社は、相続人ではないが、抵当権が相続人の債務を担保する場合と同様に扱うのを妥当としよう。Y1の主張は、採用できない。

（3）　設問3について

不動産3は、Y1所有建物の敷地となっているから、これは使用借権があると考えてよいが、権利者は、相続人であるから、処理方法としては、使用借権の存在は考慮しないという方法と、不動産3の評価額から使用借権価額として3割程度減額し、使用借権価額は特別受益とするという方法がある。特別受益を持ち戻す場合は、どちらの方法をとっても同じであるが、特別受益について持戻し免除を認めるのであれば、差は出てくる。設例では、特別受益の主張はないので、使用借権の存在は考慮しないという方法が妥当か。

（4）　設問4について

原則的には分割時の評価によるほかない。Xが主張する事情があるとしても、これによって評価を変更するのは困難であろう。

第 10 章

特別受益

| 設　例 | 特別受益の範囲、生命保険金の持戻し |

　被相続人Aは、開業医であるが、平成29年4月20日死亡した。その相続人は、長女X、二女Y1、長男Y2である。令和6年1月、Xから遺産分割の調停が申し立てられた。

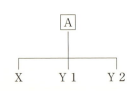

　Xは、平成9年12月、Aが、駐車場として他に月額15万円で貸していた土地を無償で借り受け、同土地上に建物を建築して住居とし、平成22年12月、同土地を1,500万円で譲り受けた。Y1は、平成25年3月、Aから、別の土地を無償で借り受けて、建物を建て居住している。Xは、国立大学の医学部を卒業し、現に勤務医である。Y2は、私立の医大を卒業し、Aの経営していた医院を引き継いでいる。ただし、医院の土地建物は、Aの名義のままである。Y1は、私大文学部を卒業し、嫁して専業主婦をしている。なお、Aの死亡に伴い、死亡保険金として、Y2が1,500万円を受領している。Aの遺産の総額は、1億円程度である。

　Y2は、Xが平成9年12月から平成22年12月までの157か月間無償でA所有地を利用したことは、その間の地代相当額2,355万円（月額15万円×157か月）がXの特別受益に当たると主張した。また、Y1についても、A所有地を平成25年3月以降無償で使用しており、その地代相当額は1か月10万円であるとして、相続開始までの49か月分の490万円が特別受益であり、かつ、同土地評価額の借地権割合50％に相当する500万円も特別受益となると主張した。

　Xは、Y2が、私立の医大に進学したため、その学費が、X、Y1より、2,000万円以上の多額に及んでいるから、少なくとも2,000万円は、Y2の特別受益となる、また、Y2は、Aの医院を承継したので、

第10章　特別受益　　225

その現実の利益2,000万円は特別利益である、さらにＹ２は、医院を承
継した上で生命保険金も受領しており、不公平であり、生命保険金を
持ち戻すべきとも主張した。

```
┌─ 設　問 ─────────────────────────────┐
│                                          │
│ 1　Ｘ、Ｙ１の土地使用に伴う地代相当額は特別受益となるか。  │
│ 2　Ｙ１の土地使用による借地権相当額は特別受益となるか。    │
│ 3　Ｙ２の学費は、特別受益となるか。                        │
│ 4　Ｙ２が被相続人の医院を承継したことによる利益は特別受益  │
│   となるか。                                              │
│ 5　Ｙ２は、生命保険金を持ち戻す必要があるか。              │
│                                          │
└──────────────────────────────────────┘
```

```
┌─ 解　説 ─┐
└──────────┘
```

10－1　特別受益の意味

　　　▶生前にされた相続人への贈与は、遺産分割においてどのよう
　　　　に扱われるか

　共同相続人中に、被相続人から、遺贈を受け、又は婚姻若しくは養
子縁組のため若しくは生計の資本として贈与を受けた者があるとき
は、被相続人が相続開始の時において有した財産の価額にその贈与の
価額を加えたものが相続財産とみなされる。そして、法定相続分又は
指定相続分の規定により算定した相続分の中からその遺贈又は贈与の
価額を控除した残額がその者の相続分となる（民903①）。この遺贈又
は贈与を特別受益と呼び、その価額を被相続人が相続開始の時におい
て有した財産の価額に加えることを持戻しという。

　そして、遺贈又は贈与の価額が、相続分の価額に等しく、又はこれ

を超えるときは、受遺者又は受贈者は、その相続分を受けることができない（民903②）。

特別受益の持戻しの制度は、相続人間の公平を図る趣旨のものである。しかし、贈与、遺贈は、被相続人がその所有財産を処分するもので、その自由な意思に委ねられるべきものであるから、相続人への贈与、遺贈であっても、公平にすることが義務付けられるものではない。そこで、特別受益としての持戻しも、被相続人が異なる意思を表示したときは、その意思に従うことになる（民903③）。これを持戻し免除というが、詳細は後記10－5に譲る。

なお、特別受益の主張は、相続が開始して10年を経過したものについては、相続開始の時から10年を経過する時又は改正民法施行の時から5年を経過する時（令和10年4月1日）のいずれか遅い時以降に申し立てられた遺産分割の手続ではできなくなる（民904の3、令23法24改正法附則3）（後記第12章12－1参照）。ただし、相続人全員の合意によって考慮することは差し支えない。

10－2　特別受益者の範囲

（1）　相続人

▶相続人の収入が十分でないため、被相続人が相続人の子（被相続人の孫）の大学進学費用を拠出した場合、その拠出額は相続人の特別受益となるか

持戻しをすべき者は、上記の遺贈等を受けた相続人である。贈与時に親族関係になかったが、その後、縁組、婚姻等により相続人となった場合も、特別受益者となる（新版注釈民法（27）192頁〔有地＝床谷〕、上原ほか・遺産分割350頁、縁組について神戸家明石支審昭40・2・6家月17・8・48）。

相続人の親族への贈与は、相続人への贈与ではないから、原則的に

第10章　特別受益　227

は相続人を特別受益者とできないが（新版注釈民法（27）194頁〔有地＝床谷〕、東京家審平21・1・30家月62・9・62）、贈与が実質的に相続人への贈与と同視できる場合は、相続人の特別受益となる（福島家白河支審昭55・6・24家月33・4・75、山城司「遺産分割事件のケース研究第6回事例検討⑥調停進行の具体的工夫を中心とした研究」家判29号237頁（2020））。孫の教育費の拠出などは、相続人が負担すべき教育費の援助（相続人への援助）とみれば、特別受益となるが、孫への贈与とみれば、特別受益とはならない。拠出した教育費の性質、額、被相続人の意図などを総合して判断するほかないが、大学進学費用の場合は、進学は本人の意思によるもので、義務教育ではないことからすると、進学する本人への贈与とみることが多いのではないかと思われる。

（2）　代襲相続人

▶代襲相続人が、代襲原因（その親の死亡など）が生じる前に受けた贈与は特別受益となるか

ア　代襲原因前の代襲者への贈与

相続人には代襲相続人も含む。しかし、代襲原因（推定相続人の死亡など）が生じる前に代襲相続人が受けた贈与は、特別受益とならない（多数説。田中ほか・諸問題257頁、中川＝泉・相続法271頁、新版注釈民法（27）245頁〔有地亨＝犬伏由子〕、山城・前掲232頁、數間薫「遺産分割のケース研究第11回事例検討⑪事例研究を通じた遺産分割の特別受益と寄与分」家判39号126頁（2022）、大分家審昭49・5・14家月27・4・66）。代襲相続人は被代襲者の地位を承継するものであるからである。ただし、受益の時期を問わず特別受益となるとの説も有力である（有地亨「特別受益の持戻義務（二）」民商40巻3号28頁（有斐閣、1954）、中川・註釈相続法174頁〔薬師寺志光〕、新版注釈民法（27）220頁〔有地亨〕、園田格「相続分の算定」家族法大系Ⅵ288頁、松原正明『全訂判例先例相続法Ⅱ』20頁（日本加除出版、2006）、鹿児島家審昭44・6・25家月22・4・64）。

イ　被代襲者への贈与

被代襲者が受贈者である場合に、代襲相続人に特別受益を認めることができるかどうかについては、否定説（小石寿夫「遺産分割に関する諸問題ⅩⅣ」判タ148号36頁（1963））、肯定説（新版注釈民法（27）190頁〔有地＝床谷〕、新注釈民法（19）314頁〔本山敦〕、本山敦編『逐条ガイド相続法』314頁（日本加除出版、2022）、山城・前掲232頁）、代襲相続人が利益を受けている場合に肯定する折衷説（徳島家審昭52・3・14家月30・9・86）がある。学説は、肯定説が有力であるが、実務は、事案ごとに具体的妥当性を図っているとされる（上原ほか・遺産分割348頁）。

（3）　包括受遺者

包括受遺者は、相続人ではないし、遺言者の意思からしても、包括受遺者への贈与を特別受益とすることはできない（新版注釈民法（27）194頁〔有地＝床谷〕、本山・前掲315頁）。

（4）　再転相続の場合

▶再転相続人が再転相続前に第1次相続の被相続人から贈与を受けていた場合、特別受益となるか

再転相続人は、第1次相続の相続人が被相続人に有していた相続分を承継するので、第1次相続の相続人が受けた特別受益は、その相続分の算出においてされる。再転相続人の相続分は、第1次相続の相続人の具体的相続分を承継するだけである。

再転相続において、第1次相続の相続人（再転相続の被相続人）の被相続人の遺産に対する持分を再転相続の相続人に分属させるためには、遺産分割を要し、その際に、再転相続の被相続人から特別受益に当たる贈与を受けた再転相続人はその持戻しを要する（最決平17・10・11民集59・8・2243）。

再転相続人が再転相続前に第1次相続の被相続人から贈与を受けていた場合、第1次相続の遺産分割は相続開始時を基準時とし、その時

第10章　特別受益　　229

点では、再転相続の被相続人は生存しており、再転相続人への贈与は
相続人以外の者への贈与であって、特別受益とはならない。

10－3　特別受益の対象（類推される場合を含む）
　（1）　遺贈・特定財産承継遺言の対象財産
　　　　▶特定の財産を相続させる遺言によって取得した場合、その財
　　　　　産は持戻しの対象となるか
　　　　▶遺言による配偶者居住権の取得は特別受益となるか
　遺贈により受遺者が受けた財産は特別受益となる。包括遺贈も特定
遺贈も受遺者が受けた財産は全て特別受益となる。配偶者居住権の遺
贈も同様である。特定財産を相続させる旨の遺言については、遺贈で
はないと解されているが、民法903条を類推適用し、遺贈と同様に扱う
ことで実務は一致している（広島高岡山支決平17・4・11家月57・10・86）。
特定財産承継遺言の対象財産についても同様に特別受益となる（本山・
前掲316頁）。
　（2）　贈　与
　　　　▶相続人の一人だけ大学に進学した場合、その学費は、特別受
　　　　　益となるか
　　　　▶相続財産である土地を一人の相続人が無償で利用してきた場
　　　　　合、使用借権価額が特別受益となるか
　　　　▶相続財産である建物を一人の相続人が無償で使用してきた場
　　　　　合、使用料相当額が特別受益となるか
　贈与は、婚姻又は養子縁組のため若しくは生計の資本としての贈与
の額が特別受益となる。生計の資本としての贈与とは、生計の基礎と
して役立つような財産の給付をいい、かつ、遺産の前渡しと認められ
る程度の高額であることを要する。主なものを挙げる。
　　　ア　婚姻又は養子縁組における費用等
　持参金、支度金などは、婚姻又は養子縁組のための贈与として、一

般的には特別受益になるとされている。結納金、挙式費用は、一般的には特別受益にならないとされている。なお、挙式費用について反対説もある（名古屋高金沢支決平3・11・22家月44・10・36、園田・前掲289頁）。看過し難い不均衡が生じている場合には特別受益となることを認め得るかのような見解もある（新注釈民法（19）316頁〔本山敦〕）。

　新築祝い、子の入学祝いは、通常の援助の範囲内であれば特別受益にならない。

　海外旅行の費用など遊興のための贈与は特別受益とならないが、遊興のためなどから生じた債務を弁済して生活を立て直させるための贈与は特別受益となる。

　　イ　学　費

　高校卒業後の教育（専門学校、大学、留学等）の学資は将来の生活の基礎となるものであるから、原則的には、生計の資本としての贈与に当たる（中川＝泉・相続法271頁）。しかし、被相続人の学歴、生前の資産収入及び社会的地位などに照らし、学費の支出が親の子に対する扶養義務の範囲内であれば特別受益には該当せず、それを超えた不相応な学資のみを特別受益と考える見解が、近時では有力である（島津一郎＝松川正毅『基本法コンメンタール相続　（別冊法学セミナー）〔第5版〕』61頁〔松原正明〕（日本評論社、2007）、片岡武「初任者のための遺産分割講座第5回」家判6号184頁（2016）。反対、新版注釈民法（27）207頁〔床谷〕）。また、学費等が、受贈者の後の職業に直結するものであることを要するとの見解もある（村井みわ子「遺産分割事件のケース研究第3回事例検討③実務上散見される主張を中心とした研究」家判23号132頁（2019））。

　なお、子に対する扶養の範囲内とはいえないとしても、相続人全員が大学教育を受け、ほぼ同額の受益を受けている場合には、持戻し免除を認めるなどして、特別受益としては考慮しないのが、実務の運用である（數間・前掲126頁）。

第10章　特別受益　　231

　ウ　扶養料

　扶養義務に基づく支出は、その義務が、生活保持義務であれ、生活扶養義務であれ、贈与ではないから、特別受益にならない（新版注釈民法（27）207頁〔有地＝床谷〕）。医療扶養も同様である（東京家審昭47・11・15家月25・9・107）。

　（3）　不動産の使用

　ア　土地の無償使用

　（ア）　遺産を相続人が無償で使用してきた場合、使用貸借等の被相続人の承諾に基づいて使用された場合と、無断で使用されてきた場合とがある。

　無断使用の場合、贈与に当たらず、特別受益の問題ではない（不当利得返還債権として相続債権とはなり得る。）。

　（イ）　相続人が被相続人所有土地をその承諾により無償で使用していることは、使用借権が設定されているとみられるので、原則として、使用借権相当額が特別受益となる。

　使用借権相当額を持ち戻すことは、当該土地を使用借権減価をしない更地価格で評価することと同じこととなるが、無償使用について、被相続人に特別受益の持戻し免除の意思があると認めることができる場合もあることから、実務の主流は、使用借権減価をした上、使用借権評価額相当の利益を無償使用してきた相続人の特別受益として持ち戻し、結局、更地価格になるという二段評価をしている（片岡武「初任者のための遺産分割講座第6回」家判7号130頁（2016））。

　使用借権相当額は、更地価額の1割程度とされることが多く、最大でも3割程度とされる（山城・前掲261頁）。

　なお、遺産である土地上の建物が相続人の配偶者の所有である場合、使用借権を有するのは通常建物所有者である配偶者ということにな

り、使用借権の贈与は、相続人の配偶者への贈与ということになるが、実質的に相続人への贈与と同視できる場合は、相続人への贈与として持戻しを認めることになり得る（福島家白河支審昭55・6・24家月33・4・75）。

　イ　建物の無償使用

　建物の無償使用については、特別受益とならないとするのが、実務である（山城・前掲264頁）。被相続人と同居している場合は、その建物の使用は、通常、占有補助者又は利用補助者としてのものであって、独立の占有権原はなく、使用借権があるとはいえない。同居でない場合は、独立の占有が認められるので、使用借権を肯定できそうであるが、多くの場合、恩恵的なもので、第三者への対抗力もないから、この使用借権の設定を、特別受益とすることはできない（數間・前掲126頁）。

　ウ　賃借権

　賃借権の設定の際に対価を得ていない場合は、借地権価額が贈与となる。

　エ　不動産の無償使用における賃料相当額

　不動産の無償使用が使用貸借による場合、使用貸借においては、借主に使用料支払義務はなく、使用料を受領しなかったことを、贈与とすることも、債務免除とすることもできない。しかし、利用を認められた者はその利用により経済的利益を得ていることは確かであるから、その経済的利益を贈与と同様に扱うことができるかは、検討の余地はある。公平という視点からは、考慮される場合がないとまでは断定できず、裁判例も、持戻し規定の類推適用を必ずしも否定していないようではある。ただし、無償で使用させる場合は、多くの場合は、扶養的な場合とか、恩恵的な場合が多く、被相続人としても、これを遺産の前渡しという意識を持つわけではなく、持戻しを求める意識は

第10章　特別受益　　　233

ないのが通常と思われる（山城・前掲265頁は、ほぼ断定的に特別受益性を否定する。）。裁判例では、その判断においては、遺産の前渡しという意思があったかどうかを考慮要素としているようである（東京地判平30・5・14（平26（ワ）18990））。

（4）　債務の免除

　相続人の被相続人に対する債務を免除した場合、これは贈与ではないが、実質的に贈与と同視できる場合もあり、その場合、生計の資本としての贈与と扱うこととなる。被相続人が相続人の他に対する債務を肩代わりし、その求償債権を放棄した場合も同様である。相続人の夫の身元保証人であった被相続人が身元保証契約上の債務の履行をしたが、相続人の夫に対する求償権を放棄した場合に、これに相続人に対する相続分の前渡しとしての「生計の資本としての贈与」を認めた事例がある（高松家丸亀支審平3・11・19家月44・8・40）。

（5）　死亡保険金

　▶死亡保険金が特別受益となるのはどのような場合か

　ア　特別受益と扱うことの可否

　受取人と指定されたものが受領した死亡保険金は、受取人が直接取得したものであるから、贈与ではないが、死亡保険金請求権の取得のための費用である保険料は、被相続人が生前保険者に支払ったものであり、保険契約者である被相続人の死亡により保険金受取人である相続人（以下「保険金受取人相続人」という。）に死亡保険金請求権が発生することなどにかんがみると、保険金受取人相続人とその他の共同相続人との間に生ずる不公平が民法903条の趣旨に照らし到底是認することができないほどに著しいものであると評価すべき特段の事情が存する場合には、同条の類推適用により、特別受益に準じて持戻しの対象となる（最判平16・10・29民集58・7・1979）。

イ 特段の事情

　持戻しが認められるための特段の事情は、保険金受取人相続人とその他の共同相続人との間に生ずる不公平を是認できるかどうかということに関するので、この両者が被相続人から受けた利益にどの程度の差があるか、その差があることを是認できる事情があるかという点が問題となり、その特段の事情の有無は、保険金の額、この額の遺産の総額に対する比率のほか、同居の有無、被相続人の介護等に対する貢献の度合いなどの保険金受取人相続人及び他の共同相続人と被相続人との関係、各相続人の生活実態等が考慮要素となる（前記最判平16・10・29）。ただし、その考慮は、保険金受取人相続人とその他の共同相続人との間に不公平が生じることを前提に、これが民法903条の趣旨に照らし無視できない程度であるかどうかということであるから、他の相続人が保険金受取人相続人より不公平に扱われている事情が問題となるはずである。この点は、実際には、不公平を是認できる事情とこれを是認できない事情の比較となることが多い。具体的には、共同相続人らの①被相続人との同居、②被相続人に対する住居の提供、③被相続人の日常の世話、④被相続人の介護・看護、⑤その他の利益供与等を比較することとなる。以下、各要素について検討する。

(ア)　保険金の額が少ない場合（500万円未満）

　共同相続人の一部の者を生命保険金の受取人と指定する場合、これによる差の存在は、通常、被相続人の意図するところであり、被相続人の意図には、被相続人と相続人らの交流関係の差や相続人の被相続人からの受益や、被相続人への寄与などが反映していることは多いであろうし、これを尊重することは、必ずしも公平を害するものとはいえない。

　保険金の額が少なく、遺産総額からの割合が低い場合、保険金受取

人相続人とその他の共同相続人との間の利得の差は大きくなく、保険
金の額が大きい場合に比べれば、不公平感も大きくはないともいえる。

　そこで、保険金の額が少なく、かつ遺産総額に対する割合が低い場
合は、被相続人と、その不公平を是認できない程度のものとまではい
えないことは多いと思われるし（東京地判平26・3・28（平23（ワ）5317）
は、保険金220万円で遺産総額に対する割合は約5％で、保険金受取人相続人が被
相続人と同居して献身的に支え、介護したという事例。大阪家堺支審平18・3・
22家月58・10・84は、保険金約430万円で遺産総額に対する割合は約6％で、保険
金受取人相続人は被相続人と同居してその入通院の世話をしてきたという事例）、
また、遺産総額に対する割合が高くなっても、比較的軽度の不公平を
是認できる事情があれば、特別事情とはならない。他の相続人が被相
続人と同居せず、また、交流が途絶えている場合には、同居したり、
交流がある相続人との間に寄与等に差は出るのが通常であり、他の共
同相続人と被相続人の交流が、単に希薄となっている場合を超えて長
期間断絶しているような場合には、いわゆる笑う相続人ということも
あり、特段の事情は認められないといってよい。

　（イ）　保険金の額が中程度の場合（500万円～1,000万円）

　遺産総額に対する割合が10％程度であれば、原則的に特別受益とい
えず、これをある程度超えても不公平を是認できる事情は比較的軽度
のもので足りるが、その割合が遺産総額の5割を超えると、他の相続
人から見た場合、共同相続人の数が2人の場合、保険金受取人相続人
は他の相続人より2倍の利益を得ることとなり、その不公平感は大き
くなる。そこで、その割合が高く、相応の事情があれば、特段の事情
を肯定して特別受益とする事情となり得る。しかし、ここでも、他の
相続人が被相続人と同居せず、また、交流が途絶えている場合につい
ては、特段の事情が認められることは少ない。

前記最高裁平成16年10月29日判決（民集58・7・1979）は、死亡保険金の額は合計574万289円であり、共同相続人の数は4人、遺産総額は合計6,000万円近くで、保険金の遺産総額に対する割合は約10％であるが、保険金受取人相続人は被相続人に約10年間住居を提供し、その介護をしてきたのに対し、他の相続人らは、その期間中、被相続人らと同居せず、その被相続人への寄与は認定されていない事案について、特段の事情があるとまではいえないとしたものである。

保険金の額が500万円程度で、遺産総額に対する割合が20％以下の場合では、保険金受取人相続人が被相続人と同居している場合（東京地判平26・3・28（平24（ワ）21551）は保険金500万円で遺産総額に対する割合は14％の事例）、他の共同相続人は被相続人とほとんど交流がない場合（東京地判平26・3・19（平24（ワ）20350）は保険金500万円で遺産総額の約10％の事例）、保険金受取人相続人が被相続人の療養看護をしていた場合（東京地判平27・10・21（平23（ワ）20921・平25（ワ）33894）は、保険金1,000万円で遺産総額に対する割合7.6％の事例）などは特段の事情は肯定されない。

遺産総額に対する割合が相当高くても、被相続人と他の共同相続人との関係が険悪で数十年間交流がなかったような場合には、特段の事情は肯定されない（東京地判令3・11・11（令3（ワ）13183）は保険金500万円の事例）。

（ウ）　保険金が若干多い場合（1,000万円～5,000万円）

保険金が若干多くても遺産総額に対する割合が低い場合、不公平を是認できる事情が比較的軽度のものでも、特別事情とならないが（札幌地判令4・9・30（令元（ワ）1290・令元（ワ）1828）は保険金1,080万円で遺産総額に対する割合は約9％で保険金受取人相続人は被相続人の会社経営に密接に関わって協力し、貢献してきたが、他の共同相続人にはそれらの事情がない事

例）、遺産総額に対する割合が高くなると、不公平を是認できる事情が
ある程度ないと、特別受益が肯定される（東京地判令3・9・13（平29（ワ）
29285）は、保険金約1,500万円で遺産総額に対する割合は93％（特別受益を考慮
する67％）の場合に保険金受取人相続人には、被相続人が有料老人ホームから外
出する時の身の回りの世話程度の貢献しかない場合に特段の事情を肯定した事
例）。

　　（エ）　保険金額が著しく高額の場合（5,000万円以上）

　保険金額が著しく高額の場合、遺産総額の割合が低ければ、特別受
益とならないことはあるが、5割を超えれば、原則的に特別受益とな
ると考えられる（東京高決平17・10・27家月58・5・94は保険金1億円でその
額は遺産総額に匹敵する事例）。保険金相当額程度の被相続人への寄与や
他の相続人に対する利益供与は、その額からすれば、寄与分や特別受
益として評価されることになり、これ以外の不公平を是認できる事情
も、高額の保険金に見合うことはほとんどないといえるからである。
ただし、保険金の額が高額であっても、保険金受取人の指定の目的に
よっては、特別の事情が認められないことについて、後記（オ）参照。

　名古屋高裁平成18年3月27日決定（家月58・10・66）は、死亡保険金は
5,100万円で遺産価額の61％という場合に、保険金受取人相続人は妻
であったが婚姻期間が3年5か月という事例で、特別の事情を肯定し、
特別受益となるとした。

　東京地裁平成31年2月7日判決（平27（ワ）2978）は、保険金5,000万
円で遺産総額に対する割合は45％の場合、保険金受取人相続人が多額
の贈与を受けていること、保険料が一括払いのものであったことなど
を考慮して、特別受益となるとした。

　　（オ）　保険金受取人指定の目的から特別事情が否定される場合
　被相続人による保険金受取人指定の目的が保険金受取人相続人の生

活保障を目的とする場合は、保険金の額が高額でも特別の事情とならないといい得る。配偶者を保険金受取人に指定する場合はこの目的が肯定されることが多い（高松高決平11・3・5家月51・8・48、東京地判平25・10・28金判1432・33、広島高決令4・2・25家判41・50）。

また、被相続人が、葬儀費用に充てる趣旨、債務整理に当てる趣旨で特定の相続人を保険金受取人に指定した場合、その趣旨に沿った処理がされるときは、遺産に持ち戻す必要はないといえよう。名古屋地裁一宮支部平成28年10月25日判決（平28（ワ）61）は、遺言によって保険金受取人を変更した事例であるところ、被相続人の事業継承のために保険金受取人に全財産を包括遺贈するとともに同人に保険金受取人を変更したものと推認し、特段の事情を認めなかった。

なお、東京地裁令和元年5月31日判決（平29（ワ）8549）は、家を継ぐことを期待されることを不公平を是認できる事情のようにいうが、そのこと自体は、今日では、合理的な理由とできないであろう。

他に、被相続人が相続税対策を考慮して特定の相続人を保険金受取人に指定している場合に特別受益を否定する理由とする事例もある。

　　（カ）　共同相続人と被相続人との関わりの視点

特別事情を共同相続人と被相続人との関わりからみる。

① 　他の共同相続人との被相続人の交流

　　他の共同相続人と被相続人との関係が険悪で、その関係が断絶している場合、特別事情は肯定できないことが多い（前記東京地判令3・11・11）。険悪といえなくても、長期間全く交流がないときも同様であろう（前記東京地判平26・3・19）。他の相続人が代襲相続人、再代襲相続人などで、交流が全くない場合も同様に考えられる。いわゆる笑う相続人といわれるような関係の者には、保険金の額にかかわら

ず、民法903条を類推適用してまで利益を与える必要はないといえる。

② 保険金受取人相続人に被相続人への貢献がある場合

保険金受取人相続人による被相続人への貢献の態様は、単に同居している程度のものから、身の回りの世話、介護と様々な段階があるが、他の相続人の被相続人との関わりとの比較において、特別事情を否定する理由となる（前記最判平16・10・29、前記東京地判令3・11・11）。

③ 各相続人の受益の比較

他の相続人が、被相続人から相当の利益を受けている場合には、特別受益を否定する理由となる（被相続人からの多額借入金を返済せず、事実上その利益を得た場合として、松山地判令5・2・7（令4（ワ）79））。

各相続人に生前贈与がある場合には、その多寡は比較されることになる。

被相続人が、保険金受取人相続人に、遺産の全額又は大半のものを相続させる旨の遺言をしている場合、他の共同相続人は遺産に関しては遺留分の額しか取得できないので、自ずから、各相続の受益には差があるが、そのことのみを持って、その差を直ちに是正すべきものとはいえない。しかし、遺言は、必ずしも合理的な判断によるものとはいえず、一時的な感情に基づくものであったり、十分な考慮なくされるもの、作成時期が古く最終意思を反映しているといえないものなどもある。保険金受取人相続人とその他の共同相続人との間に生ずる不公平が民法903条の趣旨に照らし到底是認することができないほどに著しいものであるという点の判断では、保険金の額やこの額の遺産の総額に対する比率などのほか、遺言の合理性なども考慮事項となるといえよう。

東京地裁平成23年4月21日判決（平19（ワ）19512）は、保険金1,000万円強で遺産総額は1億4,000万円で、全遺産を保険金受取人相続人に相続させるとの遺言があったもので、保険金受取人相続人は被相続人と同居して晩年の世話をしたが、生活費は被相続人が保険金受取人相続人のものも含めて負担していたという事例で、特別受益を肯定した。

　ウ　持戻し額

死亡保険金を特別受益に準じて扱うことを肯定した場合に、いかなる額を持ち戻すかについては、保険金全額とする説、解約価格相当額とする説などがあるが、公平を理由に持ち戻すので、近時は、全額を持ち戻す例が多い（長野家審平4・11・6家月46・1・128、東京高決平17・10・27家月58・5・94、名古屋高決平18・3・27家月58・10・66）。

（6）　死亡退職金

死亡退職金は、生命保険金と同様に、受給権者の固有の権利であり、これは遺産ではないし、受給権者への贈与ともいえない。そして、法律・条例・就業規則等に定めがあって、受給権者の範囲が定まっているような場合は、遺族の生活補償の趣旨が明らかである場合が多く、このような趣旨が認められれば、その給付は特別受益にはならない。ただし、個人企業の役員について、功労報償的な意味合いが強く、本来、被相続人本人自身が受領すべきものであったと認められる場合に、特別受益と認められた例はある（東京地判昭55・9・19家月34・7・4）。

（7）　無償の相続分譲渡

　ア　無償の相続分譲渡の性質

相続分譲渡は、譲渡人と譲受人の間の譲渡契約によって成立し、これにより、譲渡人の相続財産に対する持分も譲受人に移転するが、無償の相続分譲渡契約は、相手方に自己の財産を無償で譲渡する諾成契約である贈与（民549）と本質に大きな違いがない。そうであれば、無

第10章　特別受益　　241

償の相続分の譲渡を、民法903条1項に規定する「贈与」に当たるということはできる。判例は、遺留分減殺事例において、共同相続人間でされた無償による相続分の譲渡は、譲渡に係る相続分に含まれる積極財産及び消極財産の価額等を考慮して算定した当該相続分に財産的価値があるとはいえない場合を除き、民法903条1項に規定する「贈与」に当たるとした（最判平30・10・19民集72・5・900）。判示は、無償による相続分の譲渡の法律的な性質についてのものであるから、遺留分減殺事件以外でも妥当するということになる。

　　イ　黙示の相続分譲渡

　遺産分割において、明示的な相続分譲渡はないが、法定相続分と異なる割合で分割をした場合に黙示の相続分譲渡を認めて、特別受益を認めるべきかが問題となる。

　相続分譲渡については、要式行為ではないから、黙示の相続分譲渡も否定されない。そして、遺産分割において、相続分と異なる割合で分割した場合、法定相続分の割合の共有持分が変動しており、物権変動が認められる。これは、法定相続分より少なく取得した者から、これより多く取得した者に対して相続分の譲渡があったといわざるを得ない。その無償性は、具体的相続分やそのほかの事情を考慮することになるが、無償の相続分譲渡を認めることができる場合であっても、これが生計の資本としての贈与か否か、持戻し免除の意思表示を肯定できるか、といった点が検討され、常に、特別受益が認められるわけではない。

　また、明示的な相続分譲渡がなく、単に法定相続分と異なる分割をした場合には、誰が誰にどの部分を譲渡したか明確でないし、遺産分割は、2者間ではなく全相続人間の合意であり、一般的にその合意を後に覆すことは予定されておらず、明示的な相続分譲渡がないにもかかわらず、相続分譲渡を認めて、これを特別受益として第2次相続で

第10章　特別受益

主張できるとすると、第2次相続で第1次相続における遺産分割の蒸し返しをすることにもなる。無償の相続分譲渡を認めることができるかどうかは事実認定の問題であるが、これらの点からは、黙示の無償の相続分譲渡を特別受益とすることができるのは、これが明白に認められる場合に限定されよう。

10－4　特別受益の評価

（1）　評価の基準時

特別受益の評価基準時は、相続開始時とするのが実務である（田中ほか・諸問題263頁、最判昭51・3・18民集30・2・111）。以下は、この立場で述べる。ただし、遺産分割時とする考え方も有力である（中川＝泉・相続法284頁、本山・前掲328頁）。

（2）　特別受益の評価の方法

▶受贈者が被相続人から贈与を受けた土地を売却したが、その後相続開始時にはその土地が高騰している場合、特別受益の価額はどの時点での価額となるか

▶受贈財産である建物が、贈与後間もなく隣家からの延焼で焼失し、贈与時の評価額の半額程度の火災保険金が支払われた場合、その後の相続開始における特別受益の価額はどのように評価されるか

ア　評価の原則的方法

特別受益の贈与の価額は、評価の基準時に、贈与財産が贈与時のままの状態で存在するときは、その評価時の価額によることとなり、受贈者の行為によって、その目的である財産が滅失し、又はその価格の増減があったときであっても、相続開始の時においてなお原状のままであるものとみなしてこれを評価する（民904）。

イ 贈与財産が贈与時のままの状態で存在するとき

例えば、受贈財産である更地の土地が相続開始時に同様の状態で存在する場合は、その評価は、相続開始時の時価によることとなる。

ウ 贈与財産が受贈者の行為により滅失等したとき

（ア）滅失には、物理的滅失のほか第三者への売却や贈与を含み、贈与財産が存在しなくなった状態をいう。

（イ）受贈者の行為によるというのは、破壊などの物理的行為や売却などの経済的行為など、受贈者が意図的にした全ての行為を含む（本山・前掲330頁）。また、失火などの受贈者の過失による場合も、受贈者の行為によるとされる（新版注釈民法（27）229頁〔有地＝床谷〕、本山・前掲330頁）。

（ウ）受贈者が代償財産を取得した場合でも、価額算定の対象は、受贈者が得た贈与財産であって代償財産ではない。代償財産の額が受贈財産が存在するとして評価した額より増加する場合であっても同じである。

また、受贈者が贈与財産に改良等を加えて、その価額が増加している場合も、これらの行為がないものとして評価する。家屋に耐震工事を行ってその価額が増加した場合、評価は耐震工事をしなかった建物としての評価となる（本山・前掲332頁）。

エ 受贈者の行為によらない滅失等

他方、不可抗力や第三者による滅失等の場合は、受贈者の行為ではないから、相続開始時の状況で評価する（田中ほか・諸問題264頁）。滅失した場合は、贈与がなかったとして処理する（我妻榮＝唄孝一『相続法判例コンメンタールⅧ』113頁（日本評論社、1966））。ただし、滅失までの利用利益を考慮すべきとの見解もある（床谷文雄＝犬伏由子『現代相続法』49頁〔床谷〕（有斐閣、2010））。

代償財産がある場合、代償財産の価額だけの利益を受けているので

あるから、価額ゼロではなく、代償財産の額になる（高木多喜男『口述相続法』88頁（成文堂、1988））。ただし、損害賠償請求権又は保証金請求権がある場合は贈与当時のままの評価とするとの説（林良平＝大森政輔『注解判例民法4（親族法・相続法）』628頁〔橘勝治〕（青林書院、1992））と、これが現実化した額ないし現実に受領した額を代償財産の価額とする説（松原・前掲68頁、本山・前掲333頁）がある。受贈建物が延焼によって焼失した場合に、火災保険金として受領した額の建物価額に対応する部分は特別受益の価額となろう。

（3）　財産の種類ごとの検討

　ア　土　地

　土地については、相続開始時の時価によるのが、原則である。贈与時が更地であれば更地の状態での評価となる。売却して第三者の名義になっていても、土地自体は存在するので、その土地の評価となる。売却後、土地の評価が増減しても、相続開始時の評価となる。周辺環境等の変化により価格が増減した場合は、相続開始時の状態で価額を算定することになる（本山・前掲333頁）。ただし、売却に応じた後に、買主が大規模宅地開発などを行って、土地価格が高騰した場合などに、高騰後の価額で評価することは、受贈者に酷であり、従前環境での評価あるいは代償財産（売却代金）での評価とすることはあり得る。

　イ　建　物

　建物については、建物が贈与時から相当程度の年月を経た場合には、その価値が減じるのが通常である。この減価は、経年経過に加えて、受贈者の利用によるといえるものの、これを受贈者の行為によるとは必ずしもいえないので、民法904条によって評価するとはされておらず、原則的には、相続開始時の評価によるのであるが、その価値が減じた一方で、受贈者は利用利益を得ていることを考慮して、少なくとも贈与時の価額分は得ていると考えて、贈与時の価額を相続開始時の

価額に評価替えするとの考え方が有力である（田中ほか・諸問題264頁）。

　　ウ　動　産

　動産も原則は、相続開始時の時価であるが、経年により無価値となったものは、経年により減価した建物と同様に、贈与時の価額による（田中ほか・諸問題264頁）。

　　エ　株式、有価証券、ゴルフ会員権、変動する金銭債権

　株式、有価証券、ゴルフ会員権、変動する金銭債権などは、相続開始時における価額による。受贈者が高額で売却していた場合も同様である（上原ほか・遺産分割361頁）。売却代金で別の株式等を取得している場合、これを代償財産としてその価額とするとの考え方もあるが、贈与を受けた株式等の相続開始時の価額によるとする考え方（前記(2)ウ(ウ)参照）が多数である。

　　オ　金　銭

　金銭の場合は、貨幣価値の変動を考慮する（最判昭51・3・18民集30・2・111）。

　不動産取得のための金額の贈与は、原則は金銭の贈与であるが、特定の不動産を取得するための贈与である場合、その援助がなければその不動産を取得することができなかったという密接な関係がある場合は、不動産の贈与と同視し、不動産の相続開始時における価額による（田中ほか・諸問題264頁）。代金の一部の贈与は、代金の割合とする。

　　カ　無償の相続分譲渡が特別受益となる場合の持戻し額

　　(ア)　特別受益の算出

　持ち戻すべき価額の評価基準時は特別受益一般の場合と同じく相続開始時となる。そこで、先の相続における遺産分割において具体的に取得した財産のうちの譲渡を受けた相続分に相当する部分の基準時における価額が特別受益となる（東京地判平24・10・12（平22（ワ）39818）、東京高判平29・7・6判時2370・31）。

（イ）　持ち戻すべき相続分

　相続分の譲渡における相続分は具体的相続分と解するのが多数説である（松津節子「相続分の譲渡と放棄」現代裁判法大系12巻44頁、千葉洋三「相続分の譲渡・放棄」新家族法実務大系３巻197頁等）。具体的相続分と解した場合、相続分の価値の算定には積極財産のみならず特別受益等も考慮することとなる。寄与分を考慮するかについては、なお議論の余地は残されている（法務省民事局参事官室編『新しい相続制度の解説』281頁（金融財政事情研究会、1980））。

10－5　持戻し免除

（１）　持戻し免除の意思表示

　特別受益の持戻しは、前述のとおり、相続人間の公平を図るものであるが、他方で、被相続人が、特定の相続人に特に多くの遺産を取得させたいと考える場合に、その意思を否定できないから、その合理的意思を相続手続に反映させるために、被相続人が持戻しを要しないとの意思を表示したときは、その意思に従うこととなる（民903③）。従前は、その意思表示は、遺留分に関する規定に違反しない限りで効力を有するとされていたが、遺留分制度が、相続持分を相続人に取り戻す制度でなくなったことから、その制限規定は除かれた。ただし、遺留分を侵害する場合は、これによる価額請求が認められる。

　その意思表示は、明示黙示を問わない。黙示の意思表示は、贈与の内容及び価値、贈与がされた動機、被相続人との生活関係、相続人及び被相続人の職業、経済状態及び健康状態、相続人が受けた贈与の内容・価額及びこれについての持戻し免除の有無などの諸事情を考慮する（雨宮＝石田・遺産実務193頁）。

　遺贈についての持戻し免除の意思表示も遺言による必要はないが、その意思表示の存在を認定するには、生前贈与の場合に比べて、より

明確な持戻免除の意思表示の存在が認められることを要するとの裁判例がある（大阪高決平25・7・26判時2208・60）。

（2）　黙示の持戻し免除を認め得る場合

特定の相続人に、相続分以上の財産を取得させるとの意思が認められるか否かが問題である。なお、その立証責任は、持戻し免除を主張する者にある。

その意思を認定できる類型としては、次のものが挙げられる。

ア　相続人の行為等への対価ないし謝礼的な意味がある場合

生前贈与が、相続人の寄与・貢献に対する謝礼や実質的対価としてなされたものと認められるときは、持戻し免除の意思を推認できる（「改正民法及び家事審判法規に関する執務資料」家庭裁判資料121号37頁（最高裁判所事務総局、1981））。

イ　扶養などの必要性による贈与

▶障害があって就職が困難な子に対してされた贈与は持戻しを要しないか

特定の相続人の扶養など、相続分以上に財産を取得させる必要がある場合、例えば、稼働能力等が劣り、他の相続人と比較して住居の確保や扶養の必要性が高い相続人にこれらを目的としてされた贈与については、持戻し免除の意思表示を推認できる。障害があって就職が容易でない子への贈与も、住居の確保や扶養を目的とすると推認できるものには、持戻し免除の意思表示を推認できる。

死亡保険金について、被相続人死亡後の相手方の生活保障を目的として保険契約をしたものであり、これが特別受益に当たるとしても持戻し免除の意思が明白であるとした例がある（高松高決平11・3・5家月51・8・48）。

ウ　配偶者への贈与

婚姻期間が長い配偶者に対して居住用不動産を贈与した場合、それ

までの長年の貢献に報いるとともに、老後の生活を保障するという趣旨が認められる場合には、黙示の持戻し免除を認めるのが実務であった（東京高決平8・8・26家月49・4・52）。

これを受けて、平成30年の改正では、婚姻期間が20年以上の夫婦の一方である被相続人が、他の一方に対し、その居住の用に供する建物又はその敷地について遺贈又は贈与をしたときは、当該被相続人は、持戻し免除の意思を表示したものと推定されると規定された（民903④）。

高齢化の進展等の社会経済情勢の変化に伴い、配偶者の死亡により残された他方配偶者の生活への配慮をすべき必要性が高くなっている中で、配偶者保護の方策として規定されたものである（堂薗＝野口・一問一答66頁）。この推定は、配偶者居住権の遺贈について準用される（民1028③）。この推定を争う者は、推定を破る事情の立証をすることになる。

婚姻期間が20年未満の夫婦の一方への贈与や配偶者居住権の遺贈は、原則に従って、これを主張する者が立証すべきであるが、扶養や住居確保の必要性が高く、相続分以上に財産を取得させる必要がある場合はその意思表示が認められるであろう。

　　エ　相続人全員に、同程度の贈与をしている場合

相続人全員に同程度の贈与がある場合は、被相続人において、その公平を考慮しているので、これは持戻し免除の意思を推認できる。

10－6　設問の検討

（1）　設問1について

特別受益は、贈与について認められるものである。X、Y1とも使用貸借の合意があり、支払義務がないのであるから、使用料相当額の贈与があるとするのは、理論的に難しい。贈与と同視すべき事情があ

れば、これを特別受益とすることもあり得るかもしれないが、裁判例では、被相続人の経営する賃貸アパートの2室を長女が生活に困窮していたという事情から無償で貸したという事例について、恩恵的なもので、被相続人に遺産の前渡しという意思はなかったとして特別受益と認めなかった事例（東京地判平30・5・14（平26（ワ）18990））、被相続人所有地上に建物を建築して喫茶店の営業を開始し、当初は賃料の支払をしていたが、その後、払わなくなった場合に、被相続人は、これを容認しており、他の相続人も被相続人所有土地を無償で使用していた事例について、生計の資本としての贈与に当たるものとは認められないとした事例がある（東京地判平23・9・14（平21（ワ）7554））。これらの裁判例からみても、本件で、特別受益を認めるのは困難であろう。

（2）　設問2について

使用借権の設定は、特別受益となると解されている。遺産分割の実務では、土地を更地で評価して、利用権価額を特別受益としない扱いもあり、遺産としては、みなし相続財産の額が同じになるので、通常はこれで差し支えない。ただし、使用借権の価額について、持戻し免除を認めるときは、相続財産の総額に差が出てくる。設例では、Y1の使用について持戻し免除の可能性はないし、また、同土地をY1以外の者に取得させることも考えられないから、土地の更地価額を遺産分割の対象とすることで足りる。

（3）　設問3について

高等教育のための学費の支出を特別受益に当たる贈与とするか否かは、諸説あるが、最近は、大学進学率は非常に高く、兄弟間で、これに著しい差が生じることもあまりないので、特別受益と扱われる例は減少している。

本件では、学費の差が、2,000万円と多額であり、特別受益とすることは可能である。ただし、きょうだい3人ともが、大学に進学してお

り、親としては、それぞれに、将来の生活の基礎となる資格を取得させるための支出をしたのであって、支出した費用に差は生じたが、Y2のみを特別に扱ったというものではない。父親も医師であり、相当の収入があったと考えられるから、最近の実務からは、特別受益としないこととなろうか。

（4）　設問4について

医院の経営権は、譲渡可能な財産とはいえない。現実には、顧客（患者）を引き継ぐというメリットはあったかもしれないが、これを譲渡可能な財産権とすることは困難と思われる。ただし、医院が医療法人となっている場合に、その持分の譲渡を受けたのであれば、これは特別受益となる。

（5）　設問5について

生命保険金の持戻しが認められるためには、保険金受取人である相続人Y2とその他の共同相続人との間に生ずる不公平が民法903条の趣旨に照らし到底是認することができないほどに著しいものであると評価すべき特段の事情があると認められることが必要である。この特段の事情の判断のためには、前記のように、保険金の額及びその遺産総額に対する割合と、身分関係や社会生活実態等その他の事情からそれが公平を損なうといえないかどうかという点を検討することになる。

保険金の額の遺産総額に対する割合をみると、遺産総額は1億円程度ということであり、その遺産総額に対する割合は15％程度である。そして、Y2は父親の医院を引き継いだことから父親との関わりはX、Y1より密接と窺え、またXはA所有地を長期間無償で使用して事実上利益を得ていたこと、Y1もA所有地を使用してきたという事実を考慮すれば、未だ上記特段の事情があるとまではいえず、持戻しの必要はないといえよう。

第 11 章

寄与分・親族の特別の寄与

| 設 例 | 寄与に当たるか否か、配偶者の寄与行為の扱い |

被相続人Aは、不動産賃貸業をしていた者であるが、平成26年11月26日に死亡した。その妻Bは、平成22年4月1日に入院し、その後、同年5月31日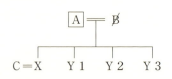に死亡しており、相続人は、Bとの間の、長男X、二男Y1、長女Y2、二女Y3の4人である。遺産は、Aの住居としてきた土地建物①、土地建物②及び預貯金4,000万円である。Y1は、土地建物②に無償で居住しているが、その住宅ローン月額15万円を、平成20年1月から、Aに代わって支払っている。

Aは、認知症を発症し、平成22年4月1日には要介護4と認定された。その頃の症状は、両上下肢に麻痺があり、洗身、食事摂取、排尿、排便、衣服着脱の全介助を要し、意思をほとんど伝達できない状況であった。

平成24年には、症状が悪化し、名前なども言えない状況となった。

平成26年には、寝たきりで意思疎通ができず、四肢を全く動かせない状態で、寝返りができず、介護者が定期的に体位変換を要した。

Aは、平日1時間、土日2時間の訪問介護を受けて、ヘルパーがAに対する清拭、入浴、おむつ交換などを行っていたほか、デイサービスも利用していた。週1回、訪問看護を受け、看護師が皮膚の状態を観察するなどしてきた。

長男Xは、平成22年4月1日の、Bの入院後、Aと同居し、Xの妻Cにおいて、Aを介護し、食事、給水などの介助、排せつの世話等を行ってきた。痰の吸引は訪問看護のない日に1日1回は行っていた。その100日後の同年7月10日、Aは要介護5と認定され、成年後見に付され、Xに対して、後見人から月額10万円の生活費が支給されている。

第11章　寄与分・親族の特別の寄与　　253

　Cの介護の日数は、要介護4の認定を受けていた期間は100日であり、その間に、ショートステイの利用日数が18日、デイサービスの利用日数が4日含まれる。要介護5の認定を受けていた期間は、1,601日であり、この期間のうちにショートステイの利用日数200日、デイサービスの利用日数449日が含まれる。痰の吸引を行った日数は、523日である。

設　問

1　Y1は、住宅ローンの支払額が寄与に当たると主張するが、これは認められるか。

2　Xは、その妻CがAを介護してきたので、これはXの寄与に当たると主張するが、これは認められるか。認められるとすれば、寄与分はどのように計算されるか。

解　説

11－1　寄与分の意義

（1）　寄与分の意味等

　共同相続人中に、被相続人の事業に関する労務の提供又は財産上の給付、被相続人の療養看護その他の方法により被相続人の財産の維持又は増加について特別の寄与をした者があるときは、被相続人が相続開始の時において有した財産の価額から共同相続人の協議で定めたその者の寄与分を控除したものを相続財産とみなし、法定相続分又は指定相続分により算定した相続分に寄与分を加えた額がその者の相続分とされる（民904の2①）。この協議が調わないとき、又は協議をすることができないときは、家庭裁判所は、寄与分を主張する者の請求によ

り、寄与の時期、方法及び程度、相続財産の額その他一切の事情を考慮して、寄与分を定める（民904の2②）。昭和55年の民法改正（法律第51号）によって設けられた制度であり、昭和56年1月1日以後に開始の相続に適用される。

（2）　寄与分制度の目的、寄与分の法的性格

寄与分制度は、共同相続人間の実質的衡平を図る制度とされるが、被相続人の財産に対する清算という側面がある。清算という点は、被相続人名義の財産中の本来寄与者に帰属すべきものを清算することであるが、本来寄与者に帰属すべき部分があるとすれば、この部分は本来相続財産ではないから、これを相続財産から除外するのが当然であるといえる。ただ、この清算を、財産法上の処理として行うのは甚だ困難であることから、民法は、寄与分という形で、衡平を図った。なお、清算という点では、寄与者が相続人である場合を問わないことから、平成30年の改正によって、親族において、特別の寄与をした者は、その寄与に応じた額の金銭の支払を請求することができるとされたが（民1050）、これは、相続人に対する請求権とされているので、遺産分割には直接の影響はない。

寄与分の法的性格については、清算的側面を原則と考え、寄与者に本来帰属すべきであった財産上の利益を寄与者に帰属させるために、その具体的相続分を増加させる制度とする説（身分的財産権説）（上原ほか・遺産分割367頁）と、共同相続人間の実質的衡平を図るために、相続分を調整する制度とする説（調整説）とが対立する。身分的財産権説と調整説との違いは、身分的財産権説が、清算的に考え、寄与が被相続人の財産の維持増加にどの程度貢献しているかという視点から考えるのに対し、調整説は、判断基準を共同相続人間の公平に置き、他の相続人の寄与行為との比較において相対的に考えるという点にあり、具体的な面では、共同相続人の一部の者だけがした寄与について

は、調整説の方が身分的財産権説より寄与を肯定しやすい。最近の実務は身分的財産権説で運用されているが、調整要素も考慮している。

寄与分は、相続人間の協議又は審判によって形成されるもので、それ以前に財産権として存在するものではない。寄与分の審判は、家庭裁判所が共同相続人間の実質的な衡平を実現するため合目的的に裁量権を行使してする形成的処分であるとされる（最決昭60・7・4家月38・3・65）。

11－2　寄与分主張の方法と期間

（1）　寄与分主張の方法

寄与分は、遺産分割において考慮されるものであるから、遺産分割の手続とともになされるべきものである。寄与分の家庭裁判所に対する申立ては、寄与分を定める処分の申立てとして立件される。寄与分を定める処分の申立ては、相続の開始後に認知された者の価額の支払請求の場合（民910）を除いて、遺産分割の申立てがある場合にのみすることができ（民904の2④）、遺産分割の審判事件及び寄与分を定める処分の審判事件が係属するときは、これらの審判の手続及び審判は、併合してしなければならない（家事192）。

遺産分割調停事件においては、その手続の中で、寄与分の主張をすることはできるが、不調となった場合には、改めて寄与分を定める処分の申立てをする必要がある。

（2）　寄与分の審判の申立期間等

寄与分の申立てについては、家庭裁判所は、遺産の分割の審判の手続において、1か月を下らない範囲内で、当事者が寄与分を定める処分の審判の申立てをすべき期間を定めることができる（家事193①）。そして、この期間を経過した後にされた申立てについては、却下することができる（家事193②）。また、家庭裁判所は、審判の申立期間を定め

256 第11章 寄与分・親族の特別の寄与

なかった場合においても、当事者が時機に後れて寄与分を定める処分の申立てをしたことにつき、申立人の責めに帰すべき事由があり、かつ、申立てに係る寄与分を定める処分の審判の手続を併合することにより、遺産の分割の審判の手続が著しく遅滞することとなるときは、その申立てを却下することができる（家事193③）。

　さらに、寄与分の主張は、相続が開始して10年を経過したものについては、相続開始の時から10年を経過する時又は改正民法施行の時から５年を経過する時（令和10年４月１日）のいずれか遅い時以降に申し立てられた遺産分割の手続ではできなくなる（民904の３・令３法24改正附則３）（後記**第12章12－１**参照）。

11－3　寄与分を主張できる資格

（1）　寄与分を主張できる者

　寄与分を主張できるのは、原則として、共同相続人に限られる（民904の２①）。具体的相続分がない者でも資格はある。相続資格を失った者は含まれない。相続分放棄者についても、これを認める意味はない。包括受遺者は、相続人と同一の権利義務を有するが、本来の共同相続人でないので、その資格はない（多数説、松原正明「遺留分減殺と遺産分割の関係」新家族法実務大系３巻308頁）。

　代襲相続人は、被代襲者の寄与を主張することができる（橘勝治＝宇佐美隆男「民法及び家事審判法の一部を改正する法律の解説」家月32巻８号171頁（1980）、最高裁判所家庭局「改正民法及び家事審判法規の解釈運用について」家月33巻４号14頁（1981）、太田武男『現代家族法研究』372頁（有斐閣、1982）、猪瀬慎一郎「寄与分に関する解釈運用上の諸問題」家月33巻10号11頁（1981）、東京高決昭54・２・６高民32・１・13、新版注釈民法（27）246頁〔有地＝犬伏〕）。代襲相続人自身の寄与は、代襲相続原因発生の前後を問わず主張できるとするのが多数説（最高裁判所家庭局・前掲14頁、猪瀬・前掲11頁、石田敏明

第11章　寄与分・親族の特別の寄与　　257

「寄与分を主張できる者の範囲」判タ215題56頁）であるが、代襲原因が発生
し、相続資格を取得した後の寄与についてのみ主張できるとの説（新
版注釈民法（27）245頁〔有地＝犬伏〕）も有力である。

（2）　寄与分の承継・放棄

　ア　寄与分の譲渡

　寄与分は、これを相続分から切り離して譲渡することはできない。
寄与分は、相続分と独立したものではなく、相続分の内容をなすもの
であるからである（法務省民事局参事官室編『新しい相続制度の解説』280頁
（金融財政事情研究会、1980））。寄与分は、相続分の実質的修正要素であ
り、具体的相続分の算定要素であって、独立の財産権ではないからと
も説明される（猪瀬・前掲51頁）。このことは、逆に、相続分の譲渡にお
いて、寄与分を除いて譲渡することもできないことを意味する（法務省
民事局参事官室・前掲280頁）。

　相続分の譲渡がされた場合、寄与分も相続分に含まれるから、譲受
人は、寄与分を主張することができる（山口純夫「寄与分の承継」判タ663
号22頁（1988））。なお、寄与分を、行使上の一身専属の権利とする立場
からは、その行使前には、譲渡はできず、譲受人は、寄与分を主張で
きないこととなる。

　イ　寄与分の相続

　再転相続において問題となる。寄与分が相続の対象となるかどうか
は、これを行使上の一身専属の権利と考えるかどうかで結論が異なる。
寄与分は清算的なものであること、寄与した相続人が死亡することに
よって寄与分が消滅するのは公平を図る制度としては不徹底であるこ
とから、一身専属とはせず、寄与分の相続を認めるのが相当である（法
務省民事局参事官室・前掲286頁）。

　ウ　寄与分の放棄

　寄与分の放棄は、相続放棄が可能であるということと対比して、相

続開始後であれば、遺産分割の終了までいつでも共同相続人全員に対する意思表示により行うことができるとされる（猪瀬・前掲52頁）。

11－4　寄与分の成立要件

寄与分が認められるためには、次の要件を必要とする。

（1）　寄与行為が存在すること

▶相続人の妻が被相続人の療養介護に当たったことを、相続人は、自己の寄与として主張できるか

寄与行為を行った者、すなわち寄与者は、相続人に限定される。ただし、履行補助者による寄与行為は、共同相続人の寄与と同視される。例えば、相続人の配偶者の寄与がこれに当たる（東京高決平22・9・13家月63・6・82ほか）。なお、これに反対の見解も有力である。相続人に履行義務がないのに履行補助者の概念を用いること、寄与した配偶者本人でなく、相続人がその寄与分を手中にすること（鍛冶良堅「改正相続法の問題点」論叢53・3＝4・34）に疑問が呈され、民法の夫婦別人格、別産という原則に反すると主張される（新版注釈民法（27）248頁〔有地＝犬伏〕、窪田充見「寄与分の類型ごとの算定方法」新家族法実務大系3巻270頁、二宮・家族法354頁）。相続人の配偶者が、寄与を主張できないことについては、これを認めないと配偶者に酷であり、公平性を欠くと指摘されていた（堂薗＝野口・一問一答177頁、堂薗幹一郎＝神吉康二『概説改正相続法〔第2版〕』160頁（金融財政事情研究会、2021））。平成30年法律第72号の改正によって、相続人の配偶者の寄与を特別の寄与として主張することが可能となったが、特別の寄与を主張することができる者は限定されていることなどから、履行補助者として主張できる場合を否定することはできない。ただし、特別の寄与と重複して主張できないことは当然である。被相続人の先妻の子について、先妻の寄与行為を寄与分として主張できるかが問題とされることがあるが、消極に解されている（猪瀬・前掲12頁、

新版注釈民法（27）246頁〔有地＝犬伏〕）。

　寄与行為の時期については、始期は制限はない。終期は、相続開始時である（通説）。養子である相続人の寄与については、養子縁組前の寄与も主張できるとするのが多数説であるが（猪瀬・前掲11頁、栗原平八郎「寄与分についての覚書」明山和夫ほか『現代家族法の課題と展望』236頁（有斐閣、1982）、「改正民法及び家事審判法規に関する執務資料」家庭裁判資料121号29頁（最高裁判所事務総局、1981））、養子縁組後の行為に限るとの説も有力である（新版注釈民法（27）245頁〔有地＝犬伏〕）。

（２）　寄与行為が特別の寄与と評価できること

　特別の寄与の判断基準として、ア寄与行為の特別性、イ無償性、ウ継続性、エ専従性があげられる。

　　ア　寄与行為の特別性

　その行為が、当該身分関係において通常期待される程度を超える貢献であることが必要である。夫婦間では、協力扶助義務（民752）、婚姻費用分担義務（民760）、直系血族及び兄弟姉妹間では、扶養義務（民877①）、直系血族及び同居の親族間では、助け合いの義務（民730）があり、これらの義務の範囲内の行為は通常期待される程度の寄与とされる。

　　イ　寄与行為の無償性

　相当な対価を得て有償で行った行為は、特別の寄与に当たらない。対価性が低い場合は、得べかりし対価との差額を寄与として考える余地がある。

　寄与者が、被相続人から生前贈与や遺贈を受けている場合、その寄与の程度と生前贈与や遺贈が均衡の取れたものであれば、寄与分は認められないことになろう。ただし、この場合、その生前贈与や遺贈を持戻しの対象とすると、逆に衡平を害するから、この場合の生前贈与や遺贈は、持戻しの対象でないか、その免除のある場合でなければならない（東京高決平8・8・26家月49・4・52）。

ウ　寄与行為の継続性

一時的、短期間のものは、除かれる。親族間で期待される範囲のものといえるからである（上原ほか・遺産分割372頁）。

エ　寄与行為の専従性

専従性のないものは、親族間で期待される範囲のものであることも多いし、被相続人の財産の維持又は増加に貢献する度合いが低いからである。専従といっても他の行為との兼業が許されないことはなく、また、専従の程度が職業上の有資格者と同程度である必要はない。

（3）　被相続人の財産の維持又は増加があること

被相続人の財産の維持又は増加がなければ、寄与といえない。

（4）　寄与行為と被相続人の財産の維持又は増加との間に因果関係があること

因果関係がなければ、分与する根拠となし得ない。

11－5　寄与分の類型別成立要件及び算定方法

民法は、寄与の態様について、被相続人の事業に関する労務の提供又は財産上の給付、被相続人の療養看護その他の方法を例示しているが（民904の2①）、（1）労務提供型（家業従事型ともいう。）、（2）財産給付型、（3）扶養型、（4）療養看護型、（5）財産管理型に分類することができる（新版注釈民法（27）242頁〔有地＝犬伏〕、猪瀬・前掲1頁）。以下は、この類型に従って検討する。

なお、寄与分の判断は、寄与の時期、方法及び程度、相続財産の額その他一切の事情を考慮してなされる裁量性のあるものであるといわれるが、裁判である以上は、その算定根拠をできるだけ明確に示す必要がある。

（1）　労務提供型

ア　労務提供型の寄与

（ア）　被相続人の営む事業に従事し、相続財産の維持増加に貢

献した場合をいう。被相続人の営む事業としては、農業、林業、漁業、各種製造加工業、商業等個人営業がその典型である。

寄与分の算定という視点からは、労務提供の形態に応じて、家業従事型、従業員型、共同経営型に分けられる。いずれも、無償性、継続性、専従性、被相続人との身分関係、相続財産の維持増加の程度、その他の事情を考慮することになる。

（イ）被相続人の営む農業等に被相続人とともに耕作等をしてきた場合、家業の製造販売業の製造部門などで被相続人と役割を分担して携わった場合などは、この類型に該当する。配偶者の場合、通常の家事労働だけでは特別の寄与とならず、これを超えた行為を必要とする（石田敏明「寄与の態様・範囲・時期」判タ215題58頁）。

被相続人の経営する会社に寄与した場合、通常は、被相続人に対する寄与とはならないが、その会社が実質は個人企業に近く、被相続人とは経済的に極めて密着した関係にあり、会社への援助と被相続人の資産の確保との間に明確な関連性がある場合には、被相続人に対する寄与と認める余地がある（会社が実質個人会社でその債務には被相続人所有不動産が担保に供されていた場合に、その債務弁済資金を提供した事例として、高松高決平8・10・4家月49・8・53）。

（ウ）寄与といい得るためには、被相続人との関係において通常期待されるような程度を超えた特別の寄与が必要である（田中ほか・諸問題282頁）。

（エ）無償性については、従業員型では、相当の給料を受領していれば、既に対価を得ているのであるから、寄与とはならないが、世間一般に比して著しく少額であれば寄与と認められる場合はある。

最近の裁判例（否定例）として、被相続人の郵便局事業に雇用され、夫婦で月額25万円から35万円の給与を得ていた事例で、相続人は、賃

金センサスの同年齢の平均収入の半額以下であると主張したが、給与水準は従事する事業の内容、企業の形態、規模、労働者の経験、地位等の諸条件によって異なるから、賃金センサスによる大卒46歳時の年収の平均額に充たなかったとしてもそのことのみで収入が低額であったとはいえず、得ていた収入額に、相続人夫婦が被相続人と同居し、家賃や食費は被相続人が支出していたことをも考慮すると、相応の給与を得ていたというべきであり、特別の寄与をしたとは認められないとしたものがある（札幌高決平27・7・28判タ1423・193）。

　無償であっても、それに対応して被相続人から別に経済的な援助を得たり、謝礼・交通費等の名目で金銭を受領したりしていた場合には、特別の寄与に該当しない場合もある。

　　（オ）　継続性については、寄与の年数が少ないものは認められにくい。一切の事情を考慮して個別に判断されるが、少なくとも3年程度の期間は必要とされている（寺田さや子「遺産分割事件のケース研究第1回」家判19号123頁（2019）添付東京家裁ひな形）。

　休日ごとに労務を提供する場合にも、それが長期にわたれば、寄与を認めることができる。

　　（カ）　家業がいわゆる赤字経営であった場合には、財産の維持又は増加が認められず、寄与を肯定できない（大阪高決平27・10・6判タ1430・142）。

　　イ　寄与分の算定方式

　それぞれの型によって、寄与分の算定方法が異なる。

　　（ア）　家業従事型・従業員型の計算式

寄与分額 ＝ 寄与者の受けるべき相続開始時の年間給与額 ×（1－生活費控除割合）× 寄与年数

第11章　寄与分・親族の特別の寄与　　263

　寄与者の受けるべき相続開始時の年間給与額は、従業員型では、経営規模に見合った賃金相当額となるが、賃金センサスを用いることが多い。

　生活費控除割合は、同居して生活費の負担を受けている場合である。その割合は、交通事故の損害賠償と同様に考えればよい。4〜5割。実額による場合もある（寺田・前掲114頁）。

　長期間の農業従事について、寄与者の報酬から算出するより、相続財産の形成に実際に貢献したと思われる比率をもって評価した方がよい場合もあるとされる（寺田・前掲114頁、東京高決平22・5・20判タ1351・207、大阪高決平27・10・6判タ1430・142の原審、和歌山家審平27・6・30判タ1430・147）。

　　　（イ）　共同経営型の計算式

寄与分額　＝　通常得べかりし報酬　＋　利益配分　－　現実に得た給付

　計算式は、目安として考える。上記無償性、継続性、専従性、被相続人との身分関係、相続財産の維持増加の程度、その他の事情を考慮して、全遺産の何割という形で寄与分を算出する例もある。

（2）　財産給付型（金銭等出資型ともいう）

　ア　財産上の給付

　　（ア）　財産の給付による寄与をいう。当該身分関係において通常期待される程度を超える給付であることが必要であり、小遣い程度の給付は、特別の寄与とはならない。金銭や不動産等の贈与のほか、被相続人に代わって被相続人所有の不動産の改修費、固定資産税を負担したり、住宅ローンの返済（大阪高決平27・3・6判時2274・24）をするなどがある。

　　（イ）　生活費の給付は、夫婦間の扶助義務（民752）、親族間の扶

養義務（民877）、相互扶助義務（民730）の範囲内の行為は、特別の寄与
とはならない。

　　（ウ）　不動産の改修費、固定資産税の負担は、当該相続人が建
物に無償で居住する場合は、寄与と認められない場合もある（東京家裁・
実情と課題112頁、田中ほか・諸問題288頁）。なお、不動産の改修費の場合、
その不動産を被相続人が利用している場合は、被相続人は拠出額相当
額の支出を免れているから、拠出額が寄与分額となるといえるが、不
動産を当該相続人が占有している場合は、相続開始時に残存する有益
費相当額となろう。

　　（エ）　被相続人の事業のための資金の給付やその債務の弁済
も、被相続人への贈与であり、それが相続財産の維持増加に貢献して
いれば、寄与といい得る。

　被相続人の事業継続のために拠出したところ、その事業は結局失敗
して拠出額が失われたが、被相続人には、拠出額を超える事業用でな
い他の資産が残存する場合、①当該相続人の拠出により、他の資産か
らの支出を免れたのであるから、拠出額全額を基準額とする寄与分を
認める考え方（橘勝治「相続に関する民法の一部改正について」曹時34巻4号
82頁（1982））、②拠出は事業継続の贈与であり、事業の失敗により目的
を達することができなかったので、寄与分は認められないという考え
方、③拠出額に、被相続人の資産全体の残存割合を乗じた額を限度に
寄与分を認めるという考え方（瀬川信久「寄与分における相続人間の公平と
被相続人の意思（1）」判タ540号27頁（1985））がある。これらの問題は、寄
与行為と、被相続人の財産の維持又は増加ないし減少の防止との間に
因果関係があるかどうかの問題であり、事業継続のための支出の場合
は、相続人からの拠出がなければ被相続人が金融機関から借入れをし
て事業の継続を図った可能性が高い場合には、贈与の効果は相続開始
時に残存しているといえるので上記①の考え方により、新規事業のた

めに拠出したが、これが失敗した場合には、借入れをしてまで新規事業を開始する蓋然性が低いので、上記②の考え方によるとの見解もある（田中ほか・諸問題287頁）。

　（オ）　被相続人のための金銭支出（被相続人所有不動産の管理費用やそのローンの支払等）は、立替金（被相続人の債務）として主張される場合が多い。明確に贈与でない場合は、立替金と認定するのが相当と思われる。立て替えた側が、生前の返還は期待していない場合でも、相続時に清算を求める意思であれば、贈与とならないであろう。

　（カ）　財産給付型においては継続性・専従性の要件は必要ない。

イ　寄与分の算定方式

　（ア）　不動産取得のための金銭贈与

寄与分額 ＝ 相続開始時の不動産の価額 × （贈与額 ÷ 不動産価額）

　金銭贈与の目的が、建物建築費用である場合などは、建物所有権の贈与と扱う（寺田・前掲117頁）。住宅ローンの支払も、原則的には同じであるが、贈与でないことが多いと思われる（和歌山家審昭59・1・25家月37・1・134）。

　（イ）　不動産の贈与

寄与分額 ＝ 相続開始時の不動産の価額 （ × 裁量的割合）

　（ウ）　不動産の使用貸借

寄与分額 ＝ 相続開始時の賃料相当額 × 使用年数 × 裁量的割合

（エ）　金銭の贈与

寄与分額 ＝ 贈与当時の金額 × 消費者物価指数（ × 裁量的割合）

（オ）　入院費・治療費等の支出

寄与分額 ＝ 実際の支出費用

（カ）　生活費（扶養料）負担

寄与分額 ＝ 扶養料の負担額 × 期間 ×（1 － 法定相続分率）

　法定相続分に相当する部分は、扶養の範囲といい得るので控除する。
（3）　扶養型
　ア　扶養による寄与
　相続人中の特定の者のみが被相続人の扶養（扶養料の支払によるものを除く。これは、財産給付型となる。）をした場合については、扶養義務の負担額を超えた部分について、寄与と認めることは可能であり（18年間扶養した事例として、大阪家審昭61・1・30家月38・6・28）、他の相続人の負担すべき部分を含めて負担していると認めることができる場合、自己の負担すべき部分を超えた額は、これを寄与と認めることができる。療養看護までは必要ないが、同居して扶養する場合などがこれに当たる。なお、自己の負担すべき部分を超えた額について、求償可能な相続人がいる場合は、寄与分の問題とはならないとの立場もあるが、多数説は、寄与を認める（栗原・前掲239頁、猪瀬・前掲19頁）。
　なお、被相続人である父が蒸発したため長男が母や弟妹を扶養し、教育費を出捐した場合に、寄与分として評価できるとする見解がある

（「大阪高裁管内家事審判官有志協議会協議結果（昭和61年1月30日開催分）」家月39巻4号122頁（1987））。

　イ　寄与分の算定方式

寄与分額　＝　生活保護基準額　×　期間　×（1　－　法定相続分率）

　生活保護基準に相当する額を負担していると認める。この場合も、法定相続分に相当する部分は、扶養の範囲といい得るので控除する。

（4）　療養看護型

　ア　療養看護による寄与

　療養看護型の寄与は、病気の際の看護が典型の類型であるが、近時は、老親の介護が主張されることが非常に多い。これを、介護寄与という。看護の態様としては、相続人又はその親族が実際に看護するものと、第三者に看護させてその費用を負担するものとがあるが、後者は財産給付型といえるので、ここでは前者を考える。

　　（ア）　特別の寄与

　介護が特別の寄与といえるためには、親族として期待される範囲を超えるものでなければならない。そして、無償性、専従性、継続性を要する。この場合、寄与者が、配偶者か他の親族か、同居の親族か否か、同居の利益（これが特別利益とならない場合）があるか否かによって、差がある。

　配偶者と他の親族を区別するのは、配偶者の扶助協力義務が、扶養義務ではなく、生活保持義務とされているという点にある。そこで、配偶者について、厳しく見る傾向がある。

　寄与者が、被相続人の土地や建物を同居等して無償で使用しているとき、同居利益の特別受益性を否定した場合には、同居親族の協力義務を強く認めて寄与分における特別性を否定する傾向にある。

（a）入通院における介助

① 入院中の付添い

　入院中に付添いが必要であり、親族（寄与者又はその履行補助者）が付き添った場合、特別の寄与を肯定できる。ただし、職業的な付添人があるときは、必要性はない。また、平成9年9月末にいわゆる完全看護化が実施されるようになったことから、寄与行為の特別性を認めがたくなったといわれる。しかし、あらゆる場合に付添いの必要性がないとすることは疑問であり、介護の実情に鑑み、必要性を肯定できる場合もあろう。必要性を肯定できる場合としては、病院からの要請がある場合が挙げられる。

② 通院及び入院中の援助

　通院の付添い、送迎、入院中の見舞い、差し入れや洗濯物の持ち帰りなどは、通常、親族として期待される範囲を超えるものではない。

　しかし、通院であっても、被相続人が歩行に支障があり、そのため付添いが必要で、これが長期間、ほぼ毎日に及び、各回、相当の時間を犠牲にせざるを得ず、そのため寄与者が本来の仕事ができず、退職して専従した場合などは、特別の寄与を肯定してもよいと思われる。

（b）在宅看護

　特別の寄与といえるためには、通常であれば、第三者に有償で委任するような行為であることが必要であるとされている（上原ほか・遺産分割375頁）。被相続人が職業的な援助を必要な状態、すなわち、本来なら施設入所、入院等が必要であるにもかかわらず、自宅で看護したような場合が、これに当たる。要介護2以上の状態にあることが目安とされる。

① 常時、介護を要する場合

　　いわゆる寝たきり状態になって、食事、排便など全面的な介護が必要な場合は、特別の寄与を肯定できる（神戸家伊丹支審平15・8・8金判1241・38）。

② 常時、見守りを要する場合

　　認知症による徘徊があり、一時も目を離せず、24時間、見守りを要する場合なども、特別の寄与を肯定できる（大阪家審平19・2・8家月60・9・110）。

③ 身体的に障害があり、日常的に介助が必要な場合

　　肯定できる場合がある（大阪家審平19・2・26家月59・8・47）。

④ 日常的な軽度の介護

　　消極例が多い。

⑤ 日常的な家事等の援助

　　家事援助は、特別の寄与とならない。

　　　　（c）施設利用の場合等

　被相続人が介護保険に基づいて、一定の介護サービスを受けている場合、相続人による介護が「特別の寄与」であると評価し得るためには、被相続人の心身の状態等に照らして介護サービスでは賄いきれない部分があり、その部分について相続人が行った介護行為が、被相続人との身分関係に基づいて通常期待される程度を超えたものであるといえる必要がある。被相続人の心身の状態が、要介護3や4といった状態であったとしても、在宅での様々なサービスを受けていたり、介護施設への通所等によって十分な介護サービスを受けていたりするような場合には、相続人の介護行為が、施設へ通所する際の送迎など、親族として通常期待される程度にとどまることがあるといわれる。

　介護サービスがある場合は、それを除いた部分において、特別の寄与に当たるか否かを判断することになる。なお、週のうち、過半を施

設で過ごす場合であっても、それだけでは専従性を否定すべきでない。その時間を除く部分において、特別性が肯定できれば、寄与の額の算定で調整することになろう。

　（イ）　継続性

　相続開始直前、被相続人の病状が悪化した期間の短期間では特別の寄与には当たらない。期間の目安としては、少なくとも数か月から半年程度は必要であるとされる。介護期間が1年以上を要するとの意見もある（寺田・前掲117頁、數間薫「遺産分割のケース研究第11回事例検討⑪事例研究を通じた遺産分割の特別受益と寄与分」家判39号131頁（2022））。被相続人の病状などとの関係で総合的に検討されるべきものである。

　（ウ）　専従性

　片手間で行われているようなものは専従性があるとはいえないが、家事等の他の仕事と並行して行った場合は、他に定職があって、その勤務終了後だけ関わる場合であっても、専従性が否定されるものではない。また、複数で看護した場合についても、同様である。

　（エ）　因果関係

　財産の維持・増加との因果関係が必要であるところ、療養看護型の場合、本来職業看護人を雇うべきところ、寄与者が療養看護を行ったことによって、職業看護人に支払うべき報酬等の費用を免れた場合に財産の維持・増加があると考えられている。そこで、因果関係があるというためには、職業看護人を雇う必要がある場合でなければならないということになる。しかし、相続人が、特別の寄与をしたという場合は、すなわち、親族としての義務を超える介護をしたということになるのであって、その場合、被相続人が、親族としての義務を超える介護を求めるのであれば、有料で求めるべきであったのであるから、この場合に、職業看護人を雇う必要があったか否かを問題とせずとも、因果関係を肯定できるのではないか。

第11章　寄与分・親族の特別の寄与　　271

　被相続人自身が施設への入所や親族以外の者による介護を拒否した
ために、特定の相続人が介護を行わざるを得なくなる場合、施設入所
の必要性や職業看護人を雇う必要性がある場合にこれに代わって相続
人が介護した場合は、当然寄与を認めることができるし、そこまでの
必要性がなくても、被相続人の依頼で介護したといえるから、因果関
係を肯定してよいと考える。

　なお、寄与分の法的性格を、「清算型寄与分」と「衡平型寄与分」に
分け、療養看護型の寄与分は衡平型寄与分であるとし、衡平型寄与分
において、相続財産の維持・増加との因果関係の要件を過度に重視す
べきではないとする見解がある（窪田充見『家族法－民法を学ぶ－第4版』
433頁（有斐閣、2019））。

　　イ　寄与分の算定方式
　　　（ア）　算定の方法
　介護による寄与分の算定方法は、本来職業看護人に支払うべき報酬
等の費用を免れた額と考えるから、介護にかかる報酬相当額を参考と
して、これに介護日数（入院日数やショートステイ期間は控除する。）
を掛け、さらに裁量割合を掛けて寄与分額を算定するのが一般的であ
る。介護保険制度が設けられた後は、要介護者の療養看護については、
同制度により、要介護度に応じて定められた標準報酬額の負担のみで
一定のサービスを受けることができるから、寄与分を算定するに当た
っては、介護保険の標準報酬額を基準にするのが相当とされ、かつ、
介護報酬基準は、基本的に看護又は介護の資格を有している者への報
酬基準であるから、扶養義務を負う親族等とでは、報酬額は異なると
される（東京高決平29・9・22家判21・97、片岡＝管野・遺産分割実務358頁）。

　裁量割合は、共同相続人間の実質的衡平を企図するもので、被相続
人との身分関係や被相続人の心身の状態などを考慮し、上記のように、
寄与者が有資格者でないこともこの点で考慮される。相続財産に比し

て、計算上の額が多くなりすぎる場合などの調整としても用いられる。0.5から0.8程度の間で適宜修正され、0.7あたりが平均的数値といわれる（片岡＝管野・遺産分割実務360頁、數間・前掲132頁）。

　　（イ）　資　料
　要介護認定通知書、要介護認定資料、診断書、介護サービス利用表、施設利用料明細書、介護利用契約書、医療機関の領収書等
　　（ウ）　算　式
①　介護保険制度施行前

寄与分額　＝　付添人の日当額　×　療養看護日数　×　裁量割合

---

②　介護保険制度施行後

寄与分額　＝　介護報酬基準に基づく報酬額　×　療養看護日数　×　裁量割合

　（5）　その他の類型
　ア　財産管理
　相続人が被相続人の財産を管理する場合、例えば、被相続人の不動産を管理し、そのためにした費用の支出は寄与となる。管理行為も、通常であれば第三者に有償で委任するような行為は特別の寄与ということができ、賃料の回収、草木の伐採、不動産の清掃等はこれに当たることも多い。ただし、賃貸物件の管理では、管理する賃借人の数がわずかである場合、不動産の清掃等では、その不動産が自宅の近くであって、清掃面積も少ない場合などは、親族に期待される扶助の範囲内であって特別の寄与とならないであろう（上原ほか・遺産分割378頁）。
　被相続人所有の土地の売却について、立ち退き交渉、建物の取壊し、滅失登記手続、売買契約の締結に努力した場合（長崎家諫早出審昭62・9・

第11章　寄与分・親族の特別の寄与　　273

１家月40・8・77）、被相続人の遺産不動産に係る訴訟について、一審敗訴後に、証拠収集に奔走し、逆転勝訴に貢献した場合（大阪家審平6・11・2家月48・5・75）などに特別の寄与が認められた。資産の運用は一般的には寄与といえるが、株式、投資信託による資産運用は特別の寄与と評価できないとした裁判例がある（大阪家審平19・2・26家月59・8・47）。

○管理行為の寄与分額の計算方法

寄与分額　＝　第三者に依頼した場合の報酬額　×　裁量的割合

　イ　担保提供

　保証人になったり、担保物を提供した場合、これも寄与行為となり得るとの見解もあるが（太田・前掲55頁）、単なる提供に止まらず、債務保証の履行や担保権の実行を余儀なくされた場合に限るとの見解もある（上原ほか・遺産分割375頁）。後説による場合、寄与分額は、現実に支出した額に止まるのであれば、担保提供そのものの寄与を認めていないこととなる。第三者に担保提供を依頼した場合の保証料相当額は寄与分額としてもよいように思う。

　ウ　先行遺産分割における相続分無償譲渡等

　　▶先行する遺産分割で相続分を被相続人に無償で贈与したことを寄与とできるか

　　▶先行する遺産分割で相続分を放棄したこと、又は相続を放棄したことを寄与とできるか

　（ア）　相続分譲渡による寄与

　相続分譲渡は、これを「財産」ないし「財産的利益」の移転ということができる（最判平30・10・19民集72・5・900は、遺留分減殺請求事件において相続分譲渡を民903①に規定する「贈与」に当たるとする。）。そうであれば、相続分を被相続人に譲渡した場合には、これを寄与行為とみる余

地はある。相続分の譲渡が、親族としての扶養の範囲である場合など
は、特別の寄与といえないであろうが、通常、扶養の方法として相続
分譲渡がされるとはいえないから、多くの場合、特別の寄与としてよ
いと思われる。ただし、遺産分割において、単に法定相続分と異なる
分割をした場合については、これを特別受益とする場合と同様の問題
がある（第10章参照）。明白に認められる場合に限定されよう。

　学説には、相続分譲渡を寄与とすることは、譲渡した財産の取り戻
しを認めることに等しく、生前であれば取り戻しできないのに死後に
寄与分として取り戻すことができるのは整合的でないとして、相続分
譲渡は寄与とみるべきでないとの見解もある（本山敦編『逐条ガイド相続
法』341頁（日本加除出版、2022））。しかし、被相続人の生前に取り戻せな
いのは、財産の給付などの他の寄与の態様も同じであり、寄与分制度
は、相続人間の公平を図る制度であるから、被相続人に対して清算を
求めることができるかということではなく、遺産への特別の寄与の有
無を問題とすべきである。

　　（イ）　相続放棄による寄与

　相続放棄については、厳格な要式によって認められる行為であり、
相続放棄者は、最初から相続人とならなかったものとみなされるが、
実質的な機能としては、その相続分を他の相続人に取得させるために
利用される場合もあるので、そのような場合には、相続分譲渡と同様
に考える余地はある。学説としては、相続財産の維持、増加に直接向
けられた行為でないとの理由で寄与行為と認めない見解もあるが（太
田武男＝野田愛子＝泉久雄『寄与分－その制度と課題』101頁〔久貴忠彦〕（一粒
社、1998））、肯定説が有力である（最高裁判所家庭局・前掲6頁、猪瀬・前掲
16頁、注解家事審判法446頁〔叶和夫〕、中川淳『相続法逐条解説（上巻）』264頁
（日本加除出版、1985）、石田・前掲59頁、北野俊光「寄与分の算定（類型ごとに）」
判タ245題155頁、井上・理論と審理317頁）。

第11章　寄与分・親族の特別の寄与　275

（ウ）　相続分放棄による寄与

相続分放棄がされると、放棄者の相続分は、他の相続人にその相続分の割合で帰属する。そうであれば、これを「財産」ないし「財産的利益」の移転ということができよう。しかし、他の相続人の数などによって、その受益者は必ずしも明確でない。相続分放棄の個別の事情により、それが、二人の相続人の一方が放棄した場合など相続分譲渡と同様の趣旨でされた場合には、相続分譲渡と同様に考え、それ以外の場合には相続放棄と同様に考えることになろう。

11－6　親族の特別の寄与

（1）　特別の寄与の趣旨

平成30年の改正により、被相続人の財産の維持又は増加について特別の寄与をした被相続人の親族に、寄与に応じた特別寄与料の請求を認める制度が設けられた（民1050①）。令和元年7月1日以降に開始した相続に適用がある（民法及び家事事件手続法の一部を改正する法律の施行日を定める政令（平成30年政令第316号）、民平30法72改正附則2）。

この規定は、相続人以外の者、例えば、相続人の配偶者が被相続人の療養看護に努め、被相続人の財産の維持又は増加に寄与しても、相続人ではないから、遺産分割において寄与分を主張したり、何らかの財産の分配を請求したりすることができず、不公平であると指摘されてきたところ、その点において、実質的公平を図る観点から、寄与者の貢献に報いるために設けられた（堂薗＝野口・一問一答177頁）。

相続人の配偶者などの被相続人の財産の維持又は増加に対する寄与は、実務では、従前から相続人の履行補助者の寄与として相続人の寄与に含めて考慮されてきたが（前記11－4（1）参照）、請求期間の制限もあることなどから特別寄与料の請求をできない場合があり、その場

合でも、公平を図る必要があることもあるから、今後も、履行補助者の寄与としての考慮を全く否定することできないと思われる。

（2）　特別の寄与の内容・要件

ア　特別寄与者

特別寄与者となり得るのは、相続人の親族である。ただし、相続人、相続の放棄をした者及び相続人欠格事由のある者又は廃除によってその相続権を失った者は除かれる。相続人の親族か否かは、相続開始時を基準に判断される（堂薗＝野口・一問一答181頁）。事実婚の当事者や同性カップルのパートナーは含まない（堂薗＝野口・一問一答181頁）。

相続人の親族に限定したのは、親族以外の者を含めると、相続をめぐる紛争が複雑化したり、長期化する懸念があるからである（堂薗＝野口・一問一答180頁）。

イ　特別の寄与の態様

特別の寄与の態様は、被相続人に対して無償で療養看護その他の労務の提供をした場合に限定される（民1050①）。この点も、相続をめぐる紛争が複雑化したり、長期化する懸念を考慮したものである（堂薗＝野口・一問一答180頁）。財産出資型の寄与は、除外される。

特別の寄与といえるためには、特別寄与者が相続人でないことから、寄与分の場合と若干の違いがあるが、ほぼ同様に考えることができ、特別寄与者の貢献に報いるのが相当と認められる程度の顕著な貢献があった場合とされる（東京家裁・新実務運用116頁）。

ウ　特別寄与料の算定

▶相続人が相続により取得した財産の価額を超える特別寄与料の支払を命じられることはあるか

家庭裁判所は、寄与の時期、方法及び程度、相続財産の額その他一切の事情を考慮して、特別寄与料の額を定める（民1050③）。この一切の事情には、他に、相続債務の額、被相続人による遺言の内容、各相

続人の遺留分、特別寄与者が生前に受けた利益等が含まれるとされる（堂薗＝野口・一問一答185頁）。

　具体的な算定方法は、療養看護型の寄与分の算定方法と同様に、療養看護の日当額に療養看護の日数を乗じた上で一定の裁量割合を乗じて算出する（堂薗＝野口・一問一答185頁）。裁量割合は、通常は、0.5から0.8程度の間で、特別寄与者が扶養義務を負っていない等の事情や介護の専門家ではないこと、その他寄与行為の態様などの個別具体的な事情を考慮して定めるのが相当とされる（東京家裁・新実務運用118頁）。

　特別寄与料の額は、被相続人が相続開始の時において有した財産の価額から遺贈の価額を控除した残額を超えることができない（民1050④）。

　相続人が複数の場合、各相続人は、特別寄与料の額に法定相続分又は指定相続分を乗じた額を負担する（民1050⑤）。

　なお、多額の生前贈与による特別受益を得ていた場合などには、相続によって取得する財産の価額を超える特別寄与料の支払を要する場合も生じる（堂薗＝野口・一問一答187頁）。

（3）　特別寄与料の請求手続

　ア　特別寄与料の請求方法

　特別の寄与は、相続人に対し特別寄与料を請求するという方法による（民1050①）。特別寄与料について、当事者間に協議が調わないとき、又は協議をすることができないときは、特別寄与者は、家庭裁判所に対して協議に代わる処分を請求することができる（民1050②本文）。審判事件の管轄は、相続開始地の家庭裁判所である（家事216の2）。

　請求の相手方は、相続人であり、相続人が数人ある場合には、特別寄与者は、その選択に従い、相続人の一人又は数人に特別寄与料の支払を請求することができる（堂薗＝野口・一問一答189頁）。

イ　特別寄与料の請求期間

特別寄与料は、特別寄与者が相続の開始及び相続人を知った時から6か月以内、又は相続開始の時から1年以内（いずれも除斥期間）に、家庭裁判所に請求しなければならない（民1050②ただし書）。

ウ　遺産分割事件との関係

特別寄与料の請求は、遺産分割手続から独立したものとされており、遺産分割手続が係属していない場合でも請求可能であり、遺産分割手続が係属していても、これを併合審理するかどうかは、裁判所の裁量に委ねられる（堂薗＝野口・一問一答193頁）。

11－7　設問の検討

（1）　設問1について

Y1は、Aが支払うべき住宅ローン月額15万円を支払ってきた。これは、住宅ローン相当額の財産をAに給付したといえる。しかし他方、Y1は、Aの建物に無償で居住してきた。Y1のこの居住利益は、特別受益と評価することは難しい。とすれば、住宅ローンの支払額を寄与とするのは、公平とはいいがたい。ただし、住宅ローンの額が、通常の使用料と比較して高額である場合には、その差額を寄与として認める場合はあるかもしれない。

（2）　設問2について

ア　相続人の妻の介護をもって、相続人の寄与となし得るか

相続人の配偶者の寄与を、履行補助者による寄与として、相続人の寄与とすることには、既に述べたように反対の見解も有力であるが（前記11－4（1）参照）、公平を確保するために、実務は、これを相続人の寄与として考慮してきた。前記のとおり、平成30年の民法の一部改正により、特別寄与料の支払を請求することができるとの規定が設けら

第11章　寄与分・親族の特別の寄与　　279

れたので（民1050①）、配偶者の寄与を相続人の寄与として考慮する必要はなくなったといえるが、設例は、上記改正民法の施行前の相続であるから、Cの行為は、Xの寄与において考慮するほかない。

　　イ　Xの寄与分の算定

　　　（ア）　寄与分額は、前記のとおり、介護報酬基準に基づく報酬額×療養看護日数×裁量割合の式で算出される。そこで、介護報酬基準に基づく報酬額をみると、「要介護認定等に係る介護認定審査会による審査及び判定の基準等に関する省令」（平成11年厚生省令第58号）は、要介護4を、要介護認定等基準時間が90分以上110分未満である状態又はこれに相当すると認められる状態、要介護5を要介護認定等基準時間が110分以上である状態又はこれに相当すると認められる状態と定めている。また、「指定居宅サービスに要する費用の額の算定に関する基準」（平成12年厚生省告示第19号）の指定居宅サービス介護給付費単位数表（平成26年度介護報酬改定前のもの）によれば、身体介護が中心である場合の訪問介護費は、所要時間90分以上120分未満の場合につき6,670円（1点10円で円単位に換算。以下同じ）、120分以上150分未満の場合につき7,500円になる。

　以上から、設例では、要介護4の場合は所要時間90分以上120分未満の訪問介護費である6,670円を、要介護5の場合は所要時間120分以上150分未満の訪問介護費である7,500円をそれぞれ介護報酬（日当）として採用することになる。

　　　（イ）　次に、療養看護の日数を算出するが、ショートステイの利用日数及びデイサービス利用日数があるので、ショートステイの利用日数を全日、デイサービスを利用した日数は半日として、看護日数から控除する。そうすると、要介護4の認定を受けていた期間は80日（＝100－18－4×0.5）となり、これに6,670円を乗じると、53万

3,600円となる。要介護5の認定を受けていた期間は、1,176.5日（＝1,601−200−449×0.5）となるから、これに7,500円を乗じると、882万3,750円となる。

（ウ）　介護報酬については、早朝や夜間の介護をした場合には、割増加算が考えられるが、設例ではない。しかし、通常の介護を超えた医療行為等がされている場合には、これを考慮する場合もある。設例では、痰の吸引がされており、これを考慮した裁判例もある（前掲東京高決平29・9・22家判21・97）ので、考慮する。痰の吸引について、これを有資格者に依頼すると、少なくとも訪問介護費の最小単位である20分未満に対する介護報酬2,850円を認めることができ、523日分で、149万550円となる。

（エ）　裁量割合は、遺産の額、寄与の態様等を考慮し、平均的な数値0.7を用いる。

（オ）　以上から、Xの寄与分の額は、759万3,530円（＝（53万3,600円＋882万3,750円＋149万550円）×0.7）である。

第 12 章

具体的相続分

| 設　例 | 具体的相続分の算出方法 |

　Aは、昭和60年にBと婚姻し、その間に、長男C、二男D、三男Eをもうけたが、令和2年1月、死亡した。Aの相続人は、B、C、D、Eである。遺産は、住居である土地建物（3,000万円）と、預金（3,000万円）の合計6,000万円である。Aは、Bに対し600万円、Cに対し1,200万円、Eに対し1,800万円の生前贈与をしていた。なお、Cは1,800万円、Eは300万円の寄与分があると主張している。遺産の評価額は、相続開始時と遺産分割時とで異ならないものとする。

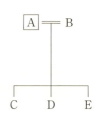

| 設　問 |

1　C、Eの寄与分が認められない場合、各相続人の最終取得分はいくらか。
2　C、Eの寄与分が主張のとおりに認められる場合、各相続人の最終取得分はいくらか。
3　Bへの遺贈が900万円あり、Aの特別受益がCに対する3,000万円であり、Dには3,000万円の寄与分がある場合、各相続人の相続分はいくらか。
4　Aは、本件土地建物をBに遺贈するとの遺言をしていた。この遺贈は、上記の遺産分割におけるBの取得分にどのような影響を及ぼすか。C、Eの寄与分は主張のとおりに認められるものとする。

第12章　具体的相続分　　283

| 解　説 |

12－1　具体的相続分による分割

（1）　具体的相続分の意義

　相続人は、その相続分に応じて、遺産を承継する。相続分は、被相続人が、遺言でこれをを定め、又はこれを定めることを第三者に委託した場合は、その相続分（民902）（指定相続分）により、遺言がない場合は、民法900条、901条による相続分（法定相続分）による。そして、共同相続人中に、特別受益を受けた者があるときは、被相続人が相続開始の時において有した財産の価額にその特別受益の価額を加えたものを相続財産とみなし、法定相続分又は指定相続分により算定した相続分の中からその遺贈又は贈与の価額を控除した残額をもってその者の相続分とする（民903①）。また、共同相続人中に、寄与分を有する者があるときは、被相続人が相続開始の時において有した財産の価額からその寄与分を控除したものを相続財産とみなし、法定相続分又は指定相続分により算定した相続分に寄与分を加えた額をもってその者の相続分とする（民904の2①）。

　相続開始の時において有した財産は、遺産分割の対象となる財産であり、遺産分割の対象とならない財産は除かれる。遺贈財産、可分債権、相続開始後に滅失した財産等は除かれる。遺産分割の対象となる財産は、前記第7章参照のこと。

　そこで、遺産分割の対象となる財産に、遺贈額、特別受益を加え、寄与分の額を控除したものを、相続財産とみなし（これを「みなし相続財産」という。）、これに法定相続分又は指定相続分の割合を乗じたもの（これを「本来の相続分」又は「一応の相続分」という。）に特別受益及び寄与分による修正（加減）を加えて算定する最終的な相続分を具体的相続分といい、各相続人の相続分を各相続人の相続分の合計

で除した率を具体的相続分率という。相続開始後の相続分譲渡や相続分放棄などがあり、これによる修正を必要とする場合には、その修正後の最終的な分割分率をも具体的相続分という（田中ほか・諸問題295頁）が、これを上記の具体的相続分と区別して、遺産分割分と呼ぶ説もある（鈴木・講義221頁）。

相続開始時と遺産分割時において相続財産の価額が異なる場合には、遺産分割時の額に、具体的相続分率を乗じたものが、各相続人の最終的な取得分（最終取得分）となる。

（2） 具体的相続分の時的限界

ア 特別受益・寄与分の主張の時的限界

令和3年の改正により、相続開始の時から10年を経過した後にする遺産分割については、特別受益及び寄与分に関する規定（民903・904・904の2）は適用されない旨が規定された（民904の3）。

これは、遺産分割が長期間されないことによって、共有者多数の土地が生じ、また、多数の所有者不明土地が生じることになって、しかも、相続登記もされないなどのことから、所有者の探索に多大な時間と費用が必要となり、所有者不明の土地については管理もされず放置されているものもあり、その土地の管理・利用のために必要な合意形成が困難になっているなどの問題が生じ、そのため、公共事業や復旧・復興事業が円滑に進まず、民間取引が阻害されるなど、土地の利用・活用が阻害され、土地の管理が不全化して隣接土地等への悪影響が発生しているなどの問題も生じた。そこで、所有者不明土地の解消へ向けた民法基本法制の見直しが検討され、改正法は、遺産分割の手続について、早期の遺産分割請求を促し、また、一定期間を経過した後は画一的な割合である法定相続分を基準とすることで円滑な分割を行うことを可能とするという効果を狙って、特別受益・寄与分の主張に時的限界を設けた。

第12章　具体的相続分　285

　イ　例　外

　相続開始後10年を経過した後にする遺産分割に適用されるが、次の場合は例外である。

　　（ア）　相続開始の時から10年を経過する前に、相続人が家庭裁判所に遺産の分割の請求をしたとき。

　　（イ）　相続開始の時から始まる10年の期間の満了前６か月以内の間に、遺産の分割を請求することができないやむを得ない事由が相続人にあった場合において、その事由が消滅した時から６か月を経過する前に、当該相続人が家庭裁判所に遺産の分割の請求をしたとき。

　ウ　経過規定

　上記令和３年の改正は、令和５年４月１日から施行されているが、この時的限界は、施行前に開始した相続についても適用される（令３法24による改正法附則３）。ただし、次の猶予期間がある。

　　（ア）　施行時に相続開始時から既に10年を経過しているものは、５年の猶予期間があり、令和10年４月１日以降の遺産分割においては特別受益・寄与分の主張はできない。

　　（イ）　相続開始から10年を経過する時期が施行時から５年より前に来るものは、施行時から５年の経過時まで猶予され、令和10年４月１日以降の遺産分割においては特別受益・寄与分の主張はできない。

12－2　具体的相続分額の計算

（１）　寄与分のない場合

　ア　基本的な計算方法（超過特別受益者がいない場合）

　相続分を超える特別受益を得た者がいない場合の具体的相続分、最終取得分の算定方式をまとめると、次のようになる。

---

①　みなし相続財産の算出
　＝相続開始時財産＋特別受益

第12章　具体的相続分

---

② 各相続人の一応の相続分（本来の相続分）算出
　＝みなし相続財産×法定相続分又は指定相続分
③ 各相続人の具体的相続分
　＝一応の相続分－特別受益
④ 具体的相続分率
　＝$\dfrac{各共同相続人の具体的相続分}{具体的相続分の総計}$
⑤ 最終取得分（各共同相続人が遺産分割により取得すべき財産の価額。具体的取得分ともいう。）
　＝遺産分割時の遺産分割対象財産の価額×具体的相続分率

　イ　超過特別受益者がいる場合

　（ア）　特別受益の価額が、相続分の価額に等しく、又はこれを超えるときは、特別受益者は、その相続分を受けることができない（民903②）。すなわち、その特別受益者の具体的相続分はゼロ円となる。この場合、超過特別受益による分割対象財産の減少分を誰が負担するかということが、問題となる。すなわち、設問１の場合、次のようになるが、Eがその相続分より200万円超過して取得しているため、他の相続人が、計算された相続分のとおりに取得するためには、200万円が不足する。そこで、この200万円を誰が負担するかが問題となる。

（計算結果）

① みなし相続財産　　　：9,600万円＝6,000万円＋600万円＋1,200万円＋1,800万円

② Bの一応の相続分　　：4,800万円＝9,600万円×1/2
　CDEの一応の相続分：1,600万円＝9,600万円×1/6

③ Bの相続分　　　　　：4,200万円＝4,800万円－600万円（特別受益）

　Cの相続分　　　　　：400万円＝1,600万円－1,200万円（特別受益）

第12章　具体的相続分　　287

Dの相続分　　　　　：1,600万円

Eの相続分　　　　　：0円。－200万円＝1,600万円－1,800万
　　　　　　　　　　　円（特別受益）

　（イ）　実務の多数は、減額分を、超過特別受益者以外の者が具
体的相続分により負担するという方法をとる（具体的相続分基準説）
（大阪家審昭51・3・31家月28・11・18、東京家審昭61・3・24家月38・11・110）。
計算方法は、分割対象財産を、超過特別受益者以外の者が具体的相続
分により分割するとの方法をとっても同じである。後者が、一度の計
算で済む。

　上記例では、超過分の200万円を超過特別受益者E以外の者の具体
的相続分で按分すると、Bは、200万円×4,200万円÷（4,200万円＋
400万円＋1,600万円）により、135万円を負担するので、この額を上記
具体的相続分4,200万円から差し引いた4,065万円が具体的相続分とな
る。同様に、Cは、13万円を控除して387万円、Dは、52万円を控除し
て1,548万円となる（いずれも1円未満四捨五入）。

　分割対象遺産である6,000万円をBCDの具体的相続分により分割
しても、同じ結果である。

　Bの場合、6,000万円×4,200万円÷（4,200万円＋400万円＋1,600万
円）により、4,065万円が具体的相続分となる。同様に、Cは387万円、
Dは1,548万円となる（いずれも1円未満四捨五入）。

　（ウ）　そのほかの方法として、減額分を、超過特別受益者以外
の者が本来の相続分により分担する方法（本来的相続分基準説）（川井
健「相続分の算定」谷口知平ほか『新民法演習5』206頁（有斐閣、1968）、有泉
亨＝加藤一郎『相続・下』20頁（河出書房、1956））、超過特別受益者が存在し
ないものとして算出する方法(我妻榮＝有泉亨『民法Ⅲ』318頁(一粒社、1963))
などがある。

（2）　特別受益と寄与分がある場合の具体的相続分額の計算

　　ア　超過特別受益者がいない場合

　　　（ア）　903条と904条の2同時適用説

　相続開始時財産に特別受益を加え、寄与分の額を控除したものを、みなし相続財産とし、これに相続分を乗じた一応の相続分から特別受益を控除し、寄与分を加算したものを相続分とする説である（多数説。新版注釈民法（27）262頁〔有地＝犬伏〕ほか）。

---

①　みなし相続財産の算出

　　＝相続開始時財産＋特別受益－寄与分

②　各相続人の一応の相続分（本来の相続分）算出

　　＝みなし相続財産×相続分

③　各相続人の具体的相続分

　　＝一応の相続分－特別受益＋寄与分

④　具体的相続分率

　　$=\dfrac{各共同相続人の具体的相続分}{具体的相続分の総計}$

⑤　具体的取得分額（各共同相続人が遺産分割により取得すべき財産の価額。最終取得分ともいう。）

　　＝遺産分割時の遺産分割対象財産の総額×具体的相続分率

　　　（イ）　903条優先説、904条の2優先説等

　903条優先説は、まず903条を適用して（みなし相続財産は、特別受益を加えるのみ）、相続分を算出し、次に遺産から寄与分を控除した額を上記相続分の割合で算出した額を取得分とし、寄与分がある者にはこれを加えたものを取得分とする方法である。

　904条の2優先説は、遺産から寄与分を控除した額を法定相続分で按分し、遺産に特別受益を加えた額を上記按分した額の割合で算出した額を取得分とし、特別受益のある者は、その額から特別受益を控除

第12章 具体的相続分 289

したものをその取得分とする方法である。

　いずれも、その方法についての明文の根拠がないため、支持者が少ない。

　　イ　超過特別受益者がいる場合

　　（ア）　903条と904条の2同時適用説

　相続開始時財産に特別受益を加え、寄与分の額を控除したものを、みなし相続財産とし、これに相続分を乗じた一応の相続分から特別受益を控除し、寄与分を加算し、その結果、マイナスとなった者の相続分をゼロとし、その超過分を、超過者以外の者で負担するとする説である。その負担割合については、同時適用の結果の相続分（計算式③の結果）によるとの説が多数であるが、法定相続分の割合とする説もある。

---

①～③はアと同じ。マイナスとなった者を0円とする。

④　超過相続人以外の修正された具体的相続分

$$= （相続開始時財産 - 遺贈） \times \frac{各共同相続人の具体的相続分}{具体的相続分の総計}$$

⑤　具体的相続分率

$$= \frac{各共同相続人の修正された具体的相続分}{修正された具体的相続分の総計}$$

⑥　具体的取得分額（最終取得分）

＝遺産分割時の遺産分割対象財産の総額×具体的相続分率

　設例で、ＣＥの寄与分が認められたとすると、次のようになる。

①　みなし相続財産　　　　：7,500万円＝6,000万円＋600万円＋1,200万円＋1,800万円－1,800万円－300万円

②　Ｂの一応の相続分　　　：3,750万円＝7,500万円×1／2

　　ＣＤＥの一応の相続分：1,250万円＝7,500万円×1／6

③　Bの相続分　　　　：3,150万円＝3,750万円－600万円（特別
　　　　　　　　　　　　受益）

　　Cの相続分　　　　：1,850万円＝1,250万円－1,200万円（特
　　　　　　　　　　　　別受益）＋1,800万円（寄与分）

　　Dの相続分　　　　：1,250万円

　　Eの相続分　　　　：0円。－250万円＝1,250万円－1,800万
　　　　　　　　　　　　円（特別受益）＋300万円（寄与分）

④　超過相続人以外の修正された具体的相続分

　　Bの相続分　　　　：3,024万円＝6,000万円×3,150万円÷
　　　　　　　　　　　　（3,150万円＋1,850万円＋1,250万円）

　　Cの相続分　　　　：1,776万円＝6,000万円×1,850万円÷
　　　　　　　　　　　　（3,150万円＋1,850万円＋1,250万円）

　　Dの相続分　　　　：1,200万円＝6,000万円×1,250万円÷
　　　　　　　　　　　　（3,150万円＋1,850万円＋1,250万円）

　　（イ）　903条による相続分算定後に寄与分を加算する説（便宜、
　　　　寄与分別途加算説という）

　903条と904条の2同時適用説によって算出した一応の相続分から特別受益を控除した結果における超過相続人の超過分を他の相続人が903条を優先適用した結果に基づいて分担するとの説である。

　903条・904条の2同時適用説によると、超過した特別受益による減少分の負担について、寄与分のある者の分担の割合が多くなるので、実質的に寄与分の額が減少することになるが、寄与分は、寄与者に本来帰属すべきであった財産上の利益を寄与者に帰属させるために、その具体的相続分を増加させる制度とする身分的財産権説からすると、寄与分は、減額せずに寄与者に清算される必要があるということになる。そこで、具体的相続分を寄与分の考慮前に算出し、これに寄与分の額を加えたものを相続分とするのが合理的であるということにな

第12章　具体的相続分　　291

る。

　そこで、相続開始時財産に特別受益を加え、寄与分の額を控除した
ものを、みなし相続財産として、一応の相続分を算出し（ここまでは
（ア）と同じ）、これから特別受益を控除したものを具体的相続分とし、
マイナスとなる者（超過相続人）はゼロとする。そして、遺産分割対
象財産から寄与分を控除したものを、超過相続人以外の者の具体的相
続分で按分した額に各自の寄与分を加算したものを最終的取得分とす
る（新版注釈民法（27）263頁〔有地＝犬伏〕、加藤一郎「相続法の改正（下）」ジ
ュリスト723号115頁（1980））。

---

① 　みなし相続財産の算出
　　＝相続開始時財産＋特別受益－寄与分
② 　各相続人の一応の相続分（本来の相続分）算出
　　＝みなし相続財産×相続分
③ 　各相続人の具体的相続分
　　＝一応の相続分－特別受益　　（寄与分は加えない。マイナスとなる者
　　（超過相続人）はゼロとする。）
④ 　遺産から寄与分を控除した残額に対する具体的相続分
　　＝（相続開始時財産－寄与分）$\times \dfrac{各相続人の具体的相続分}{具体的相続分の合計}$
⑤ 　最終取得分
　　＝遺産から寄与分を控除した残額に対する具体的相続分＋寄与分

＜設例の場合＞

① 　みなし相続財産　　　：7,500万円＝6,000万円＋600万円＋1,200
　　　　　　　　　　　　　　万円＋1,800万円－1,800万円－300万円
② 　Bの一応の相続分　　：3,750万円＝7,500万円×1/2
　　　CDEの一応の相続分：1,250万円＝7,500万円×1/6

③　Bの相続分　　　　　：3,150万円＝3,750万円−600万円（特別
　　　　　　　　　　　　　　受益）

　　Cの相続分　　　　　：50万円＝1,250万円−1,200万円（特別受
　　　　　　　　　　　　　　益）

　　Dの相続分　　　　　：1,250万円

　　Eの相続分　　　　　：0円。−550万円＝1,250万円−1,800万
　　　　　　　　　　　　　　円（特別受益）

④　遺産から寄与分を控除した残額に対する具体的相続分（なお、分
　かりやすくするため、1万円未満を四捨五入したので、合計が1円
　増加するが、そのままとする。⑤も同じ。）

　　Bの相続分　　　　　：2,761万円＝（6,000万円−1,800万円−
　　　　　　　　　　　　　　300万円）×3,150万円÷（3,150万円＋50
　　　　　　　　　　　　　　万円＋1,250万円）

　　Cの相続分　　　　　：44万円＝3,900万円×50万円÷4,450万円

　　Dの相続分　　　　　：1,096万円＝3,900万円×1,250万円÷
　　　　　　　　　　　　　　4,450万円

⑤　最終取得分

　　B　　　　　　　　　：2,761万円

　　C　　　　　　　　　：1,844万円＝44万円＋1,800万円

　　D　　　　　　　　　：1,096万円

　　E　　　　　　　　　：300万円＝0円＋300万円

　　　（ウ）　寄与分率による割合を加算する説（便宜、寄与分率割合
　　　　　加算説という）

　相続開始時財産に特別受益を加え、寄与分の額を控除したものを、
みなし相続財産として、一応の相続分を算出し（ここまでは（ア）（イ）
と同じ。）、これから特別受益を控除したものを具体的相続分とし、マ
イナスとなる者(超過相続人)はゼロとする(ここまでは(イ)と同じ。)。

第12章　具体的相続分　　293

その上で、この具体的相続分を具体的相続分の総額と寄与分の総額で
除したものを具体的相続分率とし、寄与分の額を具体的相続分の総額
と寄与分の総額で除したものを寄与分率とし、遺産分割対象財産の総
額に具体的相続分率を乗じたものに、遺産分割対象財産の総額に寄与
分率を乗じたものを加算したものを各自の取得分とする方法である
（東京高決平22・5・20判タ1351・207）。寄与分をそのまま認めることはせ
ず、一定の割合で寄与分の割合が縮減されることになるが、法が寄与
分を認めた趣旨に配慮しつつ、他の相続人に全ての超過した特別受益
を負担させないように共同相続人間の公平な負担を目指す新たな計算
方法を示したと評価されている（冷水登紀代「判批」民事判例Ⅳ2011年後期
166頁（2012））。しかし、この方法は、寄与分を有する者と特別受益者と
が同一人でない事例では、同時適用説と同じ結論になるから（後記12
－3（3）参照）、一般的な方法としては相当とはいえない。

---

①②は（イ）と同じ
③　各相続人の寄与分考慮前の具体的相続分
　＝一応の相続分－特別受益　（マイナスになる場合はゼロとする。）
④　具体的相続分率
　$= \dfrac{各共同相続人の具体的相続分}{具体的相続分の総額＋寄与分の総額}$
⑤　寄与分率
　$= \dfrac{各共同相続人の寄与分}{具体的相続分の総額＋寄与分の総額}$
⑥　具体的取得分額（各共同相続人が遺産分割により取得すべき財産の
　価額）
　＝遺産分割時の遺産分割対象財産の総額×具体的相続分率又は寄与分
　率（同一人が具体的相続分、寄与分を有するときは合計する。）

＜設例の場合＞
③　Bの相続分　：3,150万円＝3,750万円－600万円（特別受益）

　　　　Cの相続分　：50万円＝1,250万円－1,200万円（特別受益）

　　　　Dの相続分　：1,250万円

　　　　Eの相続分　：0円。－550万円＝1,250万円－1,800万円（特別
　　　　　　　　　　　受益）

④　具体的相続分率

　　　　Bの相続分率：3,150万円÷（3,150万円＋50万円＋1,250万円＋
　　　　　　　　　　　1,800万円＋300万円）

　　　　Cの相続分率：50万円÷（6,550万円）

　　　　Dの相続分率：1,250万円÷（6,550万円）

⑤　寄与分率

　　　　Cの寄与分率：1,800万円÷（6,550万円）

　　　　Eの寄与分率：300万円÷（6,550万円）

⑥　取得分（設例では、相続開始と分割時の評価額が同じなので遺産
　　は6,000万円）

　　　　Bの取得分　：2,885万円＝6,000万円×Bの相続分率

　　　　Cの取得分　：1,695万円＝6,000万円×Cの相続分率＋6,000万
　　　　　　　　　　　円×Cの寄与分率＝46万円＋1,649万円

　　　　Dの取得分　：1,145万円＝6,000万円×Dの相続分率

　　　　Eの取得分　：275万円＝6,000万円×Eの寄与分率

　　（エ）　3説の比較（寄与分別途加算説は1円多いが、その理由
　　　　　は前記のとおり。）

	同時適用説	寄与分別途加算説	寄与分率割合加算説
Bの取得分	3,024万円	2,761万円	2,885万円
Cの取得分	1,776万円	1,844万円	1,695万円
Dの取得分	1,200万円	1,096万円	1,145万円
Eの取得分	0円	300万円	275万円

第12章　具体的相続分　　295

12－3　設問の検討

（1）　設問1について

　遺産は6,000万円であり、特別受益が、Bに600万円、Cに1,200万円、Eに1,800万円ある場合である。相続開始時財産に特別受益を加え、寄与分の額を控除したものを、みなし相続財産であるところ、寄与分はないから、みなし相続財産は、9,600万円となり、その具体的相続分は、前記12－2（1）イの計算のとおり、Bは、特別受益600万円があるので、9,600万円の2分の1の4,800万円からこれを控除した4,200万円となり、Cは、特別受益1,200万円があるので、これを控除した400万円、Dは、6分の1の1,600万円、Eは、特別受益1,800万円があるので、200万円のマイナスとなるから、0円である。このマイナス分を分担する方法として、具体的相続分で按分する説では、各自の具体的相続分は、Bが4,065万円、Cが387万円、Dが1,548万円となり、Eは0円である。最終取得分も、遺産の評価額に変動がないので、同額である。

　マイナス分を法定相続分で分担する説では、Bが4,080万円、Cが360万円、Dが1,560万円、Eが0円である。

（2）　設問2について

　みなし相続財産は、7,500万円であり、一応の相続分は、Bが3,750万円、CDEが1,250万円であり、具体的相続分は、多数説の、903条、904条の2同時適用説では、Bが3,150万円、Cが1,850万円、Dが1,250万円、Eが－250万円、すなわち0円となる。このマイナス分を他の相続人が具体的相続分で分担するとの考え方をとると、Bは3,024万円（特別受益を加えると3,624万円）、Cは1,776万円（特別受益を加えると2,976万円）、Dは1,200万円、Eは0円（特別受益を加えると1,800万円）となる。DとC又はEとの差は、寄与分がある以上やむを得ないであろう。

296 第12章 具体的相続分

　なお、超過特別受益者がいる場合に、超過分を903条による相続分で按分する説によると、Bは2,761万円（特別受益を加えると3,361万円）、Cは1,844万円（特別受益を加えると3,044万円）、Dは1,096万円、Eは300万円（特別受益を加えると2,100万円）となる。

（3）　設問3について

　ア　903条、904条の2同時適用説

① みなし相続財産　　　　：6,000万円＝6,000万円＋3,000万円－3,000万円

② Bの一応の相続分　　　：3,000万円＝6,000万円×1／2

　CDEの一応の相続分：1,000万円＝6,000万円×1／6

③ Bの相続分　　　　　　：2,100万円＝3,000万円－900万円

　Cの相続分　　　　　　：0円。－2,000万円＝1,000万円－3,000万円

　Dの相続分　　　　　　：4,000万円＝1,000万円＋3,000万円

　Eの相続分　　　　　　：1,000万円

④ 超過相続人以外の修正された具体的相続分（1万円未満で四捨五入した結果、合計が1万円少なくなる。前記解説では各説の比較の趣旨からそのままの数値としたが、設問への解答では数値を合わせる必要がある。実務では1円未満で四捨五入することが多いが、その場合でも計算上の過不足が生じる。この場合、裁判所の裁量によって、合計を調整する。本件では、小数点以下が最も多いBに1万円を加えることとする。）

　　Bの相続分　　　　　　：1,509万円＝5,100万円×2,100万円÷（2,100万円＋4,000万円＋1,000万円）（1万円未満切り上げ）

　　Cの相続分　　　　　　：0円

　　Dの相続分　　　　　　：2,873万円＝5,100万円×4,000万円÷7,100万円

Eの相続分　　　　　　　：718万円＝5,100万円×1,000万円÷7,100
　　　　　　　　　　　　　　　万円

　以上から、Bは1,509万円（遺贈を加えると2,409万円）、Cは0円、
Dは2,873万円、Eは718万円を取得する。Dには、寄与分が3,000万円
あったのに、その取得額は、その額に満たない。

　　イ　903条による相続分で按分する説（最終取得分に寄与分を加
　　　算する説）（寄与分別途加算説）

　寄与分を確保するために超過分を903条による相続分で按分する説
によると、次のようになる。

③　Bの相続分：2,100万円＝3,000万円－900万円（遺贈）

　　Cの相続分：0円。－2,000万円＝1,000万円－3,000万円（特別
　　　　　　　受益）

　　Dの相続分：1,000万円

　　Eの相続分：1,000万円

④　遺産（遺贈は控除）から寄与分を控除した残額に対する具体的相
　　続分

　　Bの相続分：1,076万円＝（5,100万円－3,000万円）×2,100万円
　　　　　　　÷（2,100万円＋1,000万円＋1,000万円）

　　Cの相続分：0円

　　Dの相続分：512万円＝2,100万円×1,000万円÷（2,100万円＋
　　　　　　　1,000万円＋1,000万円）

　　Eの相続分：512万円＝2,100万円×1,000万円÷（2,100万円＋
　　　　　　　1,000万円＋1,000万円）

⑤　最終取得分

　　B　　　　　：1,076万円（他に遺贈900万円がある）

　　C　　　　　：0円（特別受益3,000万円がある）

D　　　　　：3,512万円＝512万円＋3,000万円

E　　　　　：512万円

ウ　寄与分率による寄与分を加算する説（寄与分率割合加算説）

③　Bの相続分：2,100万円＝3,000万円－900万円（遺贈）

　　Cの相続分：0円。－2,000万円＝1,000万円－3,000万円（特別受
　　　　　　　　益）

　　Dの相続分：1,000万円

　　Eの相続分：1,000万円

④　具体的相続分率

B　　　　　：2,100万円÷（2,100万円＋1,000万円＋1,000万円＋
　　　　　　　3,000万円）

C　　　　　：0円

D　　　　　：1,000万円÷（2,100万円＋1,000万円＋1,000万円＋
　　　　　　　3,000万円）

E　　　　　：1,000万円÷（2,100万円＋1,000万円＋1,000万円＋
　　　　　　　3,000万円）

⑤　寄与分率

D　　　　　：3,000万円÷（2,100万円＋1,000万円＋1,000万円＋
　　　　　　　3,000万円）

⑥　最終取得分

B　　　　　：1,509万円（他に遺贈900万円がある）＝5,100万円×
　　　　　　　2,100万円÷7,100万円（1万円未満切り上げ）

C　　　　　：0円（特別受益3,000万円がある）

D　　　　　：2,873万円＝（5,100万円×1,000万円÷7,100万円）
　　　　　　　＋（5,100万円×3,000万円÷7,100万円）＝718万円
　　　　　　　＋2,155万円

E　　　　　：718万円＝5,100万円×1,000万円÷7,100万円

エ　3説の比較

	同時適用説	寄与分別途加算説	寄与分率割合加算説
Bの取得分	1,509万円	1,076万円	1,509万円
Cの取得分	0円	0円	0円
Dの取得分	2,873万円	3,512万円	2,873万円
Eの取得分	718万円	512万円	718万円

以上から、同時適用説と寄与分率割合加算説が、同じ結論となっていることが分かる。設問2においては異なったが、その理由は、寄与分率の算定の分母が、同時適用説における取得分算出の分母と同じとなるからである。寄与分により特別受益超過部分を分担することが相当でないという理由が、寄与分のある者と特別受益者とが同一人でない場合に反映されておらず、寄与分のある者と特別受益者とが同一人である場合には、自らの特別受益であるから、その寄与分からある程度負担してもやむを得ないともいい得る。そうであれば、寄与分率割合加算説は、必ずしも合理性を有するものではない。

（4）　設問4について

ア　Bの持戻し免除

遺贈がある場合、一般的に、遺贈財産は遺産分割の対象財産から除かれるが、その価額は受遺者の特別受益となる。ところで、本件の相続開始は、令和2年1月である。平成30年の改正後の民法によれば、婚姻期間が20年以上の夫婦の一方である被相続人が、他の一方に対し、その居住の用に供する建物又はその敷地について遺贈又は贈与をしたときは、当該被相続人は、その遺贈又は贈与について持戻し免除の意思を表示したものと推定される（民903④）。同条項は、令和元年7月1日から施行されているので、本件相続については、この規定の適用がある。

本件において、この推定を破る事情はないと考えられるから、本件

の遺産分割におけるみなし相続財産は、4,500万円（＝3,000万円＋600万円＋1,200万円＋1,800万円－1,800万円－300万円）となる。

　イ　相続分の算出

　（ア）　903条と904条の2同時適用説によると、

① 一応の相続分は、

　　B　　：2,250万円

　　ＣＤＥ：各750万円である。

② 具体的相続分は次のとおりとなる。

　　Ｂ：1,650万円＝2,250万円－600万円

　　Ｃ：1,350万円＝750万円－1,200万円（特別受益）＋1,800万円（寄与分）

　　Ｄ：750万円

　　Ｅ：0円。－750万円＝750万円－1,800万円（特別受益）＋300万円（寄与分）

③ 超過相続人以外の修正された具体的相続分は、

　　Ｂの相続分：1,320万円＝3,000万円×1,650万円÷（1,650万円＋1,350万円＋750万円）

　　Ｃの相続分：1,080万円＝3,000万円×1,350万円÷（1,650万円＋1,350万円＋750万円）

　　Ｄの相続分：600万円＝3,000万円×750万円÷（1,650万円＋1,350万円＋750万円）

　（イ）　903条による相続分算定後に寄与分を加算する説では、

① 一応の相続分は、

　　B　　：2,250万円

　　ＣＤＥ：各750万円である。

② 一応の相続分から特別受益を控除すると

　　Ｂ：1,650万円＝2,250万円－600万円

第12章 具体的相続分 　301

　　C ： 0円。－450万円＝750万円－1,200万円（特別受益）

　　D ：750万円

　　E ： 0円。－1,050万円＝750万円－1,800万円（特別受益）

③　遺産から寄与分を控除した残額（900万円）に対する具体的相続分

　　Bの相続分：619万円＝（3,000万円－1,800万円－300万円）×

　　　　　　　　　　　　1,650万円÷（1,650万円＋750万円）

　　Dの相続分：281万円＝（3,000万円－1,800万円－300万円）×750

　　　　　　　　　　　　万円÷（1,650万円＋750万円）

④　最終取得分

　　B　　　　　：619万円

　　C　　　　　：1,800万円

　　D　　　　　：281万円

　　E　　　　　：300万円

第 13 章

分割の方法

| 設　例 | 具体的な分割方法、取得希望が競合する場合の処理 |

被相続人Aが死亡して相続が開始した。なお、その妻Bは、既に死亡しており、相続人は、長男X、二男Y、三男Zの3人であり、相続分は各3分の1である。遺言はない。特別受益、寄与分もない。遺産は、次のとおりである。

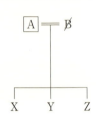

（1）　不動産①：面積300㎡。更地としての評価額6,000万円。長方形で東側で道路に接しており、地上には、東側3分の1にX所有建物、その西のほぼ中央にY所有建物が存在する。X、Yは、無償でこの土地を利用してきた。

（2）　不動産②：有料駐車場として使用されている。経費を引いた月額収入は平均40万円である。その評価額は、6,000万円である。その管理経営は、B社に委託されており、A死亡後も、とりあえず同社が継続して管理している。

（3）　不動産③：Aが居住してきた土地建物。建物は老朽化して価値はほぼない。土地は、3,000万円と評価される。

　Xは、不動産①のX所有建物の敷地部分と不動産②の取得を求める。Yは、不動産①のY所有建物の敷地部分を道路から幅2mの通路を設けた上で取得したい、ただし、敷地の西側の土地は要らないと言い、また、不動産②の取得をも求める。Xは、不動産①に通路を設ける場合、幅1mなら良いが、2mとなると、X建物の車庫を取り壊す必要があるので認められないと主張する。Zは、不動産②の取得を求める。不動産③の取得希望者はいない。

第13章　分割の方法　　305

```
┌─ 設　問 ─────────────────────────────┐
│                                                          │
│ 1　不動産①はどのように分割することになるか。              │
│ 2　不動産②は誰に取得させるべきか。なお、不動産②を取得する  │
│ 　理由については、ＹＺは、駐車場経営を継続したいと言い、特に、 │
│ 　Ｚは、無職であるので、その収入を生活の糧としたいとの意向で  │
│ 　あり、また、Ｘは、現在の利用状況は効率的でないので転売した  │
│ 　いと言う。代償金については、これが生じた場合、Ｘは、即金で  │
│ 　支払えるというが、Ｙは長期の分割支払を求める。Ｚは、不動産  │
│ 　②を担保に金融機関からの借受けを検討しているが、借りること  │
│ 　ができない場合は、分割払を求めると言う。                │
│ 3　不動産③の分割をどうするか。                          │
│                                                          │
└──────────────────────────────────────┘
```

```
┌─ 解　説 ─┐
└─────────┘
```

13－1　遺産分割の方法

（1）　遺産分割の方法

ア　具体的な分割方法の選択

　分割対象財産が確定し、その遺産の評価がされ、各相続人の具体的相続分が定まれば、これに従った遺産の具体的な分割をすることになる。具体的な分割の方法としては、現物分割、代償分割、換価分割、共有分割の４種類がある。分割方法を用いる順序は、現物分割が基本で、次いで代償分割が検討され、これが困難な場合は換価分割が検討され、これが困難な場合に共有分割が最後の手段とされる（大阪高決平14・6・5家月54・11・60、片岡＝管野・遺産分割実務403頁）。しかし、実務では、現物分割を基本としながらも、当事者の意向を踏まえて柔軟な

方法がとられる。なお、審判手続では、具体的な分割方法の選択は、裁判所の裁量であり、当事者の意向は尊重されるが、これに拘束されるものではない。

イ　分割の進め方

調停手続では、現物分割を基本に、当事者から取得希望の有無についても意見を得て、これを踏まえ、次のウ記載のシナリオのように進められ、前記各分割方法が組み合わされて利用される。そして、取得希望が価額によるという条件付きであったり、また、希望するも代償金の都合ができるか不明であったりして、代償分割の検討から現物分割の検討に戻ることもあるなど一直線に解決に向かうものではないが、合意を得るためには合理的な運用であると思われる。

ウ　分割へのシナリオ

① 　現物分割の可否について、当事者の意向（希望）を聴き、これに合致し、又は矛盾のない分割を考える。

　 ⑦ 　取得希望者が一人であれば、その者に取得させることが可能となる。

　 ④ 　取得希望が競合する物件は、その必要性が高い者に取得させる。

② 　取得希望のない物件は、換価し、調整の資金とする。

③ 　預貯金等換価容易な金融資産は、調整の資金とする。

④ 　以上により、ほぼ全部の遺産の帰属は決まるが、これに不都合はないか検討して、修正し、とりあえずの取得者を決める。これを前提に代償金が生じる場合は代償分割となる。

⑤ 　代償金が発生する場合、取得希望者に代償金支払能力がなく、他にこの遺産を取得できる者がないときは、その全部又は一部を換価して分割する。

⑥ 　現物分割、代償分割、換価分割ができない物件は、共有分割とす

第13章　分割の方法　　307

る。ただし、共有とすることに同意がないときはできるだけ避ける。

13−2　現物分割

（1）　現物分割

ア　現物分割の原則

遺産分割は、現物分割が原則である（最判昭30・5・31民集9・6・793）。通常、現物を分割するのが、最も公平と考えられ、かつ、分割後に問題を残さないからである。ただし、現物を等価で分割することは、遺産が不動産などの場合は不可能に近いので、代償分割を組み合わせることとなる。

イ　現物分割の基準

▶現物分割で遺産を取得するには何が考慮されるか

遺産の分割は、遺産に属する物又は権利の種類及び性質、各相続人の年齢、職業、心身の状態及び生活の状況その他一切の事情を考慮してこれをする（民906）。これまでの実務等で考慮されてきた基準を類型的に述べると、以下のとおりである。

（ア）　相続人（取得者）の意向

取得者の意向は、原則として尊重する。相続人の一人が特定の遺産の取得を希望し、これに異議を述べる者がいなければ、他に不都合がない限り、この者に取得させるのが相当である（田中ほか・諸問題327頁）。

ただし、取得の希望が転売目的である場合など自己使用でない場合は、その尊重の程度は低くなる。取得希望が競合した場合には、取得の必要性の優劣で取得者を決することとなる。

（イ）　被相続人の意向

被相続人の意向は尊重すべきであろうが、その内容が公平でない場合、原則として、遺産の公平な分配という観点を中心に据えるべきで、被相続人の意向に左右される必要はない（田中ほか・諸問題327頁）。

（ウ）　相続人の遺産取得の必要性

遺産を取得して利用する必要性の高い者に取得させる。その際、各相続人の職業、年齢、心身の状態及び生活の状況等の考慮が必要となる。

① 職　業

農業経営の後継者に農地を取得させる。農地の細分化を防ぎ、農業に従事しない者が農地を取得することを防止するとの趣旨があるとされる。

商工業の経営の後継者に営業用財産を取得させる。経営が法人化し、遺産が株式（同族会社の株式）である場合、経営を承継する者にその株式を取得させるのが適切な場合が多いとは思われるが、会社の規模等も考慮されるべきで、一概にはいえない。

② 年齢、心身の状況

相続人中に年少者や心身障害者がいる場合には、その者の保護という観点からの分割が求められる。

③ 遺産の従前の利用関係

一般的には、相続開始前から遺産を使用している者については、相続開始後もその使用を継続する必要性が高いといえる。

被相続人の配偶者など被相続人から厚い信頼を寄せられていた者が相続開始前から不動産を使用していた場合には、その利用関係を尊重して分割する（田中ほか・諸問題327頁、上原ほか・遺産分割401頁、東京家審平12・3・8家月52・8・35ほか）。

相続人の一人が、遺産たる土地を使用借して、地上に建物を所有する場合、同土地はその相続人に取得させる。

被相続人の意向と関係なく、遺産たる土地を長期にわたり、格別の対価を支払うことなく使用収益してきた場合には、固定資産税等を負担してきたとしても、占有管理の事実だけでは、優位に扱うべきでない（上原ほか・遺産分割401頁）。

（2） 遺産の種類ごとの現物分割

▶一筆の土地を分筆して分割することはできるか

ア 不動産の分割

　数筆の不動産を筆ごとに分割する場合は問題は少ないが、一筆の土地を現物分割する場合には、分筆を要することとなる。ただし、分筆後でなければ分割できないということではないが、分割土地は特定されなければならず、北側30坪という程度では、特定されたとはいえない（福岡高決昭43・6・20家月20・11・158、注解家事審判法550頁〔石田敏明〕）。分割について、相続人間で合意ができても、分筆には隣地所有者との境界確認が必要であり、分筆が円滑にできない場合もあるが、相続人間において分割のための区画割が図面等で確定していれば、調停を成立させてもよい。登記等の手続は、当事者の責任で進めることになる。審判では、分筆を命じるということはないので、共有で残すことになる可能性が高い。

　なお、分筆の結果、袋地が生じたり、地上建物が建築基準法上不適格となるようなことのないようにすべきである。

イ 賃借権の分割

　不動産賃借権も遺産となり、遺産分割の対象となる。借地権を一人の相続人が取得する場合は地主の承諾は不要であるが（最判昭29・10・7民集8・10・1816）、一つの賃借権を分割（賃借土地を分割する。例えば、ある程度広い賃借地を半分ずつ相続する。）して、取得した相続人それぞれが取得した部分について独立した賃借人になることは、賃貸人が承諾しない限りできず、土地賃借権を分割する場合には土地所有者を参加させ、その承諾を得て、分割する必要がある（田中ほか・諸問題316頁、片岡＝管野・遺産分割実務407頁）。

ウ 用益権の設定

　一個の物件の所有権の機能を分解して、一相続人に不動産の利用権

を取得させ、他の相続人に制限された所有権を取得させるという分割も、現物分割の一方法として認められている（高松高決昭45・9・25家月23・5・74、野田愛子『遺産分割の実証的研究（司法研究報告書11輯5号）』128頁（司法研修所、1962）、東京家庭裁判所身分法研究会『家事事件の研究（1）』228頁〔糟谷忠男〕（有斐閣、1970））。ただし、用益権の設定を内容とする審判をする場合、用益権を取得する相続人と制限された所有権を取得する相続人とが安定した権利義務関係を継続できる見込みがあることが要件となるといわれる（田中ほか・諸問題317頁）。

　エ　株式の分割

　上場株式については、単位株制度の適用がある株式では、新たに単位未満株式を生じさせる現物分割はできない（最判平12・7・11民集54・6・1886）。

13－3　代償分割

（1）　代償分割の意味

　家庭裁判所は、遺産の分割の審判をする場合において、特別の事情があると認めるときは、遺産の分割の方法として、共同相続人の一人又は数人に他の共同相続人に対する債務を負担させて、現物の分割に代えることができる（家事195）。この方法による分割を代償分割という。

　実際の分割の方法としては、遺産を相続人のうちの一人の単独所有又は数人の共有とし、これらの者から他の共有者に対して相続持分の価格を支払わせる方法は、当事者間の任意の分割ではされてきたし、裁判所が審判で行う場合であっても、相続人間の実質的公平を害しないのであれば、許されてよい。そこで、家事事件手続法は、相続人間の実質的公平を害しないと認められる特別の事情があるときは、これを認めることとしたのである。

（2）　代償分割が許される特別の事情

ア　特別の事情

▶代償分割が認められるのはどのような場合か

　特別の事情とは、相続人間の実質的公平を害しないと認められる事情である。その例としては、次の場合が挙げられる。なお、具体的相続分がない者に遺産を取得させて、代償分割をすることは、調停では問題がないが、審判については、他の相続人の同意がある場合又は明らかな反対のない場合（宇都宮家審昭48・8・14家月26・3・66）、その他必要やむを得ない特段の事情の存するとき（福岡高決昭53・5・18家月31・5・85）に許されるとするのが、多数説である。

（ア）　現物分割が不可能な場合

　現物分割が事実上不可能な場合は、他の方法によらざるを得ない。一棟の建物で区分所有できない建物は、これに当たる。複数の不動産を複数の相続人が取得する場合もこれに当たる。このような分割方法をとると、不動産の評価は均等でないことが多いから、その取得額に差が生じる。これを現物分割、すなわち不動産を分割して均等な額にすることは不可能なので、代償金によって処理することになる。

（イ）　現物分割が相当でない場合

　現物分割は可能であるが、分割後の財産の経済的価値を著しく損なうなど、現物分割が相続人らの利益にならず、客観的に相当でない場合には、特別の事情を肯定できる。土地を細分化した場合に、利用価値や経済的価値が下がる場合などがこれに当たる。分割により、接道しない土地が生じる場合もこれに当たる。

　預貯金債権については、口座単位で帰属を決めるのが相当である（山城司「遺産分割事件のケース研究第6回事例検討⑥調停進行の具体的工夫を中心とした研究」家判29号157頁（2020））。

（ウ）　特定の利用状況を保護すべき場合

現物分割は可能であり、分割により遺産の価値を損なうこともないが、特定の遺産に対する特定の相続人の利用を保護する必要がある場合は、その相続人にその遺産を取得させ、代償分割で処理する。例えば、配偶者の住居確保の必要がある場合に遺産である住居用建物を取得させる（大阪高決昭43・8・28家月20・12・78）。

相続人による農業経営や事業経営に遺産の一括取得が不可欠な場合もこれに当たる（大阪高決昭54・3・8家月31・10・71、上原ほか・遺産分割403頁）。

（エ）　相続人の同意等がある場合

以上の場合のほか、代償分割について、当事者間の合意があるか、明らかな反対がない場合には、裁判所の裁量により、可能であるとされる（宇都宮家審昭48・8・14家月26・3・66、福岡高決昭53・5・18家月31・5・85）。

イ　代償金の支払能力

▶代償金を支払う能力が十分でない場合に、その支払を猶予したり、分割払とすることは可能か

▶代償金の支払に代えて固有財産を譲渡するという代物弁済の方法をとることは可能か

（ア）　支払能力の必要

代償分割が認められるためには、アの特別の事情があることに加え、代償金の支払能力があることが求められる（最判平12・9・7家月54・6・66）。代償金が支払われない場合その分割は公平な分割といえないからである。

支払能力とは、代償金全額を確実に支払える能力をいう。他からの融資による支払能力も除外されないが、取得した遺産を売却して作る資金のみをもって支払能力とすることは、原則として認められない。

ただし、固有不動産を売却して資金を調達することができれば、その意思があり、可能な場合には、これをもって支払能力があるとすることは可能であるし、この場合、取得する遺産とともに売却することを考慮した例はある（神戸家審平11・4・30家月51・10・135）。遺産が収益物件である場合に、その収益を原資とすることは、不可能ではないが、原資がその収益のみである場合には疑問である。なお、特定の遺産を共同相続人の一人に取得させ、売却に要するであろう一定期間の後に他の相続人に代償金を支払わせるということは、調停ではしばしば行われるが、これは実質的には換価分割というべきである。当事者からは、遺産を取得した後、これを収益ないし売却して代償金を支払うとの主張が、しばしばされるが、支払の時期やその確実性は低い場合が多く、これによる支払能力は肯定できないことが多い。

なお、現金、預貯金、代理人の保管金などについては、保管する相続人に取得させ、代償金を支払わせることは、一般的に行われる（大阪家審平19・2・26家月59・8・47）。これらは、換価が容易であり、支払能力を問題にする必要がないからである。

（イ）　猶予期間・分割支払

代償金債務は、即時一括払いが原則であるが、債務を即時に支払うことのできない相続人に現物を取得させるのが最も妥当な分割方法と判断される場合には、支払に猶予期間を設け、また分割払を認めることは、可能とされている（斎藤＝菊池・前掲361頁〔石田敏明〕）。このことは、猶予期間内に支払う能力があれば、支払能力の要件は満たされることを意味する。ただ、代償金の支払は、本来一時にされるべきものであるから、猶予や分割払は、安易にされるべきではない（東京高決昭53・4・7家月31・8・58）。猶予期間は、1年ないし5年、分割支払は3年ないし10年という例は少なくない（片岡＝管野・遺産分割実務411頁）。これを超える長期の分割払を認めた例もある（札幌高決昭39・9・14家月

16・11・145、福岡高決昭40・11・8家月18・4・78)。ただし、このような長期の分割が必要な場合については、支払能力が肯定できない場合が多いであろう（上記の札幌高裁決定は、配偶者の住居確保のために、やや無理な判断をしている節がある。民法改正により、配偶者居住権が設けられたから、先例としての価値は減少したといえよう。）。

なお、特別の理由はない場合でも、代償金の額が大きい場合、その調達のための期間を考慮して、1ないし3か月程度の猶予を与えるのが実務である（東京家審平12・3・8家月52・8・35）。

（ウ）　代物弁済による支払

代償金以外の債務を負担する方法、すなわち、金銭以外の固有資産を代償として給付することが認められるかについては、固有資産を給付する相続人と給付を受ける相続人の合意がある場合には許されるとの見解がある（井上哲男「遺産分割の方法」沼邊愛一＝太田武男＝久貴忠彦『家事審判事件の研究（2）』147頁（一粒社、1988）、田中ほか・諸問題320頁。反対、相続実務研究会『問答式遺産相続の実務』1087頁〔丹宗朝子〕（新日本法規出版、加除式）、斎藤＝菊池・前掲359頁〔石田敏明〕）。裁判例は、代償として固有財産を無償で譲渡することは許されるとする（最判平20・12・11裁判集民229・303）。この場合の登記手続については、第15章15－3（3）参照。

（エ）　支払能力がない場合でも他の相続人が承諾すれば、代償分割を認めてよいか。

支払能力がないのに代償分割を認めることはできない。代償金債務を負担した者に支払能力がなければ、結局、不履行となり、債権者である他の相続人は強制執行をすることになる。遺産であった物件に強制執行をすることになれば、これを取得した相続人は、その物件の所有権を失うわけで、これをその者に取得させた意味がなくなるし、その競売による代金が代償金債務を下回ることもあり得るので、他の相

続人にも不利益となる。ただし、他の共同相続人らが、支払能力の有無の如何を問わずその者に債務負担による分割方法を希望するような極めて特殊な場合には、支払能力がなくても、債務負担による分割方法を採ることが許されるとの裁判例がある（大阪高決平3・11・14家月44・7・77、東京高決平12・11・21家月53・4・34。ただし、いずれもその特殊な場合を肯定した例ではない。）。しかし、代償金債務については、これを認める以上、支払時期を明確にしなければならないし、そうするとその強制執行も可能となることからすると、このような特殊な場合が肯定できるとは思えない。そのような処理の必要性があるのであれば、相続分を譲渡することにより、代償金の発生しない形での分割をすればよいと思われる。

　　（オ）　なお、代償ではないが、相続人が所有する遺産の隣接地などを、遺産分割のなかで、有償又は無償で譲渡することがある。これは遺産分割の条件とみることができ、効力を肯定できる。物権変動の原因は、売買又は贈与である。

　ウ　代償金支払義務の不履行

　　▶代償分割後に代償金の支払が不履行とされた場合、遺産分割を解除できるか

　代償金の支払を約し、又は命じられた者が、その支払をしなかった場合でも、遺産分割調停又は審判の効果には影響を及ぼさない。調停については、その合意について債務不履行があっても、解除はできない。遺産分割の合意は、その性質上協議の成立とともに終了し、その後は右協議において右債務を負担した相続人とその債権を取得した相続人間の債権債務関係が残るだけである。このように解さなければ、民法909条本文により遡及効を有する遺産の再分割を余儀なくされ、法的安定性が著しく害されることになるからである（最判平元・2・9民集43・2・1）。

代償金債権者は、その債権は、強制執行をすることによって、回収すべきである。

13－4　換価分割

（1）　換価分割の意味

遺産を売却処分してその代金を分割する方法をいう。現物分割ができず、かつ代償分割もできない場合、分割のためには、換価するほかない。相続人中に遺産の現物の取得を希望する者がいない場合も、換価して分割するほかない場合がある。

換価については、最終処分までの中間において換価した上で分割する場合と、最終段階の分割方法として換価を命じる場合がある。また、換価の方法としては、競売による場合と任意売却による場合がある。

（2）　最終処分としての換価分割

　ア　審判による最終処分

審判による最終処分としての換価分割の場合は、競売を命じ、その代金から競売費用を控除した残額を分割する方法となる。競売は、裁判所による執行手続（民事執行法）による。

　イ　換価分割を相当とする場合

　▶換価分割はどのような場合に用いられるか

換価分割を相当とする場合としては、次のような場合が挙げられている。

　　（ア）　現物分割が不可能ないし相当でない場合

現物分割が不可能な場合、又は、現物分割は可能であるが、現物分割をすることにより、分割後の財産の経済的価値を損なう場合であって、代償金分割もできない場合である。

　　（イ）　相続人の誰もがその取得を希望しない場合

相続人の誰もがその取得を希望しない場合、共有とする分割も相当

でなければ、換価分割とする（東京家審平27・3・27判時2328・54）。不動産の取得を希望する者に代償金支払の資力がなく、他の相続人は換価分割を希望する場合も、現物を取得させるべき者がいないから、換価分割を選択することとなる（神戸家尼崎支審平26・11・20判時2274・27）。

ウ　換価分割の問題点

換価分割を行うには、換価という新たな手続が必要であり、また、換価代金が予測できない。一般に、競売による場合、代金が低額になると認識されており、当事者がこれを好まない場合が多い。また、対象物件に制限物権が設定されていたり、境界が不明であったりして、売却が困難な場合、価値が低くて費用倒れになる場合など、換価が非常に困難な場合もある。このような場合は、換価分割を採ることはできないであろう。

（3）　中間処分としての換価

ア　遺産の換価を命ずる裁判

家庭裁判所は、遺産の分割の審判をするため必要があると認めるときは、相続人に対し、遺産の全部又は一部を競売して換価することを命ずることができる（家事194①）。また、家庭裁判所は、遺産の分割の審判をするため必要があり、かつ、相当と認めるときは、相続人の意見を聴き、相続人に対し、遺産の全部又は一部について任意に売却して換価することを命ずることができる。ただし、共同相続人中に競売によるべき旨の意思を表示した者があるときは、この方法によることはできない（家事194②）。

将来の遺産分割の審判に備えてする中間的処分である。

遺産分割前の遺産を換価する必要が生じることはしばしばある。早期に換価することが経済的に相続人に利益である場合（有利に換価できる、維持費を軽減できるなど）のほか、将来の遺産分割を円滑に処理する必要（調整金の確保）から認められる場合もある。

遺産分割前に換価する必要がある場合、多くは、相続人らの合意による任意売却が選ばれ、裁判による換価までは求められないが、売却には合意がありながら当事者間の対立が激しく任意売却が困難であったり、換価金の管理に問題がある等の場合には、この制度を利用できる（片岡＝管野・遺産分割実務416頁）。

　イ　換価の手続等

　競売による換価を命じられた相続人は、競売の申立てをし、換価を命じられた相続人は、任意売却により換価する。

　家庭裁判所は、換価を命ずる裁判をする場合は、相続財産管理者（家事200①）（第3章3－3（2）参照）が選任されていないときは、これを選任しなければならない（家事194⑥）。これは、換価金の管理をする者が必要であるからである。

（4）　任意売却

　ア　中間における任意売却

　遺産分割においては、手続の中間において遺産を換価する必要が生じることは、前記（3）ア記載のとおりであるが、任意売却は、相続人全員の合意ができれば、これに基づいて行うことができる。

　換価については、換価対象財産、換価の方法、換価の主体、換価後の対価の管理等を合意して行う。売却の代金について一定の額以上という縛り等の条件が付される場合もあり、そうすると、早期に売却できない場合もある。一定の時期までに処分するという合意がされるのが通常であるが、その時期までに処分できなかった場合の取決めも必要となる。換価後の代金は、通常は、遺産分割の対象財産として、相続人のいずれかが保管するのが通常であるが、一部分割として、分割してしまう場合もある。一部分割は、調整金の不足により分割が困難になることが予想される場合は避けるべきである。

イ　最終的な分割合意における任意売却

　最終的な合意としては、任意に売却し、代金から経費を控除した残金を一定の割合で分配するというものになるが、必ず売却できるということではないので、期限を付し、売却できなかった場合の処理等を定めておく必要がある。なお、売却の前提として共有とするという場合もあるが、この場合は相続税を負担した上で、不動産譲渡税をも負担することになる点は注意を要する。

13－5　共有分割

（1）　共有分割の意味

　遺産の全部又は一部を相続人全員又は一部の者の共有取得とする分割を共有とする分割又は共有分割（以下「共有分割」という。）という。

　遺産を相続人らの共有とする遺産分割をすることは、その解消のためには、共有物分割が必要となり、その解消のために二重の手間をかけることになる。特に、全遺産を相続人全員の共有とすることは、分割しないに等しい。そこで、共有とする裁判は許されないとの見解もある（野田・前掲128頁）。しかし、全遺産を相続人全員の共有とするような例はほとんどないし、多数説は、共有分割を認める（田中ほか・諸問題325頁）。

　共有分割がされると、遺産分割は終了し、その後の共有状態の解消は、通常共有における共有物分割（民258）によることになる。

（2）　共有分割を相当とする場合

　▶共有分割はどのような場合に用いられるか

　　ア　現物分割、代償分割ができず、かつ、換価分割を避けるのが相当な場合

　現物分割、代償分割ができず、換価もできないような場合には共有として残すほかない。

遺産をその利用状況から特定の相続人に取得させるのが相当な事情があるが、その相続人に代償金を支払う能力がない場合に、換価分割をすると、その相続人に、住居や生活の手段を喪失させる深刻な不利益を与え、他方、共有としても、他の相続人の不利益がさほど大きくない場合には、共有分割が採られる。

　換価分割が、経済的価値を損なう場合に、遺産を利用して生活する相続人の生活本拠を失わせ、その営業に深刻な打撃を与えるとして共有分割をした例（福岡家久留米支審平4・9・28家月45・12・74）、また、換価分割に当事者が反対している場合に、利用関係をも考慮して、共有分割とした例（大阪高決平28・9・27家判12・84）がある。しかし、具体的事情をさらに審理し、遺産と利害関係を比較考量すれば、一部を共有とする方法も含めて、現物分割等が可能であれば、安易な共有分割は許されない（東京高決平3・10・23家月44・9・79）。

　　イ　当事者が共有分割を希望しており、それが不当でない場合

　　（ア）　多数の相続人間において、利害を共通にする複数のグループが存在するとき、各グループごとに現物分割をして、共有を希望するグループ内では共有とすることも、実務ではよく行われる（神戸家尼崎支審昭38・8・22家月16・1・129）。これによって早期の解決が可能となるなどから、合理性が肯定できる。

　　（イ）　当事者が共有による分割を希望する場合として、当該遺産を共同して使用又は利用する関係にある場合、近い将来換価する予定である場合などは、これを不当とはいえない。

　　（ウ）　そのほか、宅地に転用可能な農地、都市計画の対象となっている土地など、将来価値の増額が予想され、これを現時点で評価できない場合に共有分割も不当でないとされる（農地について、東京家審昭42・5・1家月19・12・58、都市計画の対象土地について、上原ほか・遺産分割418頁）。

（3） 共有分割が相当でない場合

相続人間に感情的対立がある場合に共有分割は、遺産分割終了後間もなく共有物分割の訴えが提起されることも予想されるし、紛争の解決を先送りするだけであり、適切でないといわれ（井上・理論と審理503頁、東京高決平3・10・23家月44・9・79、東京高決平2・6・29家月42・12・44）、相続人間に感情的対立があるようなときには、むしろ、換価分割を選択すべきであるともいわれる（田中ほか・諸問題325頁）。

13－6　一部分割がある場合の分割方法

一部の遺産について分割がされ、残余財産についてのみ遺産分割が求められる場合、遺産分割の対象となるのは、未分割の残余財産のみである（第7章7－1（2）ウ参照）。先行する一部分割では、これが残余財産にどのように影響するかを明らかにしておくことが望ましいが、当事者間でされた場合には、これが明らかでないことが多い。

先行する一部分割において、これが残余財産の分割に影響を及ぼさない旨の合意がされている場合は、先行する一部分割において相続人らが先行取得したことは全く考慮を要することなく、残余財産の具体的相続分を算定すればよい。

先行する一部分割において、これを残余財産の分割において考慮するなどの合意をしている場合は、具体的相続分の計算において、先行取得したことを考慮する。計算方法は、先行取得分を遺産に持ち戻して具体的相続分を算出する。特別受益がある場合の算出方法と同様に考えればよい。

これらの合意は、黙示である場合もあるが、これが不明の場合、原則的には、影響があるものとして処理することが、当事者間の公平に資すると思われる。

13-7 設問の検討

(1) 設問1について

不動産①は、X所有建物の敷地部分をXが、Y所有建物の敷地部分をYが求めていて、その意向に沿うことが合理的である。ただ、Yが幅2mの通路の設置を求める点に争いがあるが、Yが取得する土地に建築基準法上の接道要件を取得させる必要はあり、Xがその車庫を取り壊さざるを得ないとしても、やむをえず、この点はその費用を遺産分割で考慮することによって調整するほかない。また、Yは、その敷地の西側の土地は不要というが、その部分だけでは道路に接しない土地で利用価値を害するから、これをY所有建物の敷地から分割することはできないであろう。そうすると、不動産①については、Xがその建物敷地のうち通路となる部分を除いた部分を、Yがその建物敷地とこれに続く西側部分及び東側の通路とすべき部分を取得するのが合理的な分割といえる。具体的な分割地の境界線は現地で特定し、その上で分割部分の測量を必要とする。ここでは仮にX取得部分を100㎡、Y取得部分を200㎡とする。X、Yが取得する土地の評価は、分割後の状態での評価をすべきであるが（第9章9-2(2)ア(イ)参照）、とりあえず面積比で算出すると、Xの取得する部分の評価額は2,000万円、Yの取得する部分の評価額は4,000万円となる。

なお、審判での分割において分筆を命じることはない。審判前に、測量図があって、分割する部分が特定されているときは、分筆しないまま、分割するということはあるが、できるだけ避けた方がよい。分割する部分の特定ができない場合は、共有で残すほかない。

(2) 設問2について

遺産の取得希望者が競合する場合は、必要性の高いものを優先する

が、設例では、いずれの相続人も不動産②を占有しているわけではなく、いずれの相続人が取得すべきか判断する材料に欠けている。そこで、この不動産の取得を希望する理由、取得した財産をどのように利用するのか、代償金が生じる場合はこれをどのように支払うかなどの情報を得る必要がある。代償金が支払えない場合には、代償分割はできないから、先にこの点を検討するのも一つの方法である。設例の場合、全遺産の評価額は、合計1億5,000万円であるから、各自の取得分は5,000万円である。ただし、不動産③については、いずれの相続人も取得を希望していないので、これについては換価分割の可能性もあるので、これを除外すると、各自の取得分は、4,000万円である。そうすると、Xが不動産②を取得する場合、不動産①の一部を取得するので代償金4,000万円（＝2,000万円＋6,000万円－4,000万円）が生じる。Yが不動産②を取得する場合、同じく不動産①の一部を取得するので代償金6,000万円（＝4,000万円＋6,000万円－4,000万円）が生じる。Zが不動産②を取得する場合、代償金2,000万円（＝6,000万円－4,000万円）が生じる。Xは、代償金は即金で支払う能力はあるということであるが、不動産の利用に関しては、転売するということであるので、取得の必要性としては低いといえよう。YとZが収益物件であることからこれを取得するという点も、それだけであれば、必要性はそれほど大きくはない。ただ、Zが無職故に取得したいという必要性はYより優るという見方はあり得よう。YとZとを比べると、代償金の額が、Yは不動産②の評価額に匹敵する。Zはその3分の1である。不動産③の換価金をZが取得しないならば、Zの代償金の額は1,000万円程度となるので、現在無職であっても、借入れができる可能性はある。代償金の支払能力について、もう少し状況を測る必要はあるが、Zが借入れができるのであれば、不動産②は、Zに取得させるという判断はあり得る。

（3）　設問3について

　不動産③については、いずれの相続人も取得を希望しないが、評価額を下げれば、あるいは建物撤去費用を土地価格から控除すれば取得してもよいという場合はあり得よう。不動産②を取得できなかったXが取得を希望し、他の相続人らが下げた評価に合意すれば、これをXに取得させるということは可能である。最終的に、いずれの相続人も取得を希望しないのであれば、換価分割ということになり、任意売却か、競売かを選択することになる。換価金は、換価後に相続分に従って分配されるが、代償金に充当するという場合もある。

第 14 章

配偶者居住権

第14章　配偶者居住権

> **設　例**　配偶者居住権設定の可否、その評価

被相続人Aは、平成29年4月、死亡し、同年12月、遺産分割の調停が申し立てられた。その相続人は、申立人である配偶者X1（80歳）、同長男X2（45歳）、相手方長女Y（43歳）の3人である。遺産は、土地（評価額3,000万円）、建物（木造築10年、評価額1,000万円。現在申立人X1が居住）、現金600万円（預貯金を解約、X1が保管）。いずれも手続代理人はいない。

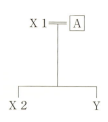

申立人X1は、建物に引き続き居住したいと希望する。しかし、X1は、収入が、年金月額約3万円であり、蓄えは、100万円程度しかない。

> **設　問**
>
> 1　X1に引き続き居住を確保するための分割方法として、どんな方法が考えられるか。その方法をとる場合、不都合な部分はあるか。
> 2　Aの死亡が、令和2年4月1日である場合、どのような分割が考えられるか。
> 3　X2がX1と同居している場合で、X2に400万円の資金はあり、Yに対して、代償金の残金は分割で支払いたいと述べた場合の分割方法は、どのような方法が考えられるか。
> 4　合意ができない場合、裁判所は、審判によって、配偶者居住権を設定することができるか。

第14章　配偶者居住権　　327

解　説

14－1　配偶者居住権

（1）　配偶者居住権の新設

　平成30年の改正において、被相続人の配偶者は、被相続人の財産に属した建物に相続開始の時に居住していた場合に、遺産分割又は遺贈により、その居住していた建物の全部について無償で使用及び収益をする権利を取得する旨の規定が設けられた（民1028①）。この配偶者が取得する権利を、配偶者居住権という。

　配偶者居住権に関する規定は、令和2年4月1日から施行され、同日前に開始した相続については、従前の例により、改正法の適用はない（平30法72による改正法附則10）。

（2）　新設の趣旨

　高齢化社会の進展と平均寿命の伸長ということもあって、遺産分割において、被相続人の高齢の配偶者が当事者となることも多いが、そのような場合に、高齢の配偶者が、住み慣れた居住環境での生活を継続するための居住権を確保しつつ、その後の生活資金として預貯金等の財産についても一定程度確保したいとの希望を持つことは、不合理なものではない。これまでの、実務では、これを実現するために、遺産分割において配偶者が居住建物の所有権を取得したり、居住建物の所有権を取得した者との間で賃貸借契約等を締結したりすることが考えられたが、前者の方法によるときは居住建物の評価額が高額となり、配偶者がそれ以外の財産を十分に取得することができなくなるおそれがあるし、後者の方法によるときは、居住建物の所有権を取得した者が賃貸借契約の締結に応ずることが前提となり、そうでなければ、配偶者の居住権は確保されないこととなる。そこで、配偶者に居住建物の使用収益権限のみを認め、処分権限のない権利を創設することによ

って、遺産分割の際に、配偶者が居住建物の所有権を取得する場合よりも低廉な価額で居住権を確保することができるようにすることを目的として、配偶者居住権が設けられた（堂薗＝野口・一問一答9頁）。

（3）　配偶者居住権の成立

▶内縁の配偶者に配偶者居住権を認めることができるか

▶相続させる旨の遺言によって配偶者居住権を認めることができるか

ア　遺贈・遺産分割による配偶者居住権の成立

配偶者居住権は、次の（ア）（イ）（ウ）の要件を充足した場合に成立する（民1028①）。

配偶者居住権は、遺贈、死因贈与による場合は、被相続人の死亡によって成立し、遺産分割による場合は、これが効力を生じた時期に成立する。

（ア）　配偶者が相続開始時に遺産である建物に居住していること

配偶者には内縁の配偶者は含まない。居住とは、生活の本拠としていたことを意味する（堂薗＝野口・一問一答11頁）。配偶者が、相続開始前に退去していた場合でも、家財道具を置いたまま、病気や体調不良等を理由に一時的な入院、施設入所又は親戚宅での同居をしていたに過ぎないような場合には、実質的には当該建物に居住していたと認める（堂薗＝野口・一問一答11頁、東京家裁・新実務運用63頁）。

（イ）　当該建物が被相続人の単独所有あるいは配偶者と2人の共有であること

第三者を含む共有である場合は除外される。この場合に配偶者居住権を認めると、当該第三者の利益を不当に害するおそれがあるからである。第三者が、配偶者以外の相続人である場合も、配偶者居住権は認められない。

第14章　配偶者居住権　　329

　　　（ウ）　遺産分割、遺贈又は死因贈与がされること

　死因贈与には、遺贈に関する規定が準用されるので、死因贈与による配偶者居住権の成立も認められる（堂薗＝野口・一問一答12頁）。特定財産承継遺言によることはできない。ただし、配偶者居住権を相続させるとの遺言を遺贈と解することができる場合は別である。配偶者が配偶者居住権の取得を希望しているときは、遺言者の合理的意思、遺言全体の内容等から、配偶者居住権の遺贈があったと解するのが相当とされる（片岡武「遺産分割事件のケース研究第12回・完　遺産分割の設例検討－平成30年・令和３年民法改正を踏まえた検討」家判45号128頁（2023））。

　　イ　審判による配偶者居住権の成立

　前記ア（ウ）の遺産分割には審判による場合を含むが、遺産の分割の請求を受けた家庭裁判所が、配偶者が配偶者居住権を取得する旨を定めることができるのは、前記アの（ア）（イ）の場合であって、かつ、次の（ア）（イ）の場合に限定される（民1029①）。

　　　（ア）　共同相続人間に配偶者が配偶者居住権を取得することについて合意が成立しているとき。

　　　（イ）　合意がない場合は、配偶者が家庭裁判所に対して配偶者居住権の取得を希望する旨を申し出た場合において、居住建物の所有者の受ける不利益の程度を考慮してもなお配偶者の生活を維持するために特に必要があると認めるとき。

　　ウ　配偶者居住権の内容

　　▶平均余命を超える期間の配偶者居住権を認めることができるか

　　▶遺産分割において配偶者居住権を決める場合にその期間について基準はあるか

　　▶遺言で定められた期間が短くて相当でない場合、これを修正する方法はあるか

（ア） 使用収益

　配偶者が、居住していた建物の全部について、無償で使用及び収益をすることができる権利である。ただし、配偶者は、従前の用法に従い、善良な管理者の注意をもって、居住建物の使用及び収益をしなければならない（民1032①本文）。使用収益には、第三者に賃貸して利益を上げる場合を含むが、新たに賃貸するには、所有者の承諾を要する（民1032③）。居住建物の増改築も、所有者の承諾を要する（民1032③）。

　配偶者居住権は、これを譲渡することはできない（民1032②）。

　配偶者は、居住建物の使用及び収益に必要な修繕をすることができる（民1033①）。居住建物の修繕が必要な場合において、配偶者が相当の期間内に必要な修繕をしないときは、居住建物所有者は、その修繕をすることができる（民1033②）。また、居住建物について修繕を要するとき（自ら修繕する場合を除く。）、又は、居住する建物について権利を主張する者があるときは、配偶者はそれを知らない居住建物の所有者に対し、遅滞なくその旨を通知しなければならない（民1033③）。

　配偶者は、居住建物の通常の必要費を負担する（民1034）。必要費には、居住建物の保存に必要な修繕費のほか、居住建物やその敷地の固定資産税等が含まれる（東京家裁・新実務運用65頁）。

（イ） 配偶者居住権の対抗要件

　配偶者が配偶者居住権を第三者に対抗するためには、配偶者居住権の設定の登記をする必要がある（民1031②・605）。建物の賃貸借と異なり、建物の引渡しは対抗要件ではない（堂薗＝野口・一問一答19頁）。

　建物の所有者は、配偶者に対し、配偶者居住権の設定の登記を備えさせる義務を負う（民1031①）。登記手続は、配偶者と居住者の共同申請である（不登60）。ただし、配偶者が遺産分割調停又は審判によって配偶者居住権を取得したときは、その調停調書又は審判書に、配偶者が単独で登記手続をすることができるための条項等（調停調書では登

記義務者となる所有者が登記手続をするとの意思表示の記載、審判書
では所有者に登記手続を命じる主文）が設けられるのが通常であるか
ら、配偶者は、これらに基づいて、単独で、配偶者居住権の設定の登
記申請をすることができる（不登63①）。

　調停調書又は審判書に、上記のような記載がないときは、配偶者は、
所有者と共同して申請しなければならず、所有者が登記手続に協力し
ないときは、民事訴訟を提起して、その判決に基づいて登記手続をす
ることになる。

　（ウ）　配偶者居住権の存続期間

　配偶者居住権の存続期間は、原則として配偶者の終身の間とされて
いる（民1030本文）。しかし、遺産分割協議又は遺言において、終身では
ない期間を定めることができる（民1030ただし書）。審判において、終身
ではない期間を定めることも可能であるが（民1030ただし書）、そのため
には、これを合理的とする事情が必要であろう。平均余命を超える存
続期間を定めることは制限されない。なお、存続期間を定めた場合、
その延長や更新をすることはできない。延長や更新を認めると、配偶
者居住権の財産評価を適切に行うことが困難となるからである（堂薗＝
野口・一問一答30頁）。遺言で定められた期間が短くても、配偶者居住権
の対象となる不動産は遺産分割の対象から逸出しているので修正する
方法がない。

　エ　配偶者居住権の消滅

　（ア）　消滅原因

　配偶者居住権が消滅する事由は、①配偶者の死亡（民1036・597③）、②
存続期間の満了（民1036・597①）、③居住建物の全部滅失（民1036・616の
2）、④所有者による消滅請求（民1032。次項（イ）で詳説）、⑤建物が配偶
者による単独所有となった場合（混同。民1028②）、⑥配偶者による配偶
者居住権の放棄である。

（イ）　所有者による消滅請求

　配偶者が善管注意義務（民1032①）に違反した場合、あるいは配偶者が居住建物の所有者に無断で、第三者に使用収益をさせ、又は居住建物を増改築した場合において、居住建物の所有者が相当の期間を定めてその是正の催告をし、その期間内に是正がされないときは、居住建物の所有者は、配偶者に対する意思表示によって配偶者居住権を消滅させることができる（民1032④）。

　（ウ）　配偶者居住権が消滅した場合の清算関係
①　居住建物の返還
　配偶者居住権が消滅した場合、配偶者は、居住建物の所有者に対し、居住建物を返還しなければならない（民1035①本文）。ただし、配偶者が居住建物の共有持分を有する場合は、居住建物所有者は、返還を請求できない（民1035①ただし書）。
②　原状回復義務
　居住建物の返還をするとき、配偶者が相続開始後に居住建物に附属させた物がある場合には、配偶者は、これを収去する義務を負う（民1035②・599）。また、相続開始後に居住建物に損傷がある場合はこれを原状回復する義務を負う（民1035②・621）。
③　請求権の時効
　善管注意義務違反、第三者に対する無断使用、増改築によって生じた損害の賠償の賠償請求、及び配偶者が支出した費用の償還請求は、いずれも、居住建物返還の時から１年以内にしなければならない（民1036・600）。
④　配偶者死亡により配偶者居住権が消滅したときは、配偶者居住権の消滅によって乗じる上記義務は、配偶者の相続人が相続によって承継する。

オ　配偶者居住権の財産評価

　▶配偶者居住権の評価をする基準時はいつか

　▶配偶者居住権の評価額を算定方法によらず、当事者間で合意できるか

　遺産分割において、配偶者居住権が設定される場合には、配偶者居住権の評価が必要となる。評価の基準時は、遺贈、死因贈与による場合は、相続開始時であり、遺産分割の場合は、これがされる時期である。その評価は、一般の遺産の評価と同様に当事者間で合意し、遺産分割手続でもこれが尊重されることになるが、不相当な額でないことが必要である（第９章９－２（１）参照）。

　（ア）　配偶者居住権の価額の算定

　評価の方法として、①居住建物の賃料相当額から配偶者が負担すべき通常の必要費を控除した価額に存続期間に対応する年金現価率を乗じた額とする方法（還元方式）と②居住建物及びその敷地の価額から配偶者居住権の負担付の各所有権の価額を引いた額とする方法があるとされているが（東京家裁・新実務運用67頁）、前者は、専門家でない者が、居住建物の賃料相当額や年金現価率を用いることは困難であるといえるから、調停では、鑑定による場合を除き、上記二方法のうちの後者によることになる。相続税法上の評価方法も同様である。

　（イ）　そこで、次のような計算式によって算出する。

配偶者居住権
の価額 ＝ ①土地及び建物
の価額の合計 － ②負担付建物所
有権の価額 － ③負担付土地所
有権の価額

---

① 　土地及び建物の価額については、第９章９－２による。

② 　負担付建物所有権の価額は、次のように求める。

$$\text{負担付建物所有権の価額} = \text{建物の価額(固定資産税評価額)} \times \frac{\text{耐用年数} - \left(\text{建物経過年数} + \text{配偶者居住権存続年数}\right)}{\text{耐用年数} - \text{建物経過年数}} \times \text{ライプニッツ係数}$$

i 固定資産税評価額を用いるのは、建物の現在の価額については、実務において、簡易に算定する場合は、固定資産税評価額によるのが通常であるからである。

ii 耐用年数は、東京家裁・新実務運用69頁、片岡＝管野・遺産分割実務386頁は法定耐用年数とし、これは、木造の住宅用建物は22年、鉄筋コンクリート造の住宅用建物は47年であるが（耐用年数令別表第1）、相続税法上の評価では、この耐用年数を1.5倍したものを用いる（国税庁「配偶者居住権等の評価に関する質疑応答事例」について（情報）6）。実務の運用は、相続税法上の評価によることとなろう。

iii 配偶者居住権存続年数は、存続期間が終身の場合は、簡易生命表記載の平均余命の数値を利用する。

iv ライプニッツ係数は、平均余命年数に対応する係数である。令和2年4月1日以降は、法定利率3％となり、3年ごとに見直される。

v 計算結果がマイナスの場合は0円とする。

③ 負担付土地所有権の価額は次のように求める。

$$\text{負担付土地所有権の価額} = \text{敷地の固定資産税評価額ないし時価} \times \text{ライプニッツ係数}$$

第14章　配偶者居住権　　　335

14－2　配偶者短期居住権

（１）　配偶者短期居住権の新設及びその趣旨

ア　配偶者短期居住権の新設

　平成30年法律第72号による民法等の一部改正において、配偶者は、被相続人の財産に属した建物に相続開始の時に無償で居住していた場合には、最低６か月の期間、その居住していた建物の所有権を相続又は遺贈により取得した者に対し、居住建物について無償で使用する権利を有するとの規定が設けられた（民1037）。この利用権を、配偶者短期居住権という。令和２年４月１日以後に開始した相続から適用される（平30法72による改正法附則２）。

イ　新設の趣旨

　配偶者が、被相続人所有の建物に居住している場合、その居住は、多くの場合、被相続人の占有補助者として当該建物を利用しているといえるが、その場合、その使用権原は、被相続人の死亡によって消滅するので、配偶者は当該建物を退去する必要があるか、居住を続けると賃料相当額の不当利得となるかなどが問題となる。これについては、相続開始によって、配偶者が居住建物の共有者となった場合は、配偶者が直ちに居住建物を明け渡さなければならないという事態は生じない（最判昭41・5・19民集20・5・947）し、持分を超える部分の使用に対する賃料相当額の不当利得返還義務に関しては、被相続人の許諾を得て居住建物に被相続人と同居していた相続人には、特段の事情がない限り、相続開始から遺産分割時までの期間の使用貸借契約が成立していると推認されることから（最判平8・12・17民集50・10・2778）、その返還義務は生じない。しかし、居住建物が、遺贈又は特定財産承継遺言によって配偶者以外の者の所有となった場合は、配偶者は、居住建物から退去しなければならなくなり、また、使用料相当の不当利得

返還義務も生じることとなるところ、被相続人所有の建物に居住していた配偶者が、被相続人の死亡によって居住建物を直ちに退去しなければならなくなることは、配偶者にとって酷である。これが、配偶者の短期的な居住権を設けた趣旨である。

（2）　配偶者短期居住権の成立・内容

　▶配偶者短期居住権が成立するのはどのような場合か

　ア　配偶者短期居住権の成立要件

　成立要件は、配偶者が、被相続人の財産に属した建物に相続開始の時に無償で居住していたことである（民1037）。この要件の具備により、配偶者は、配偶者短期居住権を当然に取得する。

　　（ア）　配偶者には、内縁の配偶者は含まない（堂薗＝野口・一問一答36頁）。なお、配偶者であっても、相続開始の時において居住建物に係る配偶者居住権を取得したとき、又は相続欠格事由があるとき、廃除によってその相続権を失ったときは、除かれる（民1037①ただし書）。

　　（イ）　対象となる建物は、被相続人の財産に属したことが必要である。共有でもよい。

　　（ウ）　相続開始時に居住していたことを要する。居住とは、生活の本拠として現に居住の用に供していたことであるが、相続開始の時点で入院等のため一時的に居住していなくても、家財道具等がその建物にあり、帰宅が予定されているなど、生活の本拠としての実態を失っていない場合は、要件を満たす（堂薗＝野口・一問一答36頁）。また、建物の一部を居住のために使用している場合は、その部分に、配偶者短期居住権を認めることができる。

　　（エ）　無償の使用であることを要する。

第14章　配偶者居住権 337

　イ　配偶者短期居住権の内容

　（ア）　配偶者による無償使用権

　配偶者が居住建物について無償で使用する権利（居住建物の一部の
みを無償で使用していた場合にあっては、その部分について無償で使
用する権利）である（民1037①）。居住建物取得者は、第三者に対する居
住建物の譲渡その他の方法により配偶者の居住建物の使用を妨げては
ならない（民1037②）。

　配偶者は、従前の用法に従い、善良な管理者の注意をもって、居住
建物の使用をしなければならず（民1038①）、居住建物取得者の承諾を
得なければ、第三者に居住建物の使用をさせることができない（民1038
②）。

　配偶者短期居住権は、譲渡が禁止される（民1041・1032②）。

　配偶者は、居住建物の使用及び収益に必要な修繕をすることができ
（民1041・1033①）、居住建物の通常の必要費を負担する（民1041・1034①）。

　（イ）　存続期間（民1037）

①　居住建物について配偶者を含む共同相続人間で遺産の分割をすべ
　き場合

　　遺産の分割により居住建物の帰属が確定した日又は相続開始の時
　から6か月を経過する日のいずれか遅い日（民1037①一）

②　それ以外の場合

　　居住建物取得者が配偶者短期居住権の消滅の申入れをした日から
　6か月を経過する日（民1037①二）

　　それ以外の場合とは、配偶者が居住建物について相続による共有
　持分を有さず遺産分割がされない場合であり、遺贈又は特定財産承
　継遺言がされた場合、配偶者が相続放棄をした場合などがこれに該
　当する。

ウ　遺産分割への影響

　配偶者短期居住権は、遺産分割における遺産の評価、相続分に影響
を及ぼさない。

　　エ　配偶者短期居住権の消滅

　　（ア）　消滅原因

① 　存続期間の満了

② 　居住建物取得者による消滅申入れ

　　居住建物取得者は、遺産分割によって取得した場合を除くほか、
いつでも配偶者短期居住権の消滅の申入れをすることができ、この
場合、配偶者短期居住権は、消滅の申入れをした日から6か月を経
過する日に消滅する（民1037①③）。

③ 　居住建物取得者による消滅請求

　　配偶者が善管注意義務又は第三者の無断使用禁止義務に違反した
ときは、居住建物取得者は、当該配偶者に対する意思表示によって
配偶者短期居住権を消滅させることができる（民1038③）。

④ 　配偶者の配偶者居住権取得

　　配偶者が居住建物に係る配偶者居住権を取得したときは、配偶者
短期居住権は、消滅する（民1039）。

⑤ 　配偶者の死亡

⑥ 　居住建物の全部滅失（民1041・616の2）

　　（イ）　消滅後の法律関係

　配偶者は、配偶者が居住建物に係る配偶者居住権を取得したときを
除き、配偶者短期居住権が消滅したときは、居住建物の返還をしなけ
ればならない。ただし、配偶者が居住建物について共有持分を有する
場合は、居住建物取得者は、配偶者短期居住権が消滅したことを理由
としては、居住建物の返還を求めることができない（民1040）。

　この場合、配偶者が相続の開始後に附属させた物がある居住建物又

第14章　配偶者居住権　　　339

は相続の開始後に生じた損傷がある居住建物の返還をする場合につい
ては、配偶者居住権と同様である。

14－3　設問の検討

（1）　設問1について

　　ア　具体的相続分の算出

相続人は、配偶者X1（80歳）、長男X2（45歳）、長女Y（43歳）
の3人

法定相続分は、X1：2分の1、X2及びY：各4分の1

遺産の評価額は、土地3,000万円、建物1,000万円、預金600万円

特別受益、寄与分はない。

具体的相続分は、X1：2,300万円、X2及びY：1,150万円

　　イ　分割方法

①　X1に土地及び建物を取得させる方法

　　この場合、X1には、代償金1,700万円が生じる（3,000万円＋
1,000万円－2,300万円＝1,700万円）。

　　X1は、代償金支払の能力がないので、審判では無理な案である
が、調停であれば、その額を、X2又はYが、拠出して、X1の相
続が開始したときに、寄与分として回収する。又は、本件土地建物
を死因贈与又は遺贈し、持戻し免除の合意をする（公正証書による
か）という方法が考えられるが、X1が、その後に、本件土地建物
を処分したり、遺贈することもあり得るから、確実性が保障されな
いので、難しい。

②　X1に建物のみを取得させ、土地に賃借権を設定する方法

　　この場合、借地権を5割とすると、X1に生じる代償金は、200万
円である（1,500万円＋1,000万円－2,300万円＝200万円）。

　　X1の資金は、100万円不足するが、この程度の額であれば、例え

ば、他の相続人の協力で合意することは不可能ではない。ただし、例えば、Ｘ２が、これに協力し、土地を取得するがＹは協力しない場合、Ｙに対して、預金600万円を取得させた上で、代償金550万円の支払が必要となる。その支払について、Ｘ１が100万円出せば、Ｘ２は、450万円を負担することになる。

土地を、Ｘ２とＹの共有とすれば、Ｘ２又はＹに代償金は生じずＸ１が負担できない代償金は、現金600万円の分割の割合で処理できる。Ｘ２、Ｙが平等にＸ１が負担すべき代償金を負担するのであれば、２分の１で分けることができるし、Ｙがこれを拒否するのであれば、Ｘ２が250万円、Ｙ350万円と分けることになる。

この場合の問題点は、Ｘ１が取得する賃借権が、他に譲渡可能という点である。事情によっては、これがネックとなることもあり得る。

③　Ｘ１に建物のみを取得させ、土地に使用借権を設定する方法

使用借権の評価は難しいが、仮に、土地の価額の２割とすれば、Ｘ１の取得する額は、1,600万円であるから（600万円＋1,000万円＝1,600万円）、さらに現金600万円を取得でき、今後の生活の資金も幾分か確保できるという計算になる。土地を、Ｘ２が取得すると、土地の評価額は、2,400万円であるから、代償金が1,250万円となる。Ｘ２にこれを支払う資金が不足している場合は、この方法では、土地は、Ｘ２とＹが共有とする方法以外にない。

この方法が可能な場合でも、使用借権は、第三者に対する対抗力がないので、土地を売却されたときに、居住権が保護されない。

④　建物に賃借権又は使用借権を設定する方法

Ｘ１の居住権を確保することはできるが、土地及び建物を取得した者の代償金の額が大きくなり、使用又は利用できない不動産取得のために多額の代償金を支払うことには、同意が得られにくくなる。

第14章　配偶者居住権　　341

　　また、第三者との法律関係の難点は、②③と同様である。

（2）　設問2について

　令和2年4月1日から改正法が施行されるので、配偶者居住権を認めることができる。この場合、配偶者居住権が遺産分割の目的物となるので、その評価が必要となる。

　配偶者居住権の評価は、次のとおり。

　平均余命は、平成30年の簡易生命表によれば、80歳の場合9.06である。建物は木造であるから、その法定耐用年数は22年であるが、相続税法上の評価方法により、1.5倍した33年を用いる。9年のライプニッツ係数は、0.766である。

　負担付建物所有権の価額＝固定資産税評価額×｛耐用年数－（建物経過年数＋配偶者居住権存続年数）｝÷（耐用年数－建物経過年数）×ライプニッツ係数＝1,000万円×（33年－10年－9年）÷（33年－10年）×0.766≒466万円

　負担付土地所有権の価額＝敷地の固定資産税評価額ないし時価×ライプニッツ係数＝3,000万円×0.766＝2,298万円

　配偶者居住権の価額＝（1,000万円＋3,000万円）－466万円－2,298万円＝1,236万円

　そこで、遺産の総額は、配偶者居住権1,236万円、負担付の土地建物2,764万円、現金600万円の合計4,600万円となる。

　X1が土地建物を取得すると、設問1で見たとおりX1は、X2及びYに対し、合計1,700万円の代償金支払義務が生じる。これに対し、X1に配偶者居住権を取得させると、X1は配偶者居住権に加えて、1,064万円の現金等を取得でき、老後の生活費を確保できることになる。他方、負担付の土地建物を取得した者は、現金600万円をも取得したとすれば、X1に1,064万円、他方に対し1,150万円の代償金を支払う義務が生じる。X2とYの公平を考えると土地建物は、X2とYの

共有とするほかないように思われる。

（3）　設問3について

　X1とX2が同居している場合、土地建物は、X1とX2の共有であってもかまわない。そうすると、X1とX2において、Yに代償金を支払えばよいわけである。Yに600万円の現金を取得させれば、代償金は、550万円である。X2に400万円の資金があるので、X1が蓄えの100万円を出せば、残りは50万円であり、この程度であれば、猶予期間を与える等の方法で処理ができそうである。

（4）　設問4について

　法律の規定からは、裁判所は、①共同相続人間で、配偶者が配偶者居住権を取得することについて合意しているとき、②配偶者が家庭裁判所に対して配偶者居住権の取得を希望する旨を申し出た場合において、居住建物の所有者の受ける不利益の程度を考慮してもなお配偶者の生活を維持するために特に必要があるときに審判によって配偶者居住権を設定できる（民1029）。配偶者の生活を維持するために必要があるときは、居住建物の所有者の受ける不利益の程度を考慮する必要があるものの、その不利益は、通常大きくない（通常は相続による利益が少なくなるというもので、相続によって新たな負担が生じるものではない）から、配偶者居住権を設定できる場合は、多いといえよう。

　本件の場合は、配偶者居住権を設定できるといえようが、代償金の問題があるので、相続人らの資力、収入等を考慮して判断することになる。代償金の支払がある程度生じても、配偶者以外の相続人は配偶者の直系卑属であって、扶養義務を負う関係にあるから、扶養料の支払よりは負担の少ない解決とも考えられよう。

第 15 章

相続と登記

第15章 相続と登記

| 設　例 | 登記手続をする旨の条項の要否と登記原因 |

被相続人甲は、平成31年３月31日、死亡した。その相続人は、夫乙及び夫婦間の子丙とＹの３人であった。遺産分割がされないまま経過し、令和元年９月30日、丙が死亡したが、同人の相続人は、妻Ｘ１と子Ｘ２、Ｘ３の３人である。その後、令和２年２月28日、乙が死亡した。

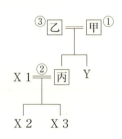

Ｘ１、Ｘ２、Ｘ３は、甲及び乙の相続について、遺産分割の調停を申し立てた。甲の遺産は、不動産Ａの共有持分３分の１のみである。乙の遺産は、不動産Ａの持分３分の１と若干の預金がある程度であった。なお、不動産Ａは、甲乙の生前に代金の３分の１を丙が拠出して購入したもので、甲乙丙の３人が持分３分の１で共有していたものであり、現時点において、登記名義は、甲乙丙の共有のままであり、相続登記はされていない。

　甲乙の遺産分割調停での協議においては、不動産Ａの甲及び乙の持分はＸ１が取得することをＹは了解したが、預金は多くはなかったことから、Ｘ１は、代償として、その固有の財産である不動産ＢをＹに譲渡することを提案した。

| 設　問 |

1　ＹがＸ１の提案を承諾し、Ｘ２、Ｘ３は、遺産を取得しないことを承諾した場合、合意の条項として、次のように定めることは適切か。適切でないとすれば、適切と考える調停条項案を示せ。
「（1）　Ｘ１は、不動産Ａの甲持分３分の１及び乙持分３分の１を単独取得する。

第15章　相続と登記　　345

（2）　Ｘ１は、Ｙに対し、上記遺産を取得した代償として、不
　　　　動産Ｂを譲渡する。」
2　調停における合意に時間がかかったことから、業を煮やしたＹ
は、その相続分をＺに譲渡し、遺産分割協議には、Ｚが参加し、
その結果、Ｚが、不動産Ａについて、丙の持分を含めて全ての持
分を取得し、代償金をＸらに支払うこととなった。そこで、Ｘら
は、丙の遺産である持分を遺産分割の対象とするため、丙の相続
についても遺産分割の調停を申し立てた。
　　この場合の条項として、「Ｚは、不動産Ａの甲持分３分の１、乙
持分３分の１、丙持分３分の１を単独取得する。Ｚは、代償金と
して、○年○月○日限り、Ｘ１に対し、○円、Ｘ２、Ｘ３に対し、
それぞれ○円を支払う。」とすることは適切か。適切でないとす
れば、適切と考える調停条項案を示せ。

解　説

15－1　相続に関する登記

（1）　不動産登記制度

　ア　公示方法としての登記制度

　物に対する権利を物権というが、物権は、物を支配する排他的な権
利であり、一個の物の上には、同じ内容の権利は一個しか成立しない。
これを一物一権主義という。そのため、権利者が誰であるか、権利の
内容がどのようなものかを明らかにすることは、所有者にとっても、
第三者にとっても重要である。これを公示することが、その権利の保
全を図り、取引の安全と円滑に資することになる。その公示方法とし
て、不動産登記制度が設けられている。

イ　登記の効力

▶相続による所有権の取得は、登記しなければ第三者に対抗できないか

物権の設定及び移転は、当事者の意思表示のみによって、その効力を生ずるが（民176）、不動産に関する物権の得喪及び変更は、その登記をしなければ、第三者に対抗することができないとされている（民177）。すなわち、登記は、第三者に不動産の権利の得喪又は変更を主張するための対抗要件であり、その効力を対抗力という。

対抗できないということは、物権の取得者がその取得を第三者に主張できないこと、第三者から見れば、その物権変動を否定できることを意味する。ただ、あらゆる不動産の得喪及び変更について、登記が必要かというとそうではなく、包括承継（一般承継）の場合などは、登記なくして第三者に対抗できる。相続による法定相続分の承継は登記なくして対抗できるが、法定相続分を超える部分については、登記しなければ、第三者に対抗することができない（民899の2①）。ただし、第三者は登記の欠缺を主張することに正当な利益を有する第三者であることを要するから、不法行為者、不法占拠者などには、登記なくして対抗できるし、登記の欠缺を主張することが信義に反する背信的悪意者についても、登記なくして対抗できるとされる。

ウ　不動産登記手続

登記は、登記官がする。不動産について権利を取得してこれを登記しようとする者は、登記官に対して登記の申請をする。権利に関する登記の申請は、登記権利者すなわち登記によって利益を得る者と、登記義務者すなわち登記によって不利益を被る者の共同ですべきものとされている（不登60）。これを共同申請の原則という。例外として、物権変動が、一般承継による場合は登記義務者となる者がいないので、一般承継人は、当該権利に関する登記を単独で申請することができる。

相続は、一般承継である。

（2）　相続に関する登記と登記申請義務

ア　相続に関する登記の種類

相続に関して相続人等が不動産に関する権利を取得した場合、登記を要する。相続に関して生じる物権変動としては、相続を直接の原因として生じる場合のほか、遺言によって生じる場合、相続後の事実、例えば、相続分の譲渡や遺産分割などによって生じる場合などがある。

相続を登記原因として被相続人から相続人へ登記名義を移転する登記を相続登記という。共同相続の場合に相続人全員の相続分による共有として登記する登記を共同相続登記ともいう。遺産共有の状態を登記するので、遺産共有の登記というときもある。

イ　相続により権利を取得した者の登記義務

（ア）　所有権の登記名義人について相続の開始があったときは、当該相続により所有権を取得した者は、自己のために相続の開始があったことを知り、かつ、当該所有権を取得したことを知った日から3年以内に、所有権の移転の登記を申請しなければならない。遺贈（相続人に対する遺贈に限る。）により所有権を取得した者も、同様である（不登76の2①）。

（イ）　法定相続分による相続登記がされた後に遺産分割があったときは、当該遺産分割によって当該相続分を超えて所有権を取得した者は、当該遺産分割の日から3年以内に、所有権の移転の登記を申請しなければならない（不登76の2②）。

（ウ）　上記（ア）の所有権移転登記を申請する義務を負う者は、法務省令で定めるところにより、登記官に対し、所有権の登記名義人について相続が開始した旨及び自らが当該所有権の登記名義人の相続人である旨を申し出ることができる（不登76の3①）。登記官は、この申出があったときは、職権で、その旨並びに当該申出をした者の氏名及

び住所その他法務省令で定める事項を所有権の登記に付記する（不登76の3③）。これは持分について登記されるものではない。上記（ア）の期間内にこの申出をした者は、登記を申請する義務を履行したものとみなされる（不登76の3②）。その後、遺産の分割によって所有権を取得した者は、当該遺産の分割の日から3年以内に、所有権の移転の登記を申請しなければならない（不登76の3④）。

15－2　相続登記

（1）　相続登記一般

相続登記は、相続人が申請人となって、単独で申請することができる（不登63②）。相続開始後は、熟慮期間経過前でも可能である。

共同相続の場合の相続登記は、原則として、相続人の法定相続分又は指定相続分による共有として登記される。そこで、相続開始当時既に死亡したり、欠格、廃除によって相続権を喪失していた者は除外して相続登記をすることになる。しかし、相続登記時にこれらのことが判明していない場合には、相続権のない者を加えて相続登記がされることがある。そのような場合には、更正登記（登記された時点で既に誤りがある場合に訂正する登記）をすることになる（相続人死亡の場合について昭28・2・3民事甲2259、失踪宣告の場合につき昭37・1・26民事甲74）。

また、共同相続登記後に、相続人たる身分が確定した者が出現した場合も更正登記による。ただし、登記上の利害関係を有する第三者がある場合には、その者の承諾書の添付を要する。

相続登記が可能な主なものは以下のとおりである。ただし、遺産分割による場合、遺言による場合は後記15－3、15－5を参照。

（2）　相続放棄者を除外する登記

相続放棄者は初めから相続人とならなかったものとみなされるから（民939）、相続登記がされる前に、相続放棄がなされた場合は、相続放

第15章　相続と登記　　349

棄者を除外して相続登記をする（明44・10・30民事甲904）。共同相続登記
を経た後に相続放棄による登記をする場合、従前は、登記名義人であ
る共同相続人の一部が相続放棄をした場合は、登記名義人を変更する
更正登記をすることになり、これは、相続放棄者を登記義務者とし、
残余の相続人を登記権利者とする共同申請となった（昭39・4・14民事甲
1498）。登記名義人である共同相続人全員が相続放棄をした場合は、新
たに登記名義人となる者が従前の登記に現れていないので更正登記は
認められず、共同相続登記を抹消し、改めて相続登記をするとされて
きた（七戸克彦『論点解説改正民法・不動産登記法―法・政令・規則の考え方と
対応』250頁（90）（ぎょうせい、2024））。しかし、令和5年3月28日法務省
民二第538号「民法等の一部を改正する法律の施行に伴う不動産登記
事務の取扱いについて（令和5年4月1日施行関係）（通達）」により、
運用の見直しがされ、登記手続の簡易化を図る趣旨で、法定相続分に
よる共同相続登記がされている場合は、所有権の更正の登記によるこ
とができるものとした上で、登記権利者が単独で申請することができ
るものとされた。この更正登記の登記原因及びその日付は、「年月日
【相続の放棄の申述が受理された年月日】相続放棄」である。この相
続放棄には、いわゆる事実上の相続放棄は含まない。

（3）　相続分不存在証明書による登記

　共同相続登記における持分割合は、法定相続分によるのが原則であ
り、この持分を具体的相続分によることはできないが（山崎賢一「訴訟
事項と審判事項の限界」現代家族法大系1巻266頁）、登記実務の上では、相続
放棄や特別受益があることによって共同相続人の一部の者が所有権を
取得した場合には、所有権を取得した者のみが申請人となる。そこで、
印鑑証明書付特別受益証明書（相続分不存在証明書、相続分なき旨の
証明書などともいう。）を添付（申請情報として提供）することによっ
て、その相続人を除く相続人の名義への相続登記が認められている（昭

8・11・21民事甲1314、昭28・8・1民事甲1348、昭30・4・23民事甲742、昭40・9・21民事甲2821等、大阪高判昭49・8・5判タ315・238)。

（4）　相続分譲渡による登記

　ア　相続人間の相続分の譲渡

　▶相続分の譲渡を受けて、相続登記を申請することができるか

　　（ア）　共同相続登記がされていない場合は、相続分譲渡後の共同相続人において相続分譲渡によって変更した相続分割合によって相続登記ができる（昭40・12・7民事甲3320、昭59・10・15民三5196、登記研究542号131頁）。他の相続人全員から相続分の譲渡を受けた相続人は、単独相続の相続登記をすることができる（登記研究544号105頁、登記研究編集室『不動産登記実務の視点Ⅴ』409頁（テイハン、2016))。

　共同相続を経由した上で、相続分の売買又は贈与を登記原因として、各相続人の共有持分を譲受人に移転することもできる。

　　（イ）　共同相続登記がされていない場合に、相続人間で、相続分譲渡があり、これに基づいて遺産分割がされた場合、この遺産分割で不動産を取得した者は、取得者一人を相続人とする相続登記をすることができる（昭59・10・15民三5195)。

　　（ウ）　共同相続登記がされている場合は、相続分の売買又は贈与を登記原因として、各相続人の共有持分を譲受人に移転することになるが、この持分移転登記前に遺産分割が成立した場合は、後記の運用の見直しからすると、法定相続分による共同相続登記に限られるものの、その更正登記になるように思われるが、今後の運用をみないとなんともいえない。

　イ　第三者に対して相続分が譲渡された場合

　　（ア）　相続登記後に、第三者が相続分の譲渡を受けた場合、譲渡人の持分について、譲受人に移転登記をすることができる。この場合の登記原因は、相続分の譲渡ではなく、有償の場合は「相続分の売

買」、無償の場合は「相続分の贈与」となる（平4・3・18民三1404、登記研究506号148頁、登記研究編集室・前掲視点Ⅴ412頁）。この移転の登記は、譲渡人と譲受人の共同申請である。相続登記前の場合は、相続登記を経由した上で、相続分の売買又は贈与を原因とする移転登記をすることになる。

　（イ）　法定相続分の相続登記後に、第三者が相続分の譲渡を受けて、他の相続人との間で遺産分割の協議をし、これによって相続財産を取得した場合、まず、上記(ア)によって、相続分の売買を登記原因として譲渡人の持分全部の移転登記を経由し、次いで、遺産分割を原因として、譲渡人を除く相続人の持分全部の移転登記手続をする。相続分の売買・贈与による登記を経ずに、各相続人から「相続分譲渡による遺産分割」を原因とする移転登記をすることはできない（登記研究728号243頁、登記研究編集室・前掲視点Ⅴ414頁）。

　（ウ）　共同相続人全員が、それぞれの相続分を一人の第三者に譲渡した場合、まず、共同相続登記を経由し、その後に各相続人から持分の売買又は持分の贈与を原因として持分移転登記を経由する。被相続人から相続を原因として第三者に移転登記をすることはできない（登記研究752号169頁、登記研究編集室・前掲視点Ⅴ415頁）。

15－3　遺産分割による登記

（1）　共同相続登記前の遺産分割

ア　共同相続人間における遺産分割

　共同相続登記がされる前に遺産分割が成立したときは、これによって不動産を取得した共同相続人は、単独申請で、直接（共同相続登記を経ないで）その名義に、相続登記をすることができる（昭19・10・19民事甲692、昭28・4・25民事甲697、昭29・7・30法曹会決議要録139頁）。

　遺産分割の内容は、相続人の一人が全く相続財産を取得しないような、法定相続分と相違する内容であっても、そのことをもって直ちに

無効となるものではなく、これに基づいて登記申請することは可能である。

一旦、共同相続登記を経た上で、遺産分割を登記原因とする持分移転の登記をすることは、本来の方法であり、当然差し支えない。

イ　相続人間で相続分譲渡がされた場合

相続人間で相続分の譲渡がされ、その結果、譲渡人を除き、他の相続人の相続分譲渡によって増減した相続分に基づいてされた遺産分割についても、相続登記をすることは可能である（前記15－2（4）ア（イ）参照）。

ウ　第三者に対する相続分譲渡がされた場合

相続分が相続人以外の第三者に対して譲渡され、その後の遺産分割によって相続財産を取得した譲受人が登記を申請する場合、被相続人から譲受人への相続登記はできず、共同相続登記を経由した上で、相続分の売買又は相続分の贈与を登記原因として譲渡人持分の移転登記をし、次いで遺産分割による持分の移転登記をすることになる（前記15－2（4）イ（ア）参照）。

（2）　共同相続登記後の遺産分割

ア　共同相続人間における遺産分割

▶共同相続登記後の遺産分割によって財産を取得した相続人は単独で相続登記の更正登記を申請することができるか

（ア）　共同相続登記が経由された後に遺産分割に基づいて登記をする場合、その登記は遺産分割を原因とする共有持分移転登記となり（登記の目的は「義務者の持分全部移転」（ただし、全部の持分を移転する場合）、登記原因は「年月日遺産分割」）、共同申請によってされるべきもので、共同相続人の一部の者が単独で登記手続をすることはできないとされてきた（昭28・8・10民事甲1392、昭42・10・9民三706）。遺産分割は、共同相続人らの法律行為によってされるので、原則に戻っ

第15章　相続と登記　　　353

て、共同申請となるというのである。

　（イ）　この移転登記とする点については、遺産分割協議の効力が相続開始時に遡るとする民法の規定からすれば、不動産の権利は被相続人から直接遺産分割で不動産を取得した相続人に移転するから、相続登記（更正登記）が認められてよいはずであるとの批判がされてきた。

　（ウ）　令和5年3月28日法務省民二第538号「民法等の一部を改正する法律の施行に伴う不動産登記事務の取扱いについて（令和5年4月1日施行関係）（通達）」により、登記手続の簡易化を図る趣旨で、運用の見直しがされ、所有権の更正の登記によることができるものとした上で、登記権利者が単独で申請することができるものとされた。この取扱いは、共同相続登記が法定相続分によってされた場合のみの運用である。

　更正登記の登記原因及びその日付は、「年月日【遺産分割の協議若しくは調停の成立した年月日又はその審判の確定した年月日】遺産分割」である（上記通達）。

　イ　相続分譲渡後の遺産分割

　（ア）　共同相続人間において相続分譲渡があり、これによって遺産分割がされた場合、相続分譲渡による持分移転登記がされていない場合は、遺産分割の結果によって更正登記をすることになると思われるが（ただし、今後の運用を見る必要がある。）、相続分譲渡による登記がされている場合は、遺産分割の結果に従って、遺産分割を登記原因として、持分移転登記をすることになる。

　（イ）　共同相続人以外の第三者への相続分譲渡があり、譲受人を加えて遺産を譲受人が取得する旨の遺産分割が成立した場合、相続分の売買・贈与を登記原因として、持分移転登記をし（平4・3・18民三

1404)、次いで、遺産分割を原因として、他の相続人の持分全部移転登記をする（登記研究編集室・前掲要点Ⅲ120頁、登記研究536号122頁）。

（3）　代償として不動産を譲渡する場合

▶代償金を代物弁済で支払う場合の代償不動産の所有権移転の登記原因は何か

遺産分割において、相続人の一人が、他の相続人に、自己固有の不動産を譲渡した場合、登記原因は、無償の場合は「遺産分割による贈与」、有償の場合は「遺産分割による売買」、交換の場合は「遺産分割による交換」となる（昭40・12・17民事甲3433、青木登『登記官からみた相続登記のポイント』88・470頁（新日本法規出版、2014））。

なお、譲渡が、代償としてのものである場合、「遺産分割による代償譲渡」を登記原因とする登記申請について、登記実務は、従来これを認めていなかったところ、最高裁は、この登記原因によってされた登記申請の却下処分を違法としたが（最判平20・12・11裁判集民299・303）、登記実務は変更されていない（平21・3・13民二646）。なお、上記最判の事例は、登記原因を調停成立日の「調停」と補正して受理されたとのことである（登記研究編集室『不動産登記実務の視点Ⅰ』331頁（テイハン、2012））。

代償としての譲渡は、譲渡の動機であって、その原因は、贈与ともいえず、売買でもないから、登記原因としては特定性を欠くと考えられている（青木・前掲89頁）。

代償分割において、固有財産を譲渡する場合、贈与であることを明確にして合意し、「遺産分割による贈与」を登記原因として登記申請することになろう（昭40・12・17民事甲3433）。「代償としての贈与」とすることも可能のようである（青木・前掲472頁）。なお、代償金の支払に代

えて譲渡する場合、代物弁済を登記原因とすることも可能であるが、これはあまり好まれないようである。

（4） 相続人以外の者を含めた合意

設例のＸ１は、乙の相続人ではないが、甲の相続に関しては、丙の相続人たる地位を承継して遺産分割に加わる。この場合に、乙の遺産をＸ１に取得させることもあり得る。このような場合、相続又は遺産分割を原因としてこの第三者へ移転登記をすることはできない（昭28・4・14民事甲570、登記研究66号35頁）。遺産分割において第三者が遺産を取得する旨の合意をすれば、登記原因は、遺産分割による贈与又は売買となろう。

（5） 遺産分割のやり直し

遺産分割については、不履行による解除はできないが（最判平元・2・9民集43・2・1）、合意解除は可能である（最判平2・9・27民集44・6・995）。合意解除して改めて遺産分割をした場合、解除前の相続又は遺産分割による登記は錯誤により取り消し、改めて登記手続をすることになる（登記研究428号135頁・451号125頁）。

15－4　数次相続における登記

相続が数次にわたって行われた場合、それぞれの相続について順次相続登記をするのが原則であるが、各相続登記が未了のとき、第一次及び中間の相続が単独相続（遺産分割、相続放棄、特別受益によって他の相続人が受けるべき相続分がないなどの理由で、単独相続と同じ結果となる場合を含む。）である場合には、一の申請によって、直接最終の相続人に登記をすることができる（昭30・12・16民事甲2670）。この場合の登記原因は、数次の相続を列記する（登記研究544号106頁）。

356 第15章 相続と登記

　また、第1次相続の相続人による遺産分割が未了のまま第2次相続
及び第3次相続が発生し、その遺産分割協議が第1次相続及び第2次
相続の各相続人の地位を承継した者並びに第3次相続の相続人によっ
て行われた場合において、遺産分割協議書に不動産を第3次相続の相
続人の一人が単独で相続した旨の最終的な結果のみが記載されている
とき、その記載からは、第1次相続及び第2次相続が単独相続かどう
かは明らかでないが、申請情報中の登記原因の記載により相続の経緯
及び中間の相続が単独相続であったことが明らかにされ、その真実性
の担保がある場合は、一件申請による数次相続登記が可能である（平
29・3・30民二237）。事例は、第1次相続の相続人B、C、Dについて第
2次相続が生じ、Bの相続人の一人であるEについて第3次相続が生
じたもので、Eの相続人の一人であるGから、第1次相続の被相続人
A所有名義の不動産について、Gがこれを相続したことを内容とする
遺産分割協議書を添付して「年月日B相続、年月日E相続、年月日相
続」を登記原因とするGへの所有権移転登記が申請されたものであっ
た。遺産分割協議書には、B、C、Dの各生存相続人全員及び亡Eの
相続人全員の署名押印があり、これから、A所有名義の不動産をGが
相続した旨の記載は、第1次相続についてこれをBに承継させ、Bの
相続についてこれをEに承継させ、Eの相続についてこれをGに承継
させる合意が、それぞれの相続ごと遺産分割協議において相続人全員
が関与してされたと認められることから、登記が可能とされたとされ
る（民事月報72号251頁（2017））。

　さらに、被相続人Aの遺産分割未了の間に、その相続人B、C、D
のうちDが死亡し、その相続人はE、Fである場合に、B及びCがE
及びFに対して、それぞれ相続分を譲渡した上で、EF間において遺
産分割協議がされ、Eが単独で不動産を取得するとされた場合、「年月

第15章　相続と登記　　357

日Ｄ相続、年月日相続」を登記原因として、ＡからＥへの所有権移転登記をすることは可能である（平30・3・16民二137）。また、同様に被相続人Ａの遺産分割未了の間に、その相続人Ｂ、Ｃ、ＤのうちＤが死亡し、その相続人はＥ、Ｆである場合に、遺産分割調停において、Ｂ及びＣがそれぞれその相続分を放棄して、遺産分割調停手続から排除され、ＥＦ間の協議で、Ｅが単独でＡ所有不動産を取得することとなったときは、調停調書又は審判書を添付して、登記原因を「年月日Ｄ相続、年月日相続」とするＡからＥへの相続登記が可能である（登記研究819号189頁）。

　ただし、一件申請による数次相続登記は訴求することはできない。

15-5　遺言がある場合の相続における登記

（1）　相続分の指定（遺産分割方法を伴わない場合）

　相続分の指定がされたときは、遺産は、その指定された相続分による遺産共有となり、その共有状態は遺産分割によって解消することとなる。そこで、遺産分割前は、この指定相続分によって相続登記をすることとなり、相続登記前に遺産分割が成立すれば、これによって相続登記が可能であり、相続登記後に遺産分割がされたときは、遺産分割を原因とする移転登記手続をすることとなる。

（2）　特定財産承継遺言

　特定財産承継遺言による受益相続人への登記は、相続を原因とする所有権移転登記である（昭47・4・17民事甲1442）。受益相続人は、単独で相続登記をすることができるが、遺言執行者においても単独で登記申請をすることができる（民1014②）。法定相続分による共同相続登記がされた後に遺言が明らかになった場合などは、その訂正は、更正登記によることになるが、受益相続人が単独で申請することができる。登

記原因及びその日付は、「年月日【特定財産承継遺言の効力の生じた年月日】特定財産承継遺言」である（令5・3・28民二538）。

なお、相続人が特定財産承継遺言と異なる内容の遺産分割をした場合、これも有効であるが（東京地判平6・11・10金法1439・99）、これによる登記は、特定財産承継遺言によって遺言効力発生と同時に物権変動が生じているので、まず、その登記を抹消した上で、その後に遺産分割で増減した部分の移転登記をすべきであるというのが登記研究編集室の見解である（登記研究編集室・前掲視点Ⅴ448頁）。

（3）遺　贈

ア　特定遺贈

（ア）　遺贈による登記は、遺贈を登記原因とする所有権等の移転登記手続である。登記原因の日付は、遺言者死亡の日である。原則としては、受遺者を登記権利者、相続人全員を登記義務者とする共同申請登記であり、遺言執行者が選任されているときは、遺言執行者のみが登記義務者となる（民1012②）。

（イ）　ただし、相続人に対する遺贈による所有権の移転の登記は、登記権利者が単独で申請することができる（不登63③）。この申請では、登記原因証明情報として、相続があったことを証する市町村長その他の公務員が職務上作成した情報及び相続人に対する遺贈によって所有権を取得したことを証する情報の提供が必要である（令5・3・28民二538）。なお、遺言が、遺贈と明示するものではなく、「取得させる」などの文言を用いている場合、特段の事情のない限り、遺産分割方法の指定（特定財産承継遺言）であるとするのが裁判例の傾向である（札幌高決昭61・3・17判タ616・148）。

（ウ）　第三者に対する遺贈による所有権移転登記は、遺言にお

いて、受遺者が遺言執行者に指定されているときは、受遺者が遺言執行者として、実質単独で登記申請することができる（登記研究322号73頁）。

イ　包括遺贈

（ア）　包括遺贈の登記

包括遺贈は、相続財産の全部又は一部について一定の割合で示してする遺贈であるが、特定遺贈と同様に、遺贈によって権利変動が生じるので、受遺者と遺言執行者又は相続人との共同申請によって、遺贈を原因とする所有権移転登記をすることになる。

（イ）　全部包括遺贈

全部包括遺贈については、遺贈される不動産は全部が受遺者に移転するから、特定遺贈と同様に処理することが可能である。

（ウ）　一部包括遺贈

一部包括遺贈の場合、受遺者は相続人と同一の権利義務を有するので（民990）、その後、遺産分割が予想される。

①　複数の者に全財産が包括遺贈された場合、受遺者間の遺産分割によって不動産を取得した場合、まず、遺贈を原因として、遺産共有状態の登記を経由し、次いで、遺産分割を原因とする持分全部移転登記をする（登記研究571号75頁）。

②　包括受遺者と相続人が共有となる場合、この共有状態を登記するには、先に、遺贈による一部移転を登記し、その後に、相続による残部の登記をするとされる（昭30・10・15民事甲2216）。

③　遺産共有状態の登記をせずに、遺産分割の結果によって、相続人には相続登記を、受遺者には遺贈による登記をすることができるかどうかは明らかでないとされる（田口眞一郎＝黒川龍『相続登記の全実務〔新版〕』167頁（清文社、2014））。

（4） 遺留分減殺による登記

　平成30年の改正前においては、遺留分権利者が遺留分減殺請求権を行使すると、物権的効果が生じ、遺留分を侵害する遺贈又は贈与の全部又は一部が効力を失うものとされ、既に、遺贈等に基づいて所有権移転登記がされている場合には、遺留分減殺を登記原因として、移転登記をするものとされてきた（昭30・5・23民事甲973）。

　しかし、平成30年の改正により、遺留分に関する権利が行使された場合、その効果は、遺留分侵害額に相当する金銭の支払を請求できるものとされ、従前、遺留分減殺請求と称された権利は、遺留分侵害額請求権と呼ばれることとなった。そこで、この権利の行使によっては、物権変動は生じず、登記の必要は生じない。

15－6　設問の検討

（1）　設問1について

　ア　相続分及び相続による共有持分

まず、相続分を算出する。

　甲の相続については、遺産分割未了の間に丙が死亡し、丙の相続人X1～3が、丙の相続分を承継して、甲の遺産分割に関わることとなる。

　甲相続開始の時点では、乙が2分の1、丙及びYが各4分の1の相続分である。

　その後、丙の死亡により、丙の相続分4分の1を、丙の妻X1が2分の1、子であるX2及びX3が各4分の1相続したから、甲遺産の相続分は、X1が8分の1、X2及びX3がそれぞれ16分の1で承継した。

　その後、乙が死亡したが、その相続は、子であるYが2分の1、直

第15章　相続と登記　　361

系卑属のＸ２及びＸ３が代襲相続人として各４分の１の割合で相続する。そこで、乙の遺産となっていた相続分２分の１については、Ｙが４分の１、Ｘ２及びＸ３が各８分の１の割合で承継した。

　その結果、甲の遺産は、Ｘ１が８分の１、Ｘ２及びＸ３が16分の３、Ｙが２分の１の持分割合を有することとなる。

　また、乙の遺産については、Ｘ２及びＸ３が各４分の１、Ｙが２分の１の持分割合を有することとなる。Ｘ１は、乙の遺産については相続分を有しない。

　　　イ　遺産分割における合意の性質

　共同相続によって生じた共有を遺産分割によって解消することは、そこに、交換、売買、贈与がされることを意味する。そして、その合意においては、具体的相続分と異なる分割がされる場合には、相続分の譲渡を伴うものであるということができる。

　遺産分割の方法として代償分割という方法がとられる場合、その代償金は、持分を移転する代償である。これは金銭の支払であるから、弁済を受ける者の承諾があれば、その支払に代えて、相続人が所有する固有の財産を譲渡することも可能である。

　また、代償としてではないとしても、遺産分割の際に、相続財産に属さない財産の処分を合わせ行うこと、例えば、相続財産である土地上の相続人所有の不動産を土地を取得する相続人へ売り渡すことなどは、遺産分割の合意の条件であり（地上建物の譲渡が得られることを条件に土地を取得するという場合など）、遺産分割の合意に含まれるから、これを遺産分割においてはできないとする理由はない。

　　　ウ　設問１の条項の適否

　　　（ア）　合意の可否

　設問１の合意のうち、条項（１）の、Ｘ１が、不動産Ａの甲持分３分

の1を取得するという点は、条項（2）を考慮すると、代償分割と見ることができよう。次に、Ｘ1が乙持分3分の1を単独取得するという点は、Ｘ1は、乙の相続人ではないから、その取得の代償金を支払うということであれば、相続分又は共有持分の売買として認められてよい。ただ、このような合意をした場合に、登記が可能な条項にする必要がある。

　　（イ）　登記条項の必要性

　まず、相続登記がされていない場合に、相続人間で遺産分割ができれば、その結果に従って、直接相続を原因とする所有権移転登記を、取得者が単独で、調停調書を登記所に情報提供して申請することができるので、調停条項に登記条項は必要としない。

　しかし、相続登記未了の場合でも、相続登記ではなく、持分の移転登記等を要する場合には、登記条項を必要とする。

　　（ウ）　設問1における登記条項の検討

　　　（a）　条項（1）の、Ｘ1が、不動産Aの甲持分3分の1を取得するという点は、Ｘ1の相続人の丙の承継人としての資格によるもので、数次相続に当たるが、甲の遺産分割において、丙が不動産Aの甲持分3分の1を取得し（単独相続）、次いで、丙の相続によって、これをＸ1が取得するので、共同相続登記が経由されていないことから「平成31年3月31日丙相続、令和元年9月30日相続」を原因として、甲からＸ1への相続登記が可能であろう（平29・3・30民二237）。ただし、甲持分3分の1を丙が単独取得した旨を記載しておくことが望ましい。この部分の登記手続は単独申請が可能なので登記条項は必要ない。

　　　（b）　条項（1）の、Ｘ1が不動産Aの乙持分3分の1を取得するという部分は、取得する理由が明らかでない。乙の相続分の譲

第15章　相続と登記　　363

渡を受けて、その相続人としての資格で取得した場合もあろうし、そうでない場合もある。登記をするには登記原因が必要であり、これが明確になっていないと登記の申請ができない。いずれにしても相続登記はできないから、登記原因を明らかにして、登記条項を合意する必要がある。

　　　　（ｃ）　条項（２）は、代償としての譲渡と記載されているところ、譲渡という表現は、権利の移動を意味するが、有償、無償双方の場合があり、所有権移転の原因を示す用語とはされていない。登記原因としては、認められていない。この条項では登記申請は認められない。

　　エ　調停条項案

　他の方法もあり得るが、相続分譲渡による案を一つの例として掲げる。乙相続については、Ｘ１は第三者であることに留意する必要がある。なお、相続登記は各相続人が単独でできるので、その条項は不要であるが次の条項の前提となるので加えた。相続登記の登記義務者は相続人の一人において可能であるから、必ずしも相続人全員を掲げる必要はない。

　　　　（ア）　甲相続について

①　Ｘ１は、不動産Ａの甲持分３分の１を単独取得する（なお、Ｙは、甲の相続人兼甲の相続人乙の承継人として、Ｘ１ないし３は、甲の相続人丙の承継人として、Ｘ２及び３は甲の相続人乙の承継人として、甲の持分３分の１を丙が単独取得することに合意し、Ｘ１ないし３は同持分をＸ１が単独取得したことを確認する。）。

　　　　（イ）　乙相続について

①　当事者全員は、Ｘ２及びＸ３が、○年○月○日をもって、乙相続にかかる相続分全部をＸ１に贈与したことを確認する。

②　Ｘ１は、不動産Ａの乙持分３分の１を単独取得する。

③　Ｙ、Ｘ２及びＸ３は、不動産Ａの乙持分３分の１について、（乙死

亡日）相続を原因とするＹ６分の１、Ｘ２及びＸ３各12分の１の割合による持分移転登記手続をする。

④　Ｘ２及びＸ３は、Ｘ１に対し、不動産Ａについて、○年○月○日相続分贈与を原因として、Ｘ２及びＸ３各持分12分の１の全部移転登記手続をする。

⑤　Ｙは、Ｘ１に対し、本日遺産分割を原因として、Ｙ持分６分の１の全部移転登記手続をする。

　　　（ウ）　不動産Ｂについて

①　Ｘ１は、Ｙに対し、不動産Ｂについて、本日遺産分割による贈与（又は売買）を原因として、所有権移転登記手続をする。

　（２）　設問２について

　　ア　丙の遺産分割の必要性

丙の遺産分割の申立てをしたのは、不動産Ａの丙の持分をＹに取得させる前提としてされたと考えられる。しかし、この申立てをしても、Ｙが丙の相続人となることはないから、あまり意味はない。結局、Ｘ１〜３が固有の持分を譲渡したことになる。

　　イ　設問２の条項の適否

この条項も、これでは登記することはできない。相続人でない者に遺産を取得させており、その原因が不明であるからである。

　　ウ　調停条項案

Ｚは、甲乙各相続について相続人ではない第三者であるから、まず、相続人らにおいて法定相続分による相続登記をし、その各持分をＺに移すというのが、一つの方法である。ただし、その場合、各相続が共同相続であるから、一件申請による数次相続登記ができないので、相続人らだけですべての持分をＸ２又はＸ３に取得させ、同人からＺへ所有権移転登記をすることも考えられる（登記の効率だけの視点である。）。Ｘ２に取得させる方法での条項を示す。

第15章　相続と登記　　365

　　（ア）　Ｙ（甲及び乙相続人）、Ｘ１（丙相続人）、Ｘ２及びＸ
３（丙相続人兼乙代襲相続人）は、甲、乙及び丙の各相続について、
次のとおり合意する。

①　不動産Ａの甲持分３分の１を丙が甲相続によって単独で承継し、
　これを丙相続によりＸ２が単独で取得する。

②　不動産Ａの乙持分３分の１を乙相続によりＸ２が単独で取得す
　る。

③　不動産Ａの丙持分３分の１を丙相続によりＸ２が単独で取得す
　る。

④　Ｘ２は、甲持分３分の１について、平成31年３月31日丙相続、令
　和元年９月30日相続を原因とする持分全部移転登記手続を、乙持分
　３分の１について、令和２年２月28日相続を原因とする持分全部移
　転登記手続を、丙持分３分の１について、令和元年９月30日相続を
　原因とする持分全部移転登記手続をする（この条項は本来不要であ
　るが、分かりやすくするため記載した。）。

　　（イ）　Ｘ２は、Ｚに対し、不動産Ａについて、本日遺産分割
における売買を原因として、所有権移転登記手続をする。

　　（ウ）　Ｚは、解決金として、年月日限り、Ｘ１に対し○円、
Ｘ２に対し○円、Ｘ３に対し○円を支払う。

索 引

368

事 項 索 引

【あ】

ページ

相手方複数の場合の調停の管
轄 119

【い】

遺言

 ——がある場合の相続にお
  ける登記 357

 ——による相続 3

 ——による認知 134,136

 ——の準拠法 154

 相続させる旨の—— 165

遺言執行者 92,134
358

 ——に対する報酬 174

遺言の方式に関する法律の抵
触に関する条約 154

遺言の方式の準拠法に関する
法律 154,157

遺言廃除 46

遺言無効確認訴訟 107

遺産 61

 ——でないことの確認訴訟 107

 ——に含まれることの確認
  訴訟 107

 ——の換価を命ずる裁判 317

 ——の調査 195

 ——の調査方法 197

 ——の範囲に争いがある場
  合 107

 ——の前渡し 232

遺産確認訴訟 107

遺産から生じた果実 170,173

遺産管理者 76

遺産管理人 76

遺産管理費用の遺産分割審判
における対象性 175

遺産共有 62

 ——の性質 62

 ——の登記 347

遺産共有関係の解消 63

遺産評価

 ——の基準時 207

 ——の必要性 207

 ——の方法 208

遺産分割

 ——による交換 354

 ——による贈与 354

 ——による代償譲渡 354

 ——による売買 354

 ——の当事者 91,131

 ——の申立て 91

 ——の申立権者 91

 ——のやり直し 355

 ——までの権利関係 61

 遺贈・——による配偶者居
  住権の成立 328

 相続開始の時から10年経過
  後の—— 13

 相続分譲渡後の—— 353

遺産分割後		一部分割	97, 108
——の認知	133		166, 191
——の認知の遺産分割への		——がある場合の分割方法	321
影響	136	一身専属	257
遺産分割事件の準拠法	153	一身専属財産	163
遺産分割審判		遺留分減殺請求	150
遺産管理費用の——におけ		遺留分減殺による登記	360
る対象性	175	インテーク	100
遺産分割対象財産の範囲	167		
遺産分割対象性	163, 164		
	192	【え】	
遺産分割手続中の相続人の死			
亡	145	営業権	172
遺産分割前		遠隔地の当事者	108
——に処分された相続財産	192		
——の共同相続財産の管理	64		
——の預貯金の払戻しの制		【か】	
度	188		
意思能力	92	介護寄与	267
——がない者	115	外国における送達	102
慰謝料請求権	163	解除	166
異順位相続資格の重複	51	賃借権等の——	67
遺贈	229	懐胎の推定	117
——・遺産分割による配偶		改築費用	
者居住権の成立	328	修理・——	174
——の額	13	価額請求の相手方	137
特定物（の）——	150, 164	家業従事型	261
遺族給付金	180	確定申告書	200
委託者指図型投資信託	171	崖地	210
委託者非指図型投資信託	171	火災	
一応の相続分	283	水難、——その他の事変	4
一時払いの生命保険金	179	火災保険金	244
一部相続人による相続財産の		火災保険料	174
占有	82	貸金庫	70
一物一権主義	345		

事項索引

株式	172
——の評価	216
共同相続した——	71
可分債権	166,168
可分の権利	61
仮の処分としての相続財産管理者の選任	76
仮分割仮処分	190
簡易呼出し	101
管轄	99
相手方複数の場合の調停の——	119
調停事件の——	99
管轄裁判所送達	103
換価分割	316
——の意味	316
——を相当とする場合	316
最終処分としての——	316
還元率	215
還元利回り	215
鑑定	217
——採用の時期	220
——における評価方法	219
——の採用	217
鑑定意見尊重の合意	219
鑑定条件	218
鑑定費用	219
管理義務	
承認又は放棄後の——	72
承認又は放棄するまでの——	71
管理行為	66
管理費用	
相続財産の——	174

【き】

基準地標準価格	210
903条と904条の2同時適用説	288,289
強制認知	133
共同経営型	261
共同申請の原則	346
共同相続	61
——した株式	71
共同相続財産	
遺産分割前の——の管理	64
共同相続登記	347
共同相続人	91
共有山林の伐採	67
共有（とする）分割	148,319
共有物の管理に関する事項	66
共有物分割	63
共有物分割訴訟	165
共有持分の譲渡	62
寄与行為	258
——の継続性	260
——の時期	259
——の専従性	260
——の特別性	259
——の無償性	259
先妻の——	258
挙式費用	230
寄与分	13,253
——の意味	253
——の譲渡	257
——の審判の申立期間	255

——の成立要件	258
——の相続	257
——の放棄	257
——の法的性格	254
——の類型	260
——を定める処分の申立て	255
——を主張できる資格	256
特別受益と——がある場合の具体的相続分額の計算	288
寄与分主張の方法	255
寄与分制度の目的	254
寄与分率	292
金銭等出資型	263

【く】

具体的取得分	286
具体的相続分	12,91 283
——がない者	256
——による分割	283
——の意義	283
具体的相続分額の計算	285
特別受益と寄与分がある場合の——	288
具体的相続分基準説	287
具体的相続分率	284
供養	19

【け】

形成訴訟	106
継続性	262
寄与行為の——	260
継続の原則	8
系譜	163
欠格	55
——の意味	44
——の宥恕	45
欠格事由	44
原価法	219
現金	168
検事正	135
原状回復義務	332
現地調停	110
限定承認	33
権利に関する登記	346
権利能力の終期	4

【こ】

高圧線下の土地	210
合意に相当する審判	135
公営住宅を使用する権利	167
高額療養費	180
後見相当	115
後見的な配慮	197
公示地価	210
公示方法	345

事項索引　373

更正登記	348
香典	176
後発的事由による更正の請求	121
交付送達	102
国際裁判管轄	153
戸籍簿	4
戸籍法上の届出	134
固定資産税	174,263
——の納税通知書	199
——の負担	264
固定資産評価額	209,213
固定資産評価証明書	209
固有財産におけるのと同一の注意義務	72
雇用契約上の地位	27

【さ】

祭具	163
債権	168
——の取立費用	174
財産管理	272
財産給付型	263
財産分与請求権	163
祭祀財産	163
最終取得分	284
最終処分としての換価分割	316
再代襲	10
在宅看護	268
再転相続	41,145 228,257
——における相続分の承継	145

再転相続人	145,152
裁判認知	133,134
債務	174
——の免除	233
詐欺による取消し	67
錯誤	166
査定書	209
更地の評価	209
参加	131

【し】

死因贈与	164
時効	42
死後認知	135,138
自己のためにする生命保険契約	178
持参金	229
事実上の相続放棄	125,126
事実の調査	195,196
調停手続における——	196
施設利用	269
自然死亡	3
事前審査	99
自庁処理	116
失踪宣告	5,111
——の意義	5
——の効果	6
——の手続	5
——の取消し	6
指定相続分	12

指定当局送達	103	純資産方式	216
使途不明金	185	渉外遺産分割	153
使途不明金問題	185	小規模宅地等の課税価格の減	
死亡退職金	180	額特例	121
死亡届	4	証拠調べ	196
死亡保険金	233	使用者死亡による雇用関係の	
死亡保険契約	178	終了	27
借地権価格	212	使用貸借契約	68
借地権等	167	承認	
借地権割合	212	——又は放棄後の管理義務	72
路線価図に記載された——	212	——又は放棄するまでの管	
謝礼的な意味	247	理義務	71
収益還元法	215,219	相続の——	113
収益還元方式	217	消滅時効の中断	65
収益用不動産	214	所在等不明共有者	68
従業員型	261	所在等不明相続人	62
住宅ローンの返済	263	——の持分の譲渡	69
修理・改築費用	174	所在不明の者	111
熟慮期間	33,35	除斥期間	42
受継	145,146	職権探知主義	195,208
——の申立て	146	職権発動	198
受継決定	146	所有者による消滅請求	332
受継手続	146	所有者不明建物管理人	80
受贈者の行為によらない滅失	243	所有者不明建物管理命令	78,79
受諾書面	110,111	——の効力	79
	120	所有者不明土地管理人	80
取得時効の援用	82	所有者不明土地管理命令	78
受理の審判	40	——の効力	79
酒類販売業免許	173	所有者不明土地・建物管理制	
準拠法	153	度	78
遺言の——	154	親族	
遺産分割事件の——	153	——の特別の寄与	275
		——への贈与	226

事項索引

審判
　——による配偶者居住権の
　　成立　329
　——の申立て　95
　寄与分の——の申立期間　255
　合意に相当する——　135
　受理の——　40
　相続放棄の申述受理の——
　　の効力　40
　調停に代わる——　111,120
審判認知　133
審問　39

【す】

推定相続人の廃除に関する審
　判確定前の相続財産の管理
　に関する処分　73
水難、火災その他の事変　4
数次相続における登記　355

【せ】

生活保障　237
生計の資本としての贈与　229
制限能力者　115
生死混合保険契約　178
生前廃除　46
生存給付保険契約　178
正当な利益を有する第三者　346
成年後見制度用の診断書　93,115

成年後見人　115
成年被後見人　115
税務署に対する調査嘱託　200
生命保険金
　一時払いの——　179
生命保険金請求権　177
生命保険契約　178
　自己のためにする——　178
　第三者のためにする——　178
先妻の寄与行為　258
前提問題　104,166
全部事項証明書　200
全部包括遺贈　92,151
全部包括受遺者　17

【そ】

葬儀費用　176
　——の負担者　176
相続
　——が開始した地　99
　——と第三者との対抗問題　63
　——に関する登記　347
　——の意味　3
　——の開始があったことを
　　知った時　35
　——の承認　113
　——を証する書面　96
　遺言がある場合の——にお
　　ける登記　357
　遺言による——　3
　寄与分の——　257

事項索引

相続開始
　——から10年を経過したとき　165
　——の時から10年経過後の遺産分割　13
相続開始原因　3
相続開始後、遺産分割前の預貯金の払戻し　188
相続開始後に滅失した財産　165
相続開始前に払い戻された預貯金　185
相続回復請求権　137
相続債権の確定　20
相続財産　61
　——の管理　65
　——の管理費用　174
　——の使用収益　64
　——の清算人　15
　——の保存のための必要性が肯定される場合　74
　——を管理する義務　71
　一部相続人による——の占有　82
　推定相続人の廃除に関する審判確定前の——の管理に関する処分　73
　遺産分割前に処分された——　192
相続財産管理者　76
　——選任の手続　77
　——選任の要件　76
　——の改任　78
　——の選任　76
　——の地位・権限　77

　——の任務終了　78
　仮の処分としての——の選任　76
相続財産管理人　16,72,75
　——の管理事務の終了　75
　——の義務　75
　——の権限　75
相続財産管理人選任手続　75
相続財産管理費用の負担者　174
相続財産清算人　15,79,93
　——選任の要件　16
　——による清算　20
　——による清算の方法　21
　——の選任　15
　——の選任申立て　17
　——の地位・権限　18
相続財産法人　15,19
相続財産保存
　——に必要な処分　72
　——のための処分の必要　72
相続させる旨の遺言　165
相続資格
　——が重複する場合の相続分　48
　——が重複する場合の相続放棄の効果　51
　——の重複　48
　重複した——　55
相続準拠法　153
相続税申告書　200,209
相続税の申告期限　120

事項索引

相続税評価額	210
相続対象性	163
相続統一主義	153
相続登記	347,348
相続人	
——のあることが明らかでないこと	16
——の捜索	20
——の範囲に争いがある場合	106
——の不存在	14
遺産分割手続中の——の死亡	145
相続人たる地位	10,128
相続人不存在	138
相続不動産の保存登記	65
相続分	10
——がない旨の証明書	91
——の一部の譲渡	127
——の指定	150
——の譲渡	62,257
——の取戻し	128
——の放棄者	132
——の放棄の撤回	129
再転相続における——の承継	145
胎児の——の確保	118
一応の——	283
相続資格が重複する場合の——	48
代襲相続人の——	12
嫡出でない子の——	11
本来の——	283
相続分皆無証明書	126

相続分割主義	153
相続分譲渡	127
——後の遺産分割	353
——による寄与	273
——による登記	350
——の意義	127
——の効果	128
——の手続	127
無償の——	240
黙示の——	241
相続分譲渡後の遺産分割	353
相続分譲渡人	91,132
相続分なき旨の証明書	349
相続分不存在証明書	126,349
相続分放棄	129
——による寄与	275
——の意義	129
——の効果	130
——の手続	129
相続分放棄者	256
相続分譲受人	91
相続放棄	33,113
——による寄与	274
——の意義	125
——の意味	33
——の効力	40
——の申述受理の審判の効力	40
——の撤回	42
——の手続	34
——の取消し	41
——の無効	43

——の無効確認	44		**【た】**	
——を取り消し得る場合	42			
相続資格が重複する場合の			対価	247
——の効果	51		対抗要件	63,346
事実上の——	125,126		配偶者居住権の——	330
相続放棄者	132		対抗力	346
——を除外する登記	348		第三者のためにする生命保険	
相続放棄申述事件の審理	38		契約	178
相続放棄取消し			胎児	8,117
——の効果	43		——の相続分の確保	118
——の手続	42		——の当事者となる資格	118
相続放棄無効の主張方法	44		代襲者	9
送達条約	102		——の要件	10
送達場所等の届出	102		——への贈与	227
双方代理	93,120		代襲相続	9
贈与	229		——の要件	9
遺産分割による——	354		代襲相続人	9
親族への——	226		——自身の寄与	256
生計の資本としての——	229		——の相続分	12
代襲者への——	227		代償金支払義務の不履行	315
配偶者への——	247		代償金の支払能力	312
被代襲者への——	228		——の必要	312
不動産の——	265		代償財産	243
扶養などの必要性による			代償物	168
——	247		代償分割	310
即時抗告権の放棄	128,129		——が許される特別の事情	311
	132		——の意味	310
底地	212		代物弁済	314
訴訟事項	138		立退料	174
損害賠償債権	186		建物	
損害賠償請求権	244		——の評価	213
			——の無償使用	232
			建物買取請求権	67

事項索引　　　379

段階的進行	220
単純承認	33
担保提供	273

【ち】

父を定める訴え	106
嫡出でない子	133
——の相続分	11
嫡出否認の訴え	106
中央当局送達	103
中間合意	195
中間処分としての換価	317
中止	95
中断	146
消滅時効の——	65
超過特別受益者	286,289
調査の嘱託	197
調停	
——に代わる審判	111,120
——の成立	116
——の不成立	116
——の申立て	95
——をしない措置	106,115 117
相手方複数の場合の——の 　　管轄	119
調停事件	
——の管轄	99
——の終了	116
調停手続における事実の調査	196
重複した相続資格	55

直接還元法	215
賃借権等の解除	67
賃貸不動産	70
賃料	174
賃料相当額	232

【つ】

通院の付添い	268
通常貯金債権	169

【て】

定額貯金債権	169
定期貯金債権	169
定期積金債権	169
ＤＣＦ法	215
手数料	96
手続	
——からの排除	132
——の円滑な進行を妨げる 　おそれ	101
——を続行する資格のある 　者	146
失踪宣告の——	5
相続財産管理者選任の——	77
相続分譲渡の——	127
相続分放棄の——	129
相続放棄取消しの——	42
相続放棄の——	34
廃除の——	46

手続選別	100	遠隔地の――	108
手続代理人		入院中の――	111
――の選任	93	当事者参加	92,131
――の代理権の消滅	94	当事者主義的運用	195,196
――の代理権の制限	94		208
――の代理権の範囲	94	当事者的運用	220
テレビ会議	109	当事者適格	128
電話会議	120	投資信託	216
		同時存在の原則	7,8
		同時適用説	
【と】		903条と904条の2――	288,289
		同順位相続資格の重複	48
登記		投資用不動産	214
――の効力	346	同族株主	217
遺言がある場合の相続にお		特定財産承継遺言	13,149
ける――	357		150,164
遺産共有の――	347		229,357
遺留分減殺による――	360	特定物（の）遺贈	150,164
権利に関する――	346	特別縁故者	138
数次相続における――	355	――への財産分与	21
相続に関する――	347	特別寄与者	276
相続分譲渡による――	350	特別寄与料	
相続放棄者を除外する――	348	――の算定	276
登記義務者	346	――の請求期間	278
登記権利者	346	――の請求手続	277
登記申請義務	347	特別失踪	5
登記の効力	346	特別受益	13,152
同時死亡	7		186,225
当事者		――と寄与分がある場合の	
――の意見	95	具体的相続分額の計算	288
――の呼出し	100,101	――の対象	229
遺産分割の――	91,131	――の評価基準時	242
		――の評価の方法	242

特別受益者の範囲	226
特別受益証明書	126,349
特別授権事項	94
特別代理人	23,93
——の地位・権限	25
特別代理人選任手続	24
特別の寄与	
——の趣旨	275
——の態様	276
親族の——	275
土壌汚染	211
土地	
——（更地）の評価	209
——の無償使用	231
高圧線下の——	210
埋蔵文化財がある——	210
土地家屋課税台帳	200,209
取下げの勧告	105
取引事例比較法	219
取戻権	62

【な】

内縁の配偶者	336
なさず	115,117
名寄帳	200

【に】

二重申立て	96

入院中	
——の援助	268
——の付添い	268
——の当事者	111
——の見舞い	268
入通院における介助	268
任意後見契約	93
任意後見人	92
任意認知	133
認知	
——の意義	133
——の訴え	134
——の効力	134,135
遺産分割後の——の遺産分割への影響	136
遺言による——	134,136
遺産分割後の——	133
認知能力	133
認知無効訴訟	106
認定死亡	4

【の】

脳死	3
農地の宅地造成	67

【は】

徘徊	269

配偶者
　——の寄与　278
　——の税額軽減特例　121
　——の相続分　11
　——への贈与　247
　内縁の——　336
配偶者居住権　327
　——が消滅した場合の清算
　　関係　332
　——の遺贈　248
　——の価額の算定　333
　——の財産評価　333
　——の消滅　331
　——の存続期間　331
　——の対抗要件　330
　——の内容　329
　遺贈・遺産分割による——
　　の成立　328
　審判による——の成立　329
配偶者短期居住権　335
　——の消滅　338
　——の成立要件　336
廃除　54, 106
　——の意義　45
　——の効力　47
　——の手続　46
排除　131
排除決定　128, 132
廃除原因　46
廃除後の新たな親族関係　47
背信的悪意者　346
配当還元方式　217
墓じまい　19

破産　92
破産管財人　92
判決認知　133
反致　153

【ひ】

被相続人　3
　——が経営していた事業の
　　執行　71
被代襲者　9
　——の寄与　256
　——の要件　9
　——への贈与　228
人の死の診断基準　3
人の死亡時期　3
被認知者の価額請求権　136
被保険者　178
被保佐人　115
被補助人　115

【ふ】

不可分債権　168
不可分の権利　61
不在者　5, 111
　——が帰宅した場合　114
　——が死亡していた場合　113
　——の財産管理人　79
　——への代償金の支払　113

事項索引

不在者財産管理人	93,112		
――の地位・職務	112		
――の申立権	112		
付随問題	104,186 188		
付調停	95		
普通失踪	5		
普通預金債権	169		
仏式の葬儀	176		
仏像	164		
仏壇	164		
不動産			
――の改修費	263,264		
――の管理費用	265		
――の使用	231		
――の使用貸借	265		
――の贈与	265		
不動産業者の査定	210		
不動産取得のための金銭贈与	265		
不動産登記制度	345		
不当利得返還債権	186		
不法占拠者に対する返還請求	65		
扶養などの必要性による贈与	247		
扶養料	231		
分割債務	138		
分割支払	313		
分割の方法	152		
分娩	133		
墳墓	163		

【へ】

平成30年	
――の改正	3,188 190,192
――の民法の一部改正	278
別席調停	109
変更行為	67
弁護士会照会	197,198

【ほ】

妨害排除請求	65,81
包括受遺者	92,228 256
包括承継	61,163
法定相続	3
法定相続分	10
――と異なる分割	274
法定代理人	92
法律上の親子関係	7
保険金受取人	178
保険契約者	178
保険者	178
保佐相当	115
補正命令	96
保存行為	65,112
本来の相続分	283

【ま】

埋蔵文化財がある土地	210
孫養子	48
満期保険金	179

【み】

未成年者	115
みなし相続財産	283
みなし相続財産確認訴訟	107
身分的財産権説	254, 290
見守り	269
民訴条約	102

【む】

無償性	261
寄与行為の——	259
無償の相続分譲渡	240
無道路土地	210
無能力者	115

【も】

申立て	
——があったことの通知	101
——による立件	95

——の趣旨	96
——の取下げ	98
——の理由	96
遺産分割の——	91
寄与分を定める処分の——	255
受継の——	146
審判の——	95
調停の——	95
申立書	95
——に添付する書面	96
——の写しの送付	100
黙示	
——の雇用契約	27
——の相続分譲渡	241
——の持戻し免除	247
持分譲渡人	91
持戻し免除	246
——の意思表示	246
黙示の——	247

【ゆ】

遺言	
→【い】の項参照	
結納金	230
猶予期間	313

【よ】

預貯金	
——の無断払戻し	193
遺産分割前の——の払戻しの制度	188
預貯金債権	169
呼出状	101

【り】

離縁取消訴訟	106
利害関係参加	92
利害関係人	91
履行補助者による寄与	258, 278
離婚取消訴訟	106
立件	
申立てによる——	95
理由	
申立ての——	96
利用・改良行為	112
利用権が設定された土地	212
領事送達	103
療養看護型	267

【る】

類似業種比準方式	217

【ろ】

労務提供型	260
路線価図に記載された借地権割合	212
路線価方式	210

【わ】

割合的包括遺贈	151

判例年次索引

月日	裁判所名	出典等	ページ
【大正9年】			
12.22	大 審 院	民録26・2062	169
【昭和27年】			
7. 3	名古屋高	高民5・6・265	163
【昭和29年】			
3.12	最 高 裁	民集8・3・696	67
4. 8	最 高 裁	民集8・4・819	166,168
9.10	最 高 裁	判タ42・27	15
10. 7	最 高 裁	民集8・10・1816	309
12.21	最 高 裁	民集8・12・2222	35,39 56
12.24	最 高 裁	民集8・12・2310	44
【昭和30年】			
5.31	最 高 裁	民集9・6・793	62,307
9. 5	東 京 高	家月7・11・57	176
9.30	最 高 裁	民集9・10・1491	43,44
10.13	神 戸 地	下民6・10・2127	65
【昭和33年】			
7. 4	東 京 家	家月10・8・36	176
9.10	大 阪 地	下民9・9・1846	67

月日	裁判所名	出典等	ページ
【昭和34年】			
1.30	東 京 高	家月11・10・85	39
6.16	京 都 地	下民10・6・1267	54
6.19	最 高 裁	民集13・6・757	62
9.14	東 京 家	家月11・12・109	107,114
【昭和35年】			
2.25	最 高 裁	民集14・2・279	115
7.13	最 高 裁	判時908・41	62
9.27	東 京 高	下民11・9・1993	65
【昭和36年】			
10.31	最 高 裁	家月14・3・107	25
【昭和37年】			
4.13	東 京 高	家月14・11・115	174
4.27	最 高 裁	民集16・7・1247	133
【昭和38年】			
2.22	最 高 裁	民集17・1・235	63,65
2.22	最 高 裁	判時334・37	81
3.15	浦 和 家	家月15・7・118	35,43
8.22	神 戸 家 尼 崎 支	家月16・1・129	320

判例年次索引 387

月日	裁判所名	出典等	ページ

【昭和39年】

1.24	最 高 裁	判時365・26	168
2.25	最 高 裁	民集18・2・329	67
9.14	札 幌 高	家月16・11・145	313
9.26	東 京 地	判タ169・194	68

【昭和40年】

2. 2	最 高 裁	民集19・1・1	179
2. 6	神 戸 家 明 石 支	家月17・8・48	226
4.15	大 阪 高	家月17・5・63	65
5.27	最 高 裁	家月17・6・251	43,57
11. 8	福 岡 高	家月18・4・78	314
11.30	大 阪 高	家月18・7・45	28

【昭和41年】

3. 2	最 高 裁	民集20・3・360	105,194
5.19	最 高 裁	民集20・5・947	82,335
12. 9	大 阪 地	下民17・11―12 ・1208	67

【昭和42年】

| 5. 1 | 東 京 家 | 家月19・12・58 | 320 |
| 11. 1 | 最 高 裁 | 民集21・9・2249 | 163 |

【昭和43年】

| 6.20 | 福 岡 高 | 家月20・11・158 | 309 |
| 8.28 | 大 阪 高 | 家月20・12・78 | 312 |

【昭和44年】

| 6.25 | 鹿児島家 | 家月22・4・64 | 227 |

【昭和45年】

1.22	最 高 裁	民集24・1・1	71,172
9.25	高 松 高	家月23・5・74	310
11.19	東 京 地	下民21・11―12 ・1447	71

【昭和47年】

| 7. 6 | 最 高 裁 | 民集26・6・1133 | 77 |
| 11.15 | 東 京 家 | 家月25・9・107 | 231 |

【昭和48年】

| 6.29 | 最 高 裁 | 民集27・6・737 | 179 |
| 8.14 | 宇都宮家 | 家月26・3・66 | 311,312 |

【昭和49年】

5.14	大 分 家	家月27・4・66	227
8. 5	大 阪 高	判タ315・238	126,350
9.17	大 阪 高	家月27・8・65	212

【昭和50年】

| 11. 7 | 最 高 裁 | 民集29・10・1525 | 63,148 165 |

【昭和51年】

| 3.18 | 最 高 裁 | 民集30・2・111 | 242,245 |

月日	裁判所名	出典等	ページ
3.31	大 阪 家	家月28・11・18	287
7. 1	最 高 裁	家月29・2・91	35
8.30	最 高 裁	民集30・7・768	150

【昭和52年】

月日	裁判所名	出典等	ページ
3.14	徳 島 家	家月30・9・86	228
9.19	最 高 裁	家月30・2・110	165

【昭和53年】

月日	裁判所名	出典等	ページ
2.24	最 高 裁	民集32・1・98	34
4. 7	東 京 高	家月31・8・58	313
4.28	神 戸 家	家月31・11・100	136
5.18	福 岡 高	家月31・5・85	311,312
7.20	大 阪 高	判タ371・94	126

【昭和54年】

月日	裁判所名	出典等	ページ
2. 6	東 京 高	高民32・1・13	256
2.22	最 高 裁	家月32・1・149	165,192
3. 8	大 阪 高	家月31・10・71	312
3.23	最 高 裁	民集33・2・294	114
3.29	大 阪 高	判時929・83	136
3.29	大 阪 高	判タ389・139	137
7. 6	大 阪 高	家月32・3・96	91,128
12. 3	福 岡 高	高民32・3・250	136

【昭和55年】

月日	裁判所名	出典等	ページ
6.24	福 島 家 白 河 支	家月33・4・75	227,232
9.19	東 京 地	家月34・7・4	240
11.27	最 高 裁	民集34・6・815	180

【昭和56年】

月日	裁判所名	出典等	ページ
10.16	最 高 裁	民集35・7・1224	153
10.30	最 高 裁	民集35・7・1243	20

【昭和58年】

月日	裁判所名	出典等	ページ
2.21	福 岡 高	家月36・7・73	211,212
6.20	大 阪 高	判タ506・186	174,175
10.14	最 高 裁	判時1124・186	180

【昭和59年】

月日	裁判所名	出典等	ページ
1.25	和歌山家	家月37・1・134	265
4.27	最 高 裁	民集38・6・698	36
9.25	東 京 高	家月37・10・83	126

【昭和60年】

月日	裁判所名	出典等	ページ
1.31	最 高 裁	家月37・8・39	180
7. 4	最 高 裁	家月38・3・65	255

【昭和61年】

月日	裁判所名	出典等	ページ
1.28	東 京 地	家月39・8・46	176
1.30	大 阪 家	家月38・6・28	266
3.17	札 幌 高	判タ616・148	358
3.24	東 京 家	家月38・11・110	287
9. 9	東 京 高	家月39・7・26	137

【昭和62年】

月日	裁判所名	出典等	ページ
3. 3	最 高 裁	家月39・10・61	180
9. 1	長 崎 家 諫 早 出	家月40・8・77	272

判例年次索引

月日	裁判所名	出典等	ページ
【昭和63年】			
1.14	東京高	家月40・5・142	167,173
5.11	東京高	家月41・4・51	208
5.20	最高裁	家月40・9・57	85
6.21	最高裁	家月41・9・101	41
【平成元年】			
2.9	最高裁	民集43・2・1	166,315 355
5.23	東京高	判タ731・220	217
9.1	仙台高	家月42・1・108	36
10.25	大阪地	労判551・22	27
11.24	最高裁	民集43・10・1220	22
【平成2年】			
6.29	東京高	家月42・12・44	321
9.27	最高裁	民集44・6・995	166,355
10.18	最高裁	民集44・7・1021	168
【平成3年】			
4.19	最高裁	民集45・4・477	149,165
10.23	東京高	家月44・9・79	320,321
11.14	大阪高	家月44・7・77	315
11.19	高松家 丸亀支	家月44・8・40	233
11.22	名古屋高 金沢支	家月44・10・36	230
【平成4年】			
3.13	最高裁	判時1419・108	179
3.13	最高裁	民集46・3・188	179
4.10	最高裁	家月44・8・16	168
5.1	東京家	家月45・1・137	130
9.28	新潟家 佐渡支	家月45・12・66	127
9.28	福岡家 久留米支	家月45・12・74	320
10.14	東京高	家月45・5・74	46
11.6	長野家	家月46・1・128	240
12.25	福岡高	家月46・3・50	153
【平成5年】			
7.19	最高裁	判時1525・61	63
9.7	最高裁	民集47・7・4740	179
【平成6年】			
3.25	神戸家	家月47・8・59	153
7.18	最高裁	判時1511・138	179
11.2	大阪家	家月48・5・75	273
11.10	東京地	金法1439・99	358
【平成7年】			
4.26	仙台高	家月48・3・58	37
【平成8年】			
1.26	最高裁	民集50・1・132	151
5.17	東京地	金判1015・43	70
8.26	東京高	家月49・4・52	248,259
10.4	高松高	家月49・8・53	261
12.17	最高裁	民集50・10・2778	84,335

月日	裁判所名	出典等	ページ

【平成9年】

月日	裁判所名	出典等	ページ
1.31	東 京 地	判タ967・254	107
8.25	最 高 裁	判時1616・52	99
9.12	最 高 裁	民集51・8・3887	17

【平成10年】

月日	裁判所名	出典等	ページ
2. 9	大 阪 高	家月50・6・89	38
2.26	最 高 裁	民集52・1・255	84
3.24	最 高 裁	判時1641・80	67
5.29	東 京 地	判タ1002・144	217

【平成11年】

月日	裁判所名	出典等	ページ
1.21	最 高 裁	民集53・1・128	21
3. 5	高 松 高	家月51・8・48	238,247
3.31	名古屋高	家月51・9・64	37
4.30	神 戸 家	家月51・10・135	313
11.29	最 高 裁	民集53・8・1926	70

【平成12年】

月日	裁判所名	出典等	ページ
3. 8	東 京 家	家月52・8・35	308,314
4. 7	最 高 裁	判時1713・50	83
7.11	最 高 裁	民集54・6・1886	310
8.25	広 島 高	家月53・10・106	16
9. 7	最 高 裁	家月54・6・66	312
11.21	東 京 高	家月53・4・34	315
12. 7	東 京 高	家月53・7・124	37

【平成13年】

月日	裁判所名	出典等	ページ
7.10	最 高 裁	民集55・5・955	10,127 128
7.10	最 高 裁	判タ1073・143	82

【平成14年】

月日	裁判所名	出典等	ページ
1.16	東 京 高	家月55・11・106	38
6. 5	大 阪 高	家月54・11・60	305
6.10	最 高 裁	判タ1102・158	63
7. 3	大 阪 高	家月55・1・82	36,37

【平成15年】

月日	裁判所名	出典等	ページ
5.22	東 京 地	金法1694・67	70
8. 8	神 戸 家 伊 丹 支	金判1241・38	269

【平成16年】

月日	裁判所名	出典等	ページ
4.20	最 高 裁	裁判集民214・13	166
4.20	最 高 裁	家月56・10・48	169
10.14	最 高 裁	裁判集民215・253	11
10.29	最 高 裁	民集58・7・1979	142,233 234,236 239

【平成17年】

月日	裁判所名	出典等	ページ
4.11	広 島 高 岡 山 支	家月57・10・86	229
4.12	仙 台 高	税資255・順号9989	200
9. 8	最 高 裁	民集59・7・1931	85,173
10.11	最 高 裁	民集59・8・2243	148,228
10.27	東 京 高	家月58・5・94	237,240

【平成18年】

月日	裁判所名	出典等	ページ
1.26	東 京 地	金判1237・47	68
3.22	大 阪 家 堺 支	家月58・10・84	235

判例年次索引

月日	裁判所名	出典等	ページ
3.27	名古屋高	家月58・10・66	173,237 240
7.21	大阪地	金法1792・58	171
11.7	東京高	税資256・順号10566	200

【平成19年】

月日	裁判所名	出典等	ページ
2.8	大阪家	家月60・9・110	269
2.26	大阪家	家月59・8・47	269,273 313
6.25	名古屋高	家月60・1・97	37
8.10	東京高	家月60・1・102	37
12.18	仙台高	家月60・10・85	38

【平成20年】

月日	裁判所名	出典等	ページ
3.5	高松高	家月60・10・91	38
12.11	最高裁	裁判集民229・303	314,354

【平成21年】

月日	裁判所名	出典等	ページ
1.22	最高裁	民集63・1・228	199
1.23	大阪高	判タ1309・251	38
1.30	東京家	家月62・9・62	227
11.24	東京地	労判1001・30	27

【平成22年】

月日	裁判所名	出典等	ページ
5.20	東京高	判タ1351・207	263,293
8.10	東京高	家月63・4・129	36,39
9.13	東京高	家月63・6・82	258
10.5	広島家呉支	家月63・5・62	45
10.8	最高裁	民集64・7・1719	169

【平成23年】

月日	裁判所名	出典等	ページ
4.21	東京地	平19（ワ）19512	240
8.3	東京高	金法1935・118	199
9.14	東京地	平21（ワ）7554	249

【平成24年】

月日	裁判所名	出典等	ページ
1.26	最高裁	判タ1369・124	151
10.12	東京地	平22（ワ）39818	245

【平成25年】

月日	裁判所名	出典等	ページ
7.26	大阪高	判時2208・60	247
9.4	最高裁	判時2197・10	11
10.28	東京地	金判1432・33	136,238
10.28	東京地	金法2004・96	142

【平成26年】

月日	裁判所名	出典等	ページ
2.14	最高裁	家判1・65	128
2.25	最高裁	民集68・2・173	171,172
3.19	東京高	金判1493・19	142
3.19	東京地	平24（ワ）20350	236,238
3.27	東京高	判時2229・21	37
3.28	東京地	平23（ワ）5317	235
3.28	東京地	平24（ワ）21551	236
11.20	神戸家尼崎支	判時2274・27	317

【平成27年】

月日	裁判所名	出典等	ページ
2.16	福岡高	判時2259・58	37
3.6	大阪高	判時2274・24	263

判例年次索引

月日	裁判所名	出典等	ページ
3.27	東京家	判時2328・54	317
6.30	和歌山家	判タ1430・147	263
7.28	札幌高	判タ1423・193	262
10. 6	大阪高	判タ1430・142	262,263
10.21	東京地	平23（ワ）20921・ 平25（ワ）33894	236

【平成28年】

月日	裁判所名	出典等	ページ
2.26	最高裁	民集70・2・195	137
5.26	福岡高 宮崎支	判時2329・55	200
9.27	大阪高	家判12・84	320
10.18	最高裁	民集70・7・1725	197
10.25	名古屋地 一宮支	平28（ワ）61	238
10.28	東京地	判時2335・52	137
12.19	最高裁	民集70・8・2121	169,189

【平成29年】

月日	裁判所名	出典等	ページ
4. 6	最高裁	判時2337・34	169
7. 6	東京高	判時2370・31	245
9.22	東京高	家判21・97	271,280
9.28	東京地	判タ1451・206	136
12.22	大阪高	家判19・54	149,151

【平成30年】

月日	裁判所名	出典等	ページ
5.14	東京地	平26（ワ）18990	233,249
10.19	最高裁	民集72・5・900	241,273

【平成31年】

月日	裁判所名	出典等	ページ
2. 7	東京地	平27（ワ）2978	237

【令和元年】

月日	裁判所名	出典等	ページ
5.31	東京地	平29（ワ）8549	238
8.21	大阪高	判時2443・50	46
8.27	最高裁	民集73・3・374	137
11. 8	名古屋家	家判29・133	106
11.25	東京高	判タ1481・74	36,38

【令和2年】

月日	裁判所名	出典等	ページ
2.27	大阪高	家判31・58	46

【令和3年】

月日	裁判所名	出典等	ページ
9.13	東京地	平29（ワ）29285	237
11.11	東京地	令3（ワ）13183	236,238 239

【令和4年】

月日	裁判所名	出典等	ページ
2.25	広島高	家判41・50	238
9.30	札幌地	令元（ワ）1290・ 令元（ワ）1828	236

【令和5年】

月日	裁判所名	出典等	ページ
2. 7	松山地	令4（ワ）79	239
2.28	那覇家	家判50・77	11

設例解説　遺産分割の実務
－裁判官の視点による事例研究－

令和6年9月25日　初版発行

著者　松　本　哲　泓

発行者　河　合　誠　一　郎

発 行 所　新日本法規出版株式会社

本　　　社
総轄本部　（460-8455）　名古屋市中区栄1－23－20

東京本社　（162-8407）　東京都新宿区市谷砂土原町2－6

支社・営業所　札幌・仙台・関東・東京・名古屋・大阪・高松
広島・福岡

ホームページ　https://www.sn-hoki.co.jp/

【お問い合わせ窓口】
新日本法規出版コンタクトセンター
📞 0120-089-339（通話料無料）
●受付時間／9：00〜16：30（土日・祝日を除く）

※本書の無断転載・複製は、著作権法上の例外を除き禁じられています。
※落丁・乱丁本はお取替えします。　　　ISBN978-4-7882-9371-7
5100330　設例遺産分割　　　　　　　Ⓒ松本哲泓 2024 Printed in Japan